POR UM SENTIDO NA VIDA

POR UM SENTIDO NA VIDA

AMY PURDY
Com Michelle Burford

Tradução
Alda Lima

AGIR

Título original: On My Own Two Feet
Published by arrangement with Harper Collins Publishers.

CIP-BRASIL. CATALOGAÇÃO-NA-FONTE
SINDICATO NACIONAL DOS EDITORES DE LIVROS, RJ

P988p

Purdy, Amy, 1979-
Por um sentido na vida / Amy Purdy ; tradução Alda Lima. - 1. ed.
- Rio de Janeiro: Agir, 2015.
240 p. ; 23 cm.

Tradução de: On my own two feet
ISBN 978.85.2203.098-9

1. Purdy, Amy, 1979-. 2. Escritoras americanas - Século XX - Biografia. I. Título.

CDD: 928.1
CDU: 929:821.111(73)

Editora Nova Fronteira Participa ções S.A.
Rua Nova Jerusalém, 345 – Bonsucesso – 21042-235
Rio de Janeiro – RJ – Brasil
Tel.: (21) 3882-8200 – Fax: (21)3882-8212/8313

Este livro é dedicado aos sonhadores

Sumário

Prólogo

Uma viagem de mil milhas começa com um passo.
— LAO-TSÉ

SE SUA VIDA FOSSE UM livro e você fosse o autor, como gostaria que fosse sua história? Em 1999, durante um dos momentos mais difíceis que eu jamais enfrentara, fiz a mim mesma essa pergunta. O caminho que me levou àquela pergunta determinante — e os diversos mundos que experimentei do outro lado dela — é uma história que compartilhei apenas com meus amigos próximos e minha família. Até agora.

Anos antes de eu dançar o chá-chá-chá pela primeira vez no palco de *Dancing with the Stars*, tive um instinto; uma sensação intensa e intuitiva que sussurrou: "Há algo mais para você fazer". Aquele pressentimento me levou da minha infância no escaldante Las Vegas Valley, até uma montanha coberta de neve em Sóchi, na Rússia. No caminho, experimentei toda emoção intensa que se pode imaginar: Exaustão. Alegria. Devastação. Êxtase. Mágoa. Desencorajamento. Júbilo. Também viajei para lugares para os quais nem mesmo uma sonhadora como eu poderia ter imaginado. Foi uma viagem louca — e este livro reúne minhas lembranças dela.

Esta é mais do que apenas uma narração da minha vida. É a história da minha jornada espiritual — uma que ainda estou a trilhar com meus pés. Conforme você lê essas páginas, espero que os mesmos momentos de luz que iluminaram meu caminho lhe tragam alguns *insights* semelhantes: que cada um de nós é muito mais capaz do que jamais imaginaríamos. Que aquilo que a princípio pode parecer um desvio pode acabar sendo seu destino. Que se você experimentar apenas mudar seu ponto de vista, um desafio esmagador pode começar a se parecer mais com uma benção. Sou a prova viva, verdadeira e dançante disto.

Hoje em dia, muita gente me para na rua e diz: "Você é uma inspiração". E sempre me sinto honrada por suas palavras e grata pela admiração. Mas a verdade é que não quero simplesmente oferecer aos outros um momento fugaz de "inspiração". Quero que a minha história provoque verdadeiras mudanças. Aquele momento "a-há!" se torna mais significativo quando nos leva a fazer mais. A sonhar mais. A ultrapassar nossas assim chamadas limitações. A desafiar expectativas. A reerguer-se com a resiliência com a qual cada um de nós nasceu. Não escrevi este livro porque quero que você diga: "Nossa, olhe o que aquela garota superou... que bom para ela". Estou compartilhando minha história porque quero que você veja o que pode fazer com a sua própria vida. Aqui mesmo. Bem agora. Começando no momento em que você pegar sua caneta e criar sua própria e incrível narração.

As palavras do filósofo chinês Lao-Tsé sempre me tocaram: "Uma viagem de mil milhas começa com um passo". O que vem a seguir é meu primeiro passo. Meu primeiro tropeço. Minha primeira dança. Meu primeiro sonho.

CAPÍTULO 1

O estranho

Só se vê bem com o coração. O essencial
é invisível aos olhos.
— ANTOINE DE SAINT-EXUPÉRY

Junho de 1999, Las Vegas, Nevada

MEU DIA HAVIA CHEGADO AO fim. Finalmente. Desde aquela manhã, eu estivera trabalhando no meu emprego dos sonhos — massagista em um *spa* de luxo chamado Canyon Ranch. Por mais que eu amasse a ideia de estar trabalhando lá, ainda assim me sentia feliz por estar livre aquela noite. Então, no final do meu turno, rapidamente limpei e organizei minha sala. Em seguida, comecei a longa caminhada até sair do enorme *spa*, atravessando todo o hotel e cassino Venetian e — finalmente — chegando até meu carro. Assim que saí do elevador que levava ao estacionamento, meu celular tocou. Era meu gerente, Shane.

— Amy, ainda está no prédio?

— É... sim, ainda estou aqui — respondi. — O que foi?

— Pode voltar e fazer mais uma massagem? — Minha garganta apertou. Olhei por cima das fileiras de carros, apertando os olhos para encontrar minha picape Toyota azul. — Tem um cliente aqui, e não sei como se esqueceram dele — continuou Shane. — Ele já está na recepção há um tempo. Não há ninguém livre agora para atendê-lo.

— Ah, é mesmo? — perguntei, ganhando tempo para pensar em alguma maneira de escapar. Fiz uma pausa, respirei fundo, e engoli em seco. — Bem — continuei —, acho que posso voltar e atendê-lo. É só mais uma hora. — *Droga.*

Voltar era a última coisa que eu queria fazer. Passei o dia todo pensando em sair com meus amigos. Estava quente — 42 graus naquele dia — e eu estava exausta. Mas me senti mal pelo cara; ele já estava esperando há tempo demais.

— Estarei aí em alguns minutos — garanti a Shane. Então soltei um suspiro alto e dei meia volta para novamente passar por todo o hotel e cassino: através de uma série de corredores. Passando pelo cassino barulhento. Pelo hotel inteiro. E, finalmente, chegando ao *spa*.

Todas as salas do *spa* estavam sendo usadas naquela noite — então Shane armou uma mesa para mim em uma sala inacabada — como o *spa* era novo em folha, algumas das salas ainda não estavam completamente prontas. Assim que arrumei todas as minhas coisas, fui até a recepção encontrar o cliente. Ele era um homem mais velho, provavelmente com cerca de setenta anos de idade, bronzeado, pele desgastada pelo sol, maçãs do rosto altas e olhos azuis claros. Parecia em parte nativo-americano. Cada experiência sua podia ser lida nas rugas de seu rosto.

— Como vai? — perguntei, estendendo uma das mãos. Ele se levantou e a apertou; suas mãos estavam macias e quentes.

— Tudo bem — respondeu. Ele tinha o sorriso mais doce no rosto, tão agradável. E imediatamente me senti feliz por ter voltado por um homem tão gentil.

— Venha comigo — instruí, guiando-o até a sala. Assim que entramos, disse a ele a mesma coisa que eu dizia a todos os meus clientes: — Vou começar com você de bruços. — Apontei para a almofada de cabeça sobre a mesa e ele assentiu. Em seguida saí da sala para que ele se trocasse.

Há momentos em que, quando você massageia alguém, parece que o corpo dele ou dela está resistindo ao seu toque. O corpo deste homem era o extremo oposto. Assim que coloquei as palmas das mãos em suas costas, pude sentir sua respiração; minhas mãos pareciam derreter nele; como se não houvesse separação entre elas e seu corpo. Sua pele era quente e seus músculos eram maleáveis e receptivos.

— Puxa, seu toque é incrível — disse ele. — Posso perceber que é uma pessoa intuitiva.

Pausa.

— Obrigada — falei. Sorri e continuei massageando suas costas em silêncio.

Eu raramente conversava com meus clientes — respeitava o fato de que muitas pessoas queriam simplesmente deitar ali e relaxar em total silêncio. Mas esse homem claramente queria conversar e, durante a meia hora seguinte, me contou todo tipo de coisa sobre sua vida. Sua família. Seu trabalho. Na maior parte do tempo apenas ouvi, oferecendo alguns comentários aqui e ali. E, no entanto, por mais que eu mal respondesse, ele parecia estar cada vez mais engajado na conversa.

— Você vai fazer coisas incríveis com a sua vida — disse ele. — Posso sentir isso pela sua presença.

Permaneci calada por um instante.

É mesmo? — perguntei.

Sim — afirmou ele. — Parece tão conectada.

Àquela altura, eu já era massagista há vários meses. Durante aquele tempo, já escutara todo tipo de coisa — você não acredita no que algumas pessoas são capazes de revelar quando se sentem confortáveis. Então eu já aprendera a continuar focada na massagem e não me envolver em longas discussões. Mas, por algum motivo, minha conversa com este homem era diferente — suas palavras realmente me marcaram. Meus olhos ficaram cheios d'água.

Sua vida vai mudar de maneira dramática — continuou ele. — Posso sentir.

Senti-me ofegar. Há alguns anos eu já vinha tendo essa sensação inexplicável — uma sensação de que algo muito grande ia acontecer comigo. Eu não fazia ideia de onde vinha aquela sensação, nem se ela sinalizava algo bom ou ruim — mas era uma ansiedade que ficava cada dia maior. Não sabia se as palavras daquele homem tinham alguma coisa a ver com aquela sensação, no entanto, tive uma estranha sensação de que deveria prestar bastante atenção. Aproximei-me e apertei as pontas dos meus dedos mais fundo em suas costas.

Alguns minutos antes de nossa sessão terminar, o homem me fez uma pergunta do nada. Primeiro, ele pigarreou.

— Já foi para o outro lado? — Parei de massageá-lo por meio segundo, gentilmente descansando as palmas das mãos em suas panturrilhas. Por mais estranha que aquela pergunta parecesse, eu meio que sabia do que ele estava falando.

— Não — respondi finalmente. — Mas sinto que algo vai acontecer em minha vida; e não sei o que é.

— Bem — respondeu ele, ajeitando um pouco seu corpo sobre a mesa. — Eu fui quando era jovem. — Quando ele era adolescente, explicou, caiu em um poço cheio de água e quase se afogou. Bombeiros precisaram retirá-lo e tiveram dificuldade em reanimá-lo. — Realmente parei de respirar — contou. — Fui para o outro lado. — Houve uma longa pausa. — E quando voltei — continuou ele, finalmente —, a vida superficial que eu tinha era completamente diferente da vida mais significativa que tive depois. Eu estava vivendo em uma frequência totalmente diferente.

Nessa hora, as poucas gotas d'água acumuladas debaixo de minhas pálpebras se transformaram num rio de lágrimas. Tentei interrompê-las, mas ainda assim enormes gotas escapavam de meus olhos e caíam nas pernas do homem. Minha forte reação me surpreendeu; eu nunca ficara emocionada massageando um cliente. Nunca.

— Acho que a mesma coisa vai acontecer com você um dia — disse ele. Ele fez uma pausa, e em seguida suspirou alto o bastante para que eu ouvisse. — E quando acontecer... não tenha medo.

Eu assenti, mas não disse uma palavra.

Alguns minutos depois, a massagem terminou. Depois do homem se vestir, voltei à sala para acompanhá-lo de volta à recepção. Eu normalmente não abraçava meus clientes — mas porque havíamos compartilhado essa incrível conexão, nos abraçamos. Abraçarmos um ao outro, de certa forma, parecia a coisa certa a se fazer.

Não fui encontrar meus amigos naquela noite. Em vez disso, sentei no banco do motorista de minha picape e fui para casa em silêncio. Enquanto virava na estrada de terra que levava à minha casa, repeti a conversa na cabeça. Contra os ruídos abafados do deserto de Vegas, as palavras finais do homem pareciam repetir-se sem parar: Não tenha medo. Não tenha medo. Não tenha medo. Quando cheguei a casa, entrei no meu quarto e escrevi as palavras dele em meu diário.

Quando você tem 19 anos, tudo parece possível. Eu tinha a vida inteira pela frente. Era forte e independente. Tinha um emprego que adorava, ganhava bem com ele, e tinha grandes planos de economizar e viajar pelo mundo. A ideia de que um dia eu teria "medo" de alguma coisa — não importa qual fosse ele, não importa quando ela viesse — não era algo em que eu sequer pensava. Minhas duas únicas preocupações na vida eram se eu havia raspado as pernas ou não, ou se tinha ganhado peso. Lá estava eu, de cabeça erguida no começo da minha jornada, e eu tinha absoluta certeza de como queria que aquela aventura acontecesse. Eu não poderia ter imaginado que em uma noite sufocante de junho — em uma conversa misteriosa com um estranho — parte da minha história já havia sido escrita. Nosso encontro foi o primeiro capítulo.

CAPÍTULO 2

Devaneios no deserto

Só peço para ser livre. As borboletas são livres.
— CHARLES DICKENS

SEMPRE TIVE UMA IMAGINAÇÃO FÉRTIL. Quando eu tinha cinco anos de idade, juntava todas as minhas bonecas Barbie — as com os cortes de cabelo, dados por mim, iguais ao de Madonna nos anos 1980 — e sentava debaixo da nossa enorme árvore de romãs no quintal. Atrás da árvore, havia uma porta branca. "Onde vocês acham que ela dá?", perguntava às minhas bonecas. Tenho quase certeza de que dava no quintal dos nossos vizinhos. Mas a meu ver, só podia ser uma porta secreta, uma passagem para um reino mágico. Eu pensava: "Aposto que a Alice do País das Maravilhas mora atrás daquela porta." É esse tipo de devaneio que eu tinha.

Minha família morava em uma casa de três quartos na Avenida Bonita. Quando você diz que é de Vegas, as pessoas logo acham que você cresceu cercado pelas luzes brilhantes da Las Vegas Strip. Eu não cresci. Não estávamos longe da Strip, mas meu bairro, na Vegas antiga, parecia a um universo de distância: jardins com muita grama, árvores grandes, parquinhos. Era perto da região onde meu pai havia crescido — seus pais, vovô e vovó Purdy, moravam a dez minutos de nós.

Eu não sabia muita coisa sobre nossos vizinhos. Essa é a cultura de Vegas. As pessoas podem morar umas ao lado das outras, mas raramente se falam. Na maior parte do tempo, eu brincava com minha irmã Crystal, que é dois anos mais velha do que eu. Também tínhamos mais familiares na cidade: ambos os meus pais são os mais velhos de três irmãos. Minha mãe, Sheri, tem duas irmãs, Cindy e Debbie; meu pai, Stef, tem um irmão, Stan, e uma irmã, Cindy — isso mesmo, temos duas Cindy na família. Então, cresci com primos que mais pareciam irmãos: Michelle (filha mais velha da tia Debbie, quatro anos mais nova do que eu, e a prima com quem eu passava mais tempo); Jack e Shannon (também filhos da Debbie); e, finalmente, minha prima bem mais nova, Jessica, filha única da irmã da minha mãe, Cindy. Meu tio Stan, que já trabalhou como guarda-costas de celebridades como Michael Jackson, Will Smith e Vin Diesel, nunca teve filhos. Nem a irmã falecida do meu pai, Cindy.

Nossa casa era cheia de música. Meus pais tinham uma enorme coleção de vinis, incluindo rock clássico (Queen, Led Zeppelin, Janis Joplin, The Eagles) e música *country* (George Strait, Johnny Cash, Merle Haggard, Willie Nelson e, basicamente, todas as músicas que as Judd já cantaram). Meu pai frequentemente colocava sua trilha sonora de *O Reencontro* e dançava todo bobo enquanto escutava “Heard It Through the Grapevine”. Ou ele tocava “My Girl” e cantava para Crystal e eu. Ele não tinha uma voz muito boa, e tentava nos envergonhar de propósito nos deixando na frente da escola em sua grande picape Ford Bronco azul, aumentando o som de “My Girl” no rádio e saindo do carro para cantar. Crystal não suportava. Eu achava engraçado.

Quando não estávamos com os pais da mamãe, vovó e vovô Campbell, passávamos muito tempo com minha tia Debbie. Ela já havia morado em Vail, Colorado, onde conheceu meu tio Rich. “Como era Vail?”, eu estava sempre perguntando. “Era lindo”, respondia-me ela, sorrindo ao lembrar. “Ficávamos fora de casa o dia todo e esquiávamos, depois saíamos à noite e nos divertíamos tanto. Era o tipo de cidade em que todo mundo conhecia todo mundo.” Eu ficava encantada. *Como será que era morar nas montanhas e brincar na neve o dia todo?* Minha tia Cindy também havia morado nas montanhas de Aspen, Colorado. “Eu ia dar uma corrida e de repente via um urso no meio da rua!”, contava-me ela. Fascinante.

Depois de minha tia e tio saírem de Vail, eles se mudaram para a Austrália onde viveram por um tempo. “Vou cavar até a tia Debbie do outro lado do mundo!”, eu costumava dizer à minha mãe enquanto brincava na areia. Finalmente, eles se mudaram para Vegas, e minha tia começou a trabalhar como enfermeira; meu tio virou um grande arquiteto — em outras palavras, tio Rich ficou rico! Isso significava que ele e minha tia tinham uma casa grande, um piano de cauda e — alô — uma piscina. Crystal, meus primos e eu passávamos *horas* naquela piscina, brincando de tubarão (meu primo Jack, um dos únicos meninos na família, sempre ganhava o papel de tubarão que tentava pegar a gente!) e Marco Polo. Se você não está se refrescando em uma piscina em um verão de Las Vegas, não há muito mais que se possa fazer ao ar livre. É simplesmente quente demais — cerca de 44 graus ou mais.

Conforme o verão chegava ao fim, eu ficava cada vez mais animada para o começo das aulas. Ia à mesma escola que meu pai frequentou — John S. Park Elementary — e minha matéria favorita era ciências. Sempre fui intrigada pela maneira como as coisas funcionam (quando eu era bem nova ficava na nossa garagem durante horas, experimentando todas as ferramentas da caixa de ferramentas do meu pai). “O que quer ser quando crescer?”, perguntava-me o vovô Purdy. “Quero ser astrônoma ou veterinária!”, anunciava.

Quando meus pais perceberam o quanto eu gostava de ciências, me deram uma assinatura da *National Geographic*. Durante seis anos, colecionei cada uma das edições. Eu abria um de nossos armários e — ploft! — dúzias de cópias pulavam para fora. Durante tardes inteiras eu ficava olhando as fotos coloridas, imaginando como devia ser ir à África, à Nova Zelândia, ao Japão, ao Alasca — ou a qualquer lugar fora da empoeirada Nevada. Nunca me senti muito ligada ao meu estado natal. Achava quente demais, sem graça demais, marrom demais — chato demais.

Minha outra matéria favorita era Arte. Eu pintava e ficava tão perdida em meus próprios pensamentos que não sabia nem ao certo quanto tempo havia se passado. "Isso é fantástico, Amy", dizia minha professora de artes da quarta série, srta. Bowman, quando eu completava um desenho. Ela era a professora mais gentil e pé no chão que eu conhecera. Ela também tinha uma filha mais ou menos da minha idade e, com mais algumas crianças da escola, às vezes dormíamos na casa dela. "Olá, querida!", exclamava sempre que a visitava. Para ser sincera, eu era mais amiga da srta. Bowman do que de sua filha. Ela era criativa: tecia sua própria lã e fazia suéteres e cobertores. Ela tinha cabras. E era de Michigan, o que soava fascinante para mim, simplesmente por não ser de Nevada.

Nenhum de meus pais nasceu em Vegas. Meu pai é de Idaho Falls; mamãe nasceu em Grand Junction, Colorado. Papai tinha seis meses de idade quando sua família se mudou para Vegas; mamãe já tinha nove anos. Então, eles basicamente cresceram em Nevada. Mesmo ainda criança, mamãe era do tipo educado e responsável — uma boa menina. Bem cedo ela já sabia que queria ser mãe e dona de casa. Meu pai era um líder nato — extrovertido, bonito e confiante.

Depois do colegial, papai foi para o Vietnã. Ele se juntou ao lendário *1st Battalion 9th Marines,* apelidado de "The Walking Dead", porque poucos sobreviveram. Enquanto estava na selva, meu pai pegou malária — duas vezes! Na segunda vez ele quase morreu e foi forçado a voltar para casa. Uma vez de volta a Nevada, ele se recusou a aceitar qualquer benefício para veteranos. Este é um perfeito exemplo do tipo de homem que meu pai ainda é: um que se orgulha em poder cuidar das coisas sozinho. Somente anos depois fui entender o efeito de voltar a um país que o via com maus olhos, considerando que tantos não concordavam com a guerra, teve em meu pai.

De volta do Vietnã, meu pai entrou no modo festa com tudo. Ele deixou seus cabelos espessos e castanhos crescerem até os ombros e socializava por toda Las Vegas e além dela. Numa tarde de primavera, ele foi ao casamento de um amigo em que minha mãe e sua irmã Debbie estavam. Papai era amigo do noivo e mamãe amiga da noiva. Minha mãe sentiu-se atraída por papai imediatamente, mas meu pai inicialmente ficou de olho em Debbie (resumindo, ele teve que ligar para pedir desculpas por vomitar no carro da mamãe e da Debbie, na volta da recepção, minha mãe atendeu o telefone — e o resto é história. Papai acabou convidando mamãe para sair durante aquela ligação, e apenas três meses depois dos dois se conhecerem naquele casamento, estavam noivos. Eles se casaram logo depois).

Meus pais não eram realmente hippies quando moravam em Lake Tahoe; mas, definitivamente, pareciam-se com eles. Em uma foto desbotada que ficava pendurada em nossa sala de estar, mamãe estava usando essa blusa de pele de coelho, calças boca de sino e óculos de sol. Papai, de camisa desabotoada até o meio do peito, usava um cinto de couro, calça também boca de sino e um chapéu de cowboy. Toda vez que eu olhava para aquela foto, imaginava os dois lá nas montanhas, loucamente apaixonados e vivendo uma vida sem preocupações. Era exatamente o tipo de vida que eu sonhava em ter um dia.

Quando Crystal nasceu, em 1978, meus pais já tinham se mudado de volta para Vegas e comprado a casa em Bonita. Em sete de novembro de 1979, fiz minha grande estreia. "Na época, os médicos descobriam o sexo do bebê através dos batimentos cardíacos", lembra minha mãe. Mamãe diz que os meus eram tão fortes que ela e os médicos tinham certeza de que eu era menino! "Eu já havia decidido que sendo menino ou menina", diz mamãe, "chamaria a criança de Lane — porque é o nome do meio do meu marido". Mas quando ela me segurou nos braços pela primeira vez, não achou que eu me parecia uma Lane. Parecia mais uma Amy.

Desde que Crystal e eu éramos pequenas, meus pais já trabalhavam. Muito. Quando eu estava no primário, minha mãe — que tinha lindos olhos verdes, pele perfeita e um pequenino corpo violão de cintura fina — trabalhava como arquivista na emergência de um hospital; mais tarde, quando eu tinha por volta de dez anos, ela arranjou um emprego vendendo planos de saúde. Durante alguns anos do começo de minha infância, meu pai era chefe do hotel e cassino New Frontier — ele supervisionava as mesas de dados do plantão noturno. "Oi, pai!", eu gritava, correndo para abraçá-lo quando ele chegava em casa do trabalho. Meu pai era alto e magro, com cabelos escuros ondulados, maçãs do rosto pronunciadas e olhos azuis como o céu — em outras palavras, o homem mais bonito que eu já vira. Depois do trabalho, sua jaqueta de couro cheirava a cigarros por passar tanto tempo no cassino. "Venha aqui, Amers!", gritava papai, me levantando em seus braços fortes; sempre que ele beijava minha bochecha, eu sentia os pelos de seu bigode castanho escuro no rosto.

Amers — era assim que meu pai me chamava. O restante da família me deu outro apelido: Amélia. Eles começaram a me chamar assim depois que minha mãe penteou meus cabelos em duas tranças e as prendeu no alto da minha cabeça. "Você parece uma Amélia!", disse minha avó um dia — e não faço ideia do porquê. Mas de certa forma, o nome combinava perfeitamente comigo — como a famosa Amélia, a primeira mulher a atravessar sozinha o Atlântico, eu tinha o espírito livre. Criativa. Aventureira. E sempre pensando nos mundos que existiam além de Vegas.

Meu pai finalmente largou seu emprego no cassino e tornou-se diretor executivo do rodeio Helldorado, o maior rodeio a oeste do Mississipi. O pai dele, vovô Ralph Purdy, tivera o mesmo emprego quando mais novo. Durante um enorme festival anual chamado "Helldorado Days", papai supervisionava o rodeio e a parada; e nossa família inteira descia até a arena para assistir. "Pronta, cowgirl?", perguntava papai. "Estou pronta!", respondia, pulando do sofá. Crystal e eu geralmente usávamos nossos vestidos e chapéus de cowgirl. Acho que meu chapéu ficava meio torto — é meio difícil manter um chapéu de cowboy reto em cima de duas tranças de Amélia.

Mamãe era uma supermãe. Literalmente. Por mais ocupada que estivesse com o trabalho, ela acordava às cinco da manhã e se exercitava em seu NordicTrack na garagem enquanto escutava "Another One Bites the Dust", do Queen, ou "Beat It", do Michael Jackson. Ela tinha o traje completo: meias roxas, collant cor-de-rosa com cinto, polainas azuis, tranças e uma faixa de cabelo. Toda noite ela fazia nosso jantar; e na maioria das vezes sentávamos juntas ao redor da mesa. Era nossa hora de conversar enquanto comíamos os deliciosos pratos da mamãe.

Mamãe estava sempre encontrando maneiras de fazer com que Crystal e eu nos sentíssemos especiais. "Está chovendo hoje!" anunciava ela, entrando no meu quarto nas manhãs em que o céu estava cheio de nuvens cheias de chuva. Só de ouvir aquela frase minha boca salivava, porque eu já sabia o que estava por vir: sempre que chovia, mamãe fazia cookies de chocolate. Até hoje, adoro dias chuvosos — quase posso sentir o cheiro de chocolate pela casa. Cozinhávamos e assávamos muito na nossa família; graças à minha mãe, avó e tias, tornei-me excelente em tortas, bolos e biscoitos. Até hoje, em dias chuvosos, minha irmã e eu fazemos biscoitos de chocolate. Tornou-se uma tradição.

No começo da minha infância, eu ia à igreja. Os pais de meu pai eram o que alguns chamam de "Jack Mórmon", que significava um mórmon que não necessariamente segue todas as regras de fé e estilo de vida da religião. Mesmo que meus avós não fossem devotos, ainda iam à igreja regularmente — e quando Crystal e eu éramos pequenas, levavam-nos com eles pelo menos dois domingos por mês. Meus pais encorajavam aquilo, principalmente por dois motivos: queriam que nós passássemos tempo com nossos avós, queriam inculcar lentamente alguma moral em nós e pelo menos nos dar uma base espiritual — além de quererem um dia de folga.

Eu odiava ir à igreja. O prédio velho e quadrado cheirava a poeira. A coisa toda era sem graça: carpetes bege, cores chatas, totalmente entediante. As músicas que cantávamos ao som do órgão pareciam datadas. Sabe aquele festival de palmas e pandeiros que se vê em uma igreja batista? Bem, deixe-me dizer: a igreja dos meus avós era o exato oposto. Parecia um funeral! Para passar pelas duas horas de sonolência, eu recorria a minha imaginação o tempo todo. A única coisa boa era que eu via meus avós, que amava. "Tudo bem, querida?", sussurrava vovó Purdy, que tinha os mesmos cabelos vermelhos e pele de porcelana irlandesa que eu. Eu assentia — e então olhava em volta por qualquer sinal de que o serviço estivesse acabando. Mas quer ouvir uma coisa louca? Por mais que eu resistisse a ir, de alguma maneira sempre me sentia melhor depois. As pessoas eram sempre simpáticas e eu ia embora me sentindo amada.

Quando você faz oito anos, pode ser batizada sob a fé mórmon. Meus pais nos deram a opção: "Quer ser batizada, Crystal?", perguntou papai a minha irmã logo depois dela completar oito anos de idade. "Sim", respondeu ela sem hesitação alguma. "Quero." Quando chegou a minha vez, papai me fez a mesma pergunta. "Há tantas religiões diferentes", respondi, "como vou saber qual escolher? Só conheço essa". Na escola, eu conhecia crianças vindas de todo tipo de tradição — cristãos, católicos, muçulmanos, hindus. Mesmo muita nova, eu de alguma maneira sabia que vivia nessa pequena bolha — e não queria me comprometer com algo até que conhecesse todas as minhas outras opções. Nunca quis me encaixar — e ainda sou exatamente assim. "Você é minha borboletinha", dizia-me minha mãe. "Você pula de uma coisa a outra".

Mamãe tinha razão. Crescendo, tudo em que eu conseguia pensar era em ser livre. Queria escapar do deserto de Vegas e flutuar para mundos mais incríveis que os de minha imaginação. Queria ter grandes histórias para contar, como minhas tias. Queria perambular, explorar e simplesmente me deixar ser levada pelo vento. Desde então, compreendi que o vento pode te carregar — só que nem sempre para os lugares aos quais você quer ir.

Nossa família gostava bastante do ar livre. Pelo menos algumas vezes no verão, papai carregava sua picape e nos levava para acampar nas montanhas (ainda amo o cheiro dos pinheiros e de marshmallow torrando em uma fogueira crepitante!), para esquiar no lago Mead, surfar nas praias da Califórnia ou esquiar na neve em Mount Charleston.

Eu também passava um bom tempo sobre esquis. Ambos os meus pais esquiam, então eles nos levavam a viagens para esquiar porque esperavam que fôssemos gostar do esporte tanto quanto eles. Meu pai dirigia três horas até o resort Brian Head, no sudeste de Utah — Brian Head ainda é um dos lugares favoritos da minha família. Quando eu estava no primário, meu pai me ensinou a esquiar na neve e na água, mas mesmo depois de incontáveis lições na neve, eu nunca realmente peguei o jeito: muitas vezes esquiando nas montanhas meus esquis se embolavam e eu caía dando cambalhotas! Lá estava eu, esquis embolados como um pretzel na neve, morrendo de frio, as lágrimas congeladas no rosto. "Amy, se recomponha!", gritava meu pai como um sargento do exército. Que vergonha.

Antes que eu pudesse me levantar e terminar meu sofrimento, tive um vislumbre pelo canto do meu olho direito: *Swoosh*! Um garoto passou voando por mim em um *snowboard*. Foi a primeira vez que vi um *snowboarder*. Parecia tão fácil, e a coisa mais legal do mundo. Naquele momento, olhei para meu pai e gritei:

— Dane-se esquiar. Vou aprender a fazer *snowboard*! — Papai franziu um pouco o cenho e balançou a cabeça.

— Bem, você nunca vai aprender a andar de *snowboard* até aprender a esquiar —, respondeu. Como ele estava errado.

CAPÍTULO 3

Fogueiras e pranchas de *snowboard*

Uma garota deve ser duas coisas: quem e o que ela quiser.
— COCO CHANEL

— Você não é a irmã mais nova de Crystal Purdy? — Essa era uma pergunta que eu vivia ouvindo ao entrar no ensino médio. Não me entendam mal; minha irmã e eu somos próximas — sempre fomos. Tirando meus pais, nunca vou ter uma amiga e um suporte melhor. Mas quando você é esquisita e magricela e está tentando descobrir quem diabos você é, não é fácil estar duas séries abaixo de uma irmã que parece tão perfeita.

Minha irmã encontrou sua turma de amigos cedo — na sétima série ela já era uma das garotas populares. Ela também era linda: cabelos loiros e compridos. Pele bronzeada. E o corpo incrível de mamãe, com direito à cintura fina. No ensino médio, ela se tornou ainda mais popular: não apenas tirava notas boas, como também era chefe de torcida e rainha do baile. Ela sempre usava vestidos bonitos para ir à aula e não bebia nem xingava. Desde que me lembro, ela já sabia o que queria fazer de sua vida:

crescer, casar-se, ter filhos e viver em uma casa perfeita de cercas brancas. Ela já tinha planejado toda a sua vida e estava trabalhando para alcançar seus objetivos.

E então, vinha eu, com cabelos indomáveis avermelhados, um tanto despenteados na maior parte do tempo; um tanto selvagem e quase sempre de jeans velhos ou de brechós, com chinelos ou tênis estilo iate. No começo do ensino médio, eu não tinha muita certeza de onde era meu lugar. Em qual grupo me sentiria confortável? Essa era a questão.

Às vezes, enquanto decifrava isso, pegava emprestadas roupas da Crystal. Ela odiava. Mas mesmo quando eu usava suas coisas, não me sentia eu. Até que eu tentava comprar nas lojas onde ela comprava — lugares como Contempo Casuals — mas não conseguia achar nenhuma roupa de que gostasse. Meus colegas de classe sempre se referiam a mim como "legal" e "criativa", o tipo de garota que se dava bem com todo mundo. E mesmo assim, quando entrei na Cimarron Memorial High School, na maior parte do tempo era conhecida apenas como uma coisa: a irmãzinha de Crystal Purdy.

O primeiro ano foi difícil. Seguindo os passos de Crystal, tentei entrar para as chefes de torcida. Quando contei a Crystal que estava planejando tentar, ela meio que deu de ombros.

— Está bem — falou, soando o mais encorajadora que conseguia. — Vá em frente, se é isso que quer fazer.

Eu, junto com outras cinco garotas, comecei a memorizar uma coreografia. Não me lembro dela, nem da música, mas sei que a ensaiamos durante algumas semanas naquele verão. Finalmente, chegou a tarde do teste e tínhamos que dançar na frente dos treinadores.

— Estão prontas, garotas? — gritou um deles. Tomamos nossas posições. A música começou, e tudo que posso dizer é que os cinco minutos seguintes foram um borrão. Dancei como se estivesse pegando fogo! Enquanto as outras garotas dançavam em perfeita sincronia, eu mal conseguia controlar minhas pernas. Crescera rápido demais no ano anterior, e com 49 quilos e um pouco menos de 1,70m, eu era totalmente esguia e descoordenada. De maneira alguma conseguia manter os pulsos retos. Também estava com esse sorriso louco no rosto, todo dentes e sem lábios. Sorri tanto que minhas bochechas ficaram doloridas. Foi um desastre completo e, aparentemente, as treinadoras concordaram: Todas as meninas entraram no time exceto uma — eu.

Ao menos havia um lugar no qual eu me encaixava — a aula de artes. Eu adorava minha professora, srta. Lyle, por mais que amasse a srta. Bowman. Ela era tão encorajadora:

— Suas pinturas são boas, Amy — dizia-me, olhando um dos pores do sol ou paisagens que eu criara. Por motivos que tenho certeza que já perceberam a essa altura, a maior parte dos meus trabalhos era inspirada pela natureza.

Foi na aula da srta. Lyle que ouvi falar sobre um grupo de garotos que eu já vira no campus — os skatistas: Brad, Richard e Aaron. A srta. Lyle estava sempre falando das coisas engraçadas que eles faziam; como quando Aaron desafiou Brad a beber uma lata de água suja de tinta, e ele bebeu! Além de serem muito divertidos, eles também eram criativos: Amavam arte. Amavam música. Não se levavam a sério demais. Os caras moravam no mesmo bairro de algumas amigas minhas, e quando eu as visitava depois da aula, eles estavam na rua andando de skate. Embelezávamos-nos todas e íamos vê-los — e, pouco a pouco, comecei a conhecê-los.

Richard e eu tínhamos uma quedinha um pelo outro. Quando eu estava na sétima série, comecei a reparar nos garotos. Meu primeiro beijo foi com um menino chamado Jeremy. Ele era bonitinho, loiro, alto e ainda mais esguio do que eu. Começamos a sair e acabamos gostando muito um do outro — e um dia ao lado dos armários, ele se aproximou e me beijou. Não me lembro de muita coisa a respeito de Jeremy, mas me lembro de que quis *continuar* beijando-o. Aquilo deu início a uma sequência e beijei muitos outros garotos depois daquilo!

Richard era lindo — 1,90m de altura, atlético, pele bronzeada, olhos bonitos, sorriso perfeito. Ele estava no último ano e eu no primeiro. Não eram muitas as garotas que prestavam atenção nele no começo do ano escolar, mas, no final, ele era definitivamente considerado um gatinho. Além disso, era engraçado e muito tranquilo. Brad também era bonito: um pouco mais baixo, com cerca de 1,80m, magro, mas ainda assim com um corpo atlético. Tinha cabelos escuros, olhos castanhos e um nariz marcante — um visual realmente único. Ele também era considerado o melhor skatista e *snowboarder* da escola. Através de Brad e Richard, conheci vários outros skatistas na escola. Eles pareciam ser amigos de todo mundo.

Richard e eu ficávamos mais tempo juntos, e ele falava sem parar sobre *snowboard.* Como eu, ele visitara Brian Head no sudeste do Utah quase a vida toda.

— Íamos até lá e andávamos de *snowboard* o tempo todo — contou-me.

— A neve é incrível! Devia vir com a gente de vez em quando — eu assenti e pensei naquele garoto que passara voando por mim em uma prancha no ano anterior. Também pensei em como seria legal viajar com um gatinho daqueles. U-lá-lá.

Os garotos não eram meus únicos amigos. Eu também andava com Jina, Juliette e Talia. Conheci Jina na sétima serie; ela era o tipo de garota sempre disposta a uma aventura. Nossos pais trabalhavam juntos no rodeio. Íamos até a arena dos cavalos e fazíamos o grande trabalho com o qual havíamos sido agraciadas: catar seus excrementos. Conheci Juliette e Talia no final da nona série. Juliette era bem parecida comigo — uma artista que gostava de pintar. Talia sempre se vestia super bem. Todo dia ela inventava um visual que era sempre uma mistura de moderno e antigo. Ela tinha 1,78m e era magra, então roupas sempre ficavam ótimas nela.

Nós três íamos a várias festas no deserto juntas — elas eram o máximo na época. Para alunos do ensino médio de Vegas, não existem muitas opções de socialização. Então, entre os skatistas e os músicos, havia essa cultura de se encontrar no deserto à noite, fazer fogueiras e ouvir música.

Durante o verão, bandas *underground* de punk rock da Califórnia iam para lá. Era tudo no boca a boca: alguém na escola falava "Ei, vai na festa de sábado à noite?". Éramos centenas, em nossos carros estacionados, fazendo fogueiras e conversando na parte de trás das caminhonetes, ouvindo música. Havia sempre um barril de chope por perto, ou uma garrafa de vinho barato.

Quando já tínhamos idade suficiente para dirigir (tirei minha licença com 15 anos), minhas amigas e eu nos amontoávamos no velho Chevy Blazer vermelho que papai comprara para Crystal e eu. Nós duas dirigimos tanto aquela coisa por aí que tivemos que usar fita isolante vermelha (queríamos que combinasse com a caminhonete!) para as lanternas traseiras não caírem. Não importava o quanto tínhamos que dirigir para ir a uma festa no deserto, estávamos sempre dispostas a uma aventura. Meus amigos skatistas geralmente nos encontravam lá. Onde tem punk rock, você quase sempre encontra skatistas bonitos.

Enquanto as bandas punk tocavam, minhas amigas e eu — olhando para o enorme céu coberto de incontáveis estrelas — geralmente entrávamos em conversas profundas em volta do fogo crepitante.

— Você acredita em Deus? — perguntou-me uma vez Juliette.

— Eu não sei — respondi —, mas acredito que há *alguma coisa* lá fora.

— E em outras dimensões? — continuou ela.

— Provavelmente — admiti, dando um pouco de ombros. — Sempre tive essa sensação de que há algo maior por aí, algo que não conseguimos enxergar.

Mesmo quando ainda era pequena, tinha curiosidade sobre como o universo funcionava — e conforme entrei no ensino fundamental e médio, fui ficando ainda mais curiosa. Lia livros sobre física quântica e espiritualidade. Quando estava com 16 anos, Wayne Dyer e Deepak Chopra eram dois dos meus autores favoritos. Na igreja, quando eu era pequena, ouvira falar de Deus como sendo o Pai Nosso. Mas eu não acreditava que Deus estava apenas sentado lá em cima nas nuvens. Para mim, parecia que Deus tinha que ser mais que isso. Que o que a religião chamava de "Deus" era na verdade uma força criativa que conecta todas as coisas.

Eu também não me identificava com todas as regras que faziam parte de uma religião, como a que dizia que se você fizesse algo ruim, não iria para o céu. Eu acreditava em compaixão pelos outros e em perdão pelos seus erros — não nesse Deus julgador que ficava só esperando a gente estragar tudo. Além disso, sentia-me mais em contato com Deus quando estava na natureza do que sentada em uma igreja. Sempre achei que muita coisa acontecia além do que os nossos olhos podiam enxergar — e que aquilo que tomamos por certo, poderia certamente ser um mistério.

— Quer andar de *snowboard* com a gente sábado? — perguntou Richard em uma tarde de fevereiro, durante o segundo semestre do meu primeiro ano do ensino médio. Praticamente antes dele terminar a pergunta respondi:

— Claro!

Eu estava louca para experimentar. E não seria nada mal aprender esse novo esporte com um dos caras mais bonitinhos da escola. Ei, motivação, certo?

Quando perguntei a papai e mamãe se podia ir, eles ficaram um pouco hesitantes.

Com quem você vai? — perguntou papai.

— Alguns garotos... mas Beth também vai. — Beth Riesgraf, que tinha a idade da minha irmã, andava muito comigo também... a gente se dava bem. Mencionar a ida de Beth era meu passe de mágica. Além disso, quando fiz o pedido eu já estava andando com esses caras há meses. Meus pais já os haviam conhecido, sentiam-se confortáveis a respeito deles e sabiam que eram bons meninos. — Vamos ficar bem — insisti. E, sem muita dificuldade, meus pais deixaram-me ir.

A manhã de sábado finalmente chegou. De longe vi a picape de Aaron atravessando o deserto na direção da minha casa. Nessa época, já tínhamos nos mudado para uma casa que meu pai havia construído na parte nordeste da cidade. Fui para o jardim e esperei. Aaron parou na calçada e baixou o vidro da janela, o barulho de música alta vindo de dentro. Eles já tinham buscado Beth; ela acenou para mim e sorriu da janela de trás.

— Pronta? — gritou Aaron por cima do som alto. Eu assenti. Aaron jogou minha mochila no porta-malas junto com todo o equipamento de *snowboard*, e sentei-me ao lado de Beth. Dirigimos por três horas, dando a volta nas montanhas e na neve, ouvindo Metallica. Era excitante simplesmente estar ao ar livre. Com meus amigos. Fora da quente Vegas.

Finalmente chegamos e desarrumamos nossas malas. Quando chegamos perto do teleférico, amarrei minha bota esquerda na prancha de *snowboard*; você deixa um dos pés livre para poder passar pela fila e dar impulso com o pé de trás.

— Vamos descer pelas árvores hoje — disse Aaron para Richard, o que me fez subitamente perceber que eu não tinha ideia alguma de que diabos estava fazendo. Mas lá estava eu, uma menina nervosa tentando acompanhar a galera *cool*, então fiquei quieta e tentei não parecer tola. Brad e Richard assumiram seus lugares no teleférico, e eu — de coração acelerado! — sentei bem no meio deles. *Nada a reclamar*. A prancha, bem presa no meu pé, balançava abaixo de mim.

Quando você esquia, você sai do teleférico de frente, mas no *snowboard* você sai dele de lado, na verdade. Eu não sabia daquilo, e foi por isso que — *ploft!* — caí assim que saí do teleférico.

— Está bem? — perguntou Richard. Assenti, levantei-me sem dizer uma palavra e me recompus. — Vamos começar com essa colina — continuou ele, e por "colina", ele não quis dizer um pequeno declive. Estávamos na montanha mais íngreme! — Apenas siga a gente! — orientou. Os garotos amarraram seus pés de trás em suas pranchas e dispararam montanha abaixo. Beth ficou comigo para praticar mais alguns minutos, mas depois ela os alcançou. Eu podia ter pedido para que me esperassem, mas não queria ser aquela que não consegue acompanhar os outros.

Depois de prender meu pé com segurança à prancha, rapidamente fiquei na posição em que vira os outros: joelhos ligeiramente dobrados. Costas retas. Corpo virado de lado mas cabeça virada para a frente da prancha. Coloquei um pouco de pressão no meu pé dianteiro para fazer a prancha começar a deslizar montanha abaixo. A gravidade rapidamente assumiu e o impulso praticamente me arrancou da montanha. *Tum! Tum! Tum!* Meu coração parecia pular para fora do peito e de repente comecei a descer a trilha.

A adrenalina inundou minhas veias. Apontei minha prancha para a frente e simplesmente fui! Foi bastante assustador ir tão rápido, especialmente não sabendo como virar nem parar. Mas eu estava com sorte: havia neve fresca e fina no chão, o que significava que eu meio que flutuava montanha abaixo. Apesar dos outros já estarem bem na frente, desviando das árvores, eu ainda podia ver as marcas na neve deixadas por eles. Sem saber como pegar impulso direito, eu andava cerca de 120 metros e caía, depois mais 120 metros e caía de novo. Mas todas essas vezes em que eu me reerguia e tentava seguir os rastros deles, acabaram por me ajudar a usar meus tornozelos e pés para deslocar meu peso para a frente e para trás, e a fincar a parte traseira ou dianteira da prancha no chão para reduzir o atrito e descer mais rápido.

O fato de eu já ter experimentado andar de skate ajudou-me no *snowboarding*: eu sabia como manter o equilíbrio em uma prancha. E como eu esquiara todos aqueles anos com meus pais, já sabia como me movimentar na neve. Então, por conta própria, desci a montanha, mantendo meu corpo flexível. Enquanto eu descia, havia algo tão mágico na calma da natureza. O assovio do vento através das árvores. A serenidade da neve recém-caída. O sol refletindo no branco. A força do meu corpo quando eu o usava para descer a colina. No final do fim de semana, eu já estava descendo a montanha em um tipo de ritmo natural, seguindo o fluxo do terreno. De certa forma, eu me sentia uma só com a prancha e em harmonia com a própria montanha.

Meus amigos demoraram cerca de 15 minutos para chegar à base da montanha. Naquela primeira tentativa, levei 35. Quando o sol se pôs atrás da montanha naquela noite, sentia-me exausta e um pouco dolorida — mas não poderia estar mais feliz.

Gostou? — perguntou Aaron.

— E como! — respondi. Tenho certeza de que o sorriso estampado no meu rosto já denunciava. Na época, *snowboarding* era basicamente um esporte masculino, e lá estava eu, quase no nível dos meninos. Era uma sensação incrível. Ficamos mais um dia antes de nos amontoarmos de volta na picape e voltarmos a Vegas.

As faíscas aumentaram entre Richard e eu. Depois daquela viagem, ele e eu acabamos indo praticar *snowboarding* quase todo fim de semana em Lee Canyon, Nevada. A amizade durou, mas o romance não. Terminei com ele depois de apenas um mês. Essa parecia ter sido uma má ideia, porque assim que o fiz, todas as garotas pareceram estar a fim dele! Mas meu romance com o *snowboarding* continuou: foi amor à primeira fincada. Eu estava viciada. Não apenas pelo restante daquela estação — mas para sempre. Não há regras no *snowboard*: é só você em uma prancha, usando sua imaginação, passando por árvores caídas e criando manobras divertidas. A sensação é de liberdade — liberdade para brincar e fazer as coisas do seu jeito.

Mesmo depois de Richard e eu terminarmos, eu ainda ia andar com os meninos quase todo fim de semana. Cimarron tinha um dia de aula mais cedo — entrávamos 7h e saíamos 13h — então um segundo após o sinal tocar, corríamos para casa para pegar nosso equipamento e sair da cidade. Não precisávamos sempre ir até Brian Head para passar um tempo nas colinas. Há um resort local chamado Ski Lee em Lee Canyon, e fica a apenas 45 minutos de carro de Vegas. Na maioria das nossas viagens, era só eu, meus amigos garotos, e um grupo grande de amigos seus que também praticavam. Eu estava no paraíso. No ensino médio, mamãe não fazia mais nossos almoços, então, em vez disso, dava-nos cinco dólares por dia, e eu colocava o dinheiro em uma gaveta e guardava para comprar um passe de teleférico de 25 dólares no final da semana. Eu vivia para o *snowboard*.

Quando comecei a praticar, não era apenas algo que eu fazia. Era quem eu *era*. Em uma época em que eu estava tentando encontrar meu lugar na loucura de mundo que era o ensino médio, o *snowboard* ajudou-me a encontrar meu caminho e, no final, a mim mesma. Até meu estilo mudou: sim, eu ainda usava roupas de brechó e congas, mas minhas roupas tinham sempre bom gosto e eram criativas. E de vez em quando, especialmente no segundo ano, eu usava vestidos e saltos altos; e também adorava fazer meu cabelo e maquiagem. Eu não era mais a irmãzinha de Crystal Purdy. Eu era eu — tão livre para criar meu caminho quanto para abrir trilhas na neve.

— O que vocês duas vão querer fazer depois de se formarem? — perguntou papai. Naquela noite, estávamos os quatro ao redor da mesa de jantar: eu, Crystal, papai e mamãe. Minha irmã, na época no último ano, estava a meses de se formar; eu estava no primeiro ano. Meu pai, que fizera suas famosas asas de frango aquela noite, estava a fim de conversar sobre o futuro.

— Ainda estou pensando no que quero fazer — admitiu Crystal. — Talvez decoração de interiores. — Como eu, Crystal havia trabalhado para a firma de arquitetura do nosso tio Rich, e durante seu tempo lá, ela havia ficado com vontade de saber mais sobre decoração.

Meus pais nunca nos pressionaram a escolher uma faculdade, talvez porque eles mesmos não tinham ido a uma. Quer quiséssemos ir a uma escola técnica ou a uma faculdade, por eles tudo bem, desde que encontrássemos uma maneira de ganhar a vida. Eles sabiam que íamos descobrir o que queríamos.

— Bem, façam vocês o que quiserem — respondeu papai, apanhando sua terceira asinha de frango —, vamos apoiá-las. Só se certifiquem de que conseguem pagar o seguro de seus carros e suas contas de cartão de crédito. — Crystal e eu tínhamos cartões de crédito na escola porque meus pais queriam nos ensinar a gerenciar nosso dinheiro. Uma das grandes lições de minha infância foi como ficar esperta em relação a dinheiro.

Eu não tinha certeza do que faria exatamente depois de me formar, mas já sabia que trabalhar em um banco ou em uma loja de roupas em um shopping, como planejavam algumas de minhas colegas de classe, seria como suicídio para mim. E, além disso, eu tinha a intuição de que algo grande ia acontecer em minha vida. Eu não sabia de onde vinha aquela sensação — mas quanto mais perto chegava de me formar, menos eu conseguia ignorar aquilo.

Uma noite, na nossa varanda dos fundos, minha amiga Beth e eu conversamos sobre nossos planos.

— Sinto que estou destinada a fazer muito além de ficar em Vegas e arranjar um emprego normal — confessei.

— Eu também! — exclamou Beth. — Talvez ir para Los Angeles e tentar atuar — assenti. Eu também pensara em atuar, e sempre tive essa vontade de me expressar, então me mudar para Los Angeles parecia uma grande ideia. E se ela fosse para a Califórnia, eu poderia ir junto. Aquela conversa ficou comigo. Nós duas sabíamos que havia coisas maiores para a gente e queríamos descobri-las.

No verão após seu último ano, Crystal acabou mesmo decidindo cursar decoração de interiores — então fomos a uma faculdade local e a inscrevemos. Mas no segundo semestre do meu último ano em Cimarron, eu ainda estava pesando minhas opções. Beth começou a praticar massagem para ganhar algum dinheiro, enquanto descobria como ser atriz.

Uma noite, ela me chamou para sua casa para uma massagem. Precisava praticar sua técnica em alguém. Antes de eu chegar, ela arrumou a sala toda: velas, música relaxante, uma mesa de massagem, a coisa toda. Enquanto trabalhava nas minhas costas, conversamos.

Que tipo de coisas ensinam no curso de massagem? — indaguei.

— Todo tipo de coisa — respondeu ela, apertando os dedos na parte alta das minhas costas. — Tipo essa semana — continuou —, aprendi tudo sobre como a energia que carregamos no corpo pode criar nós em nossas costas.

E o que vai fazer quando terminar?

— Com todo o dinheiro que ganharei— respondeu ela —, posso conseguir ir em frente e me mudar para Los Angeles.

Por volta daquela época tive dois grandes momentos de inspiração, e essa conversa com Beth levou-me ao primeiro. *E se eu pudesse treinar para ser massagista e poupasse dinheiro o bastante para viajar o mundo e praticar snowboard?* Bingo.

Meu segundo momento de luz veio algumas semanas depois de me formar. Meus pais e eu fomos até Brian Head passar o fim de semana. Paramos para jantar em um pequeno restaurante perto do complexo. Uma garçonete veio anotar nossos pedidos. Ela tinha longos cabelos castanhos e ondulados, uma pele naturalmente perfeita, mesmo sem maquiagem, e talvez fosse alguns anos mais velha do que eu. Ela foi tão simpática que mamãe puxou conversa:

Você mora aqui? — perguntou minha mãe.

Ela assentiu.

— Sim — respondeu. — Sou de Vegas, mas vim para cá com meu cachorro e namorado para praticar *snowboard* e trabalhar por alguns anos. Mas acabei de me matricular em uma escola de massagem. O que realmente quero fazer é viajar, e achei que saber fazer massagem é algo que posso levar a qualquer lugar. — Baixei o menu e olhei diretamente para ela. Tudo o que você tinha que fazer era dizer a palavra *viajar* e tinha minha total atenção.

Onde é a escola de massagem? — perguntou mamãe.

Em Salt Lake City — respondeu ela.

Quando você vai?

— Em alguns meses. Só preciso encontrar uma colega de quarto antes. — Em seguida ela anotou nossos pedidos e recolheu nossos menus. — Sou Charlet, a propósito — completou ela, sorrindo novamente. — Prazer em conhecê-los. — Com aquilo, ela voltou para a cozinha.

Se você tiver sorte na vida, terá pelo menos algum momento em que vai saber exatamente o que deve fazer. Para mim, aquele foi o momento.

— Ei, já sei! — exclamei para meus pais. — Eu podia me mudar para Salt Lake City e ser colega de quarto dessa garota. — Meus pais encararam-me por um tempo, provavelmente por causa de como me decidi subitamente. Mas quando você sabe, você sabe, e eu soube *imediatamente*.

Por causa de todas aquelas conversas com Beth, eu já tinha uma ideia de como seria ser massagista, e ir para Utah finalmente me tiraria de Nevada. Ao irmos embora do restaurante, Charlet não havia somente se tornado minha melhor amiga. Ela também se tornara minha futura colega de quarto. Resolvido.

Em uma semana, eu havia lido tudo sobre a Escola de Massagem de Utah e me inscrito para começar as aulas em junho. Convenci outro amigo meu, Bryson, a ir de Vegas para Salt Lake. Ele tinha parentes lá e queria trabalhar na empresa de construção deles.

— Você pode até dividir um lugar com Charlet e eu — prometi a Bryson. Então ele se planejou para a mudança e para nos encontrar lá.

Em 4 de junho de 1998, formei-me na escola. Na última página do meu anuário, há um espaço para os pais escreverem um recado para seus filhos. Minha mãe o preencheu com uma mensagem especial para mim. "Para Amy, nossa borboleta" escreveu. "Você se transformou em uma linda jovem, por dentro e por fora. É hora de abrir suas asas e realizar esses sonhos. Leve nosso amor e nossas orações com você e divirta-se muito". Eu chorei enquanto lia.

No dia seguinte, meu pai colocou todos os meus pertences na sua caminhonete, e minha família foi comigo durante as sete horas de estrada até Salt Lake. Enquanto passávamos pela interestadual 15 North, tudo em que eu conseguia pensar era em como o mundo estava completamente aberto para mim. Finalmente. Se eu estava nervosa? Talvez um pouco, porque não sabia o que minha nova vida traria. No entanto, mais do que qualquer outra coisa, eu me sentia forte. Corajosa. Independente. Livre. E pronta para enfrentar o que quer que encontrasse do outro lado do horizonte.

CAPÍTULO 4

Um mundo diferente

O que você ama é um sinal de seu eu superior
do que você deve fazer.
— SANAYA ROMAN

A SALA TINHA CHEIRO DE formol.

— Ah meu Deus — sussurrou uma de minhas colegas de classe para mim —, olha *aquilo*.

Junto com outros 15 alunos da Utah College of Massage Therapy, estávamos reunidos no laboratório para uma das aulas obrigatórias: anatomia. Quando eu estava prestes a responder, o professor pigarreou.

Alunos — disse numa voz grossa —, isso é um cadáver feminino. — Uau.

O corpo sem vida de uma mulher estava deitado em cima da mesa. Seu rosto e peito estavam cobertos com um lençol; seu corpo tivera todo o sangue drenado. A parte de dentro de sua coxa estava aberta da virilha até o joelho, revelando cada camada de gordura, tecido e músculo debaixo de sua pele pálida e branca. Uma de minhas colegas de classe levantou a gola de sua camiseta até a boca e o nariz, com ânsia de vomito.

— Se estiverem sentindo-se mal — disse nosso professor — fiquem à vontade para sair a qualquer momento e pegar um pouco de ar fresco — bem na hora, duas pessoas correram até a porta mais próxima.

Eu achava que teria nojo. Não tive. Você não se matricula em um curso de massagem profissional com uma das melhores aulas de anatomia do país e espera *não* ver um corpo. Para verdadeiramente entender a forma humana, você precisa estudar suas partes, e não apenas em um livro.

— Como será que ela morreu? — perguntei para minha amiga. Nós nunca descobriríamos. Enquanto eu olhava seu cadáver, achei fascinante que a única diferença entre um corpo vivo e um morto fosse que a vida e o espírito tivessem partido.

Aquele curso de anatomia foi apenas uma pequena parte do meu treinamento. Durante seis meses, dediquei-me a qualquer tipo de curso possível: Cinesiologia. Ioga. Tai chi. Esportes. Massagens russa e sueca. Acupuntura. Cura energética. Medicina chinesa. Uma parte da massagem tem raízes na filosofia oriental, então nosso programa era tão focado na parte espiritual quanto na parte física — em outras palavras, praticávamos muito respiração profunda e meditação. Toda vez que eu praticava o que estava aprendendo, sentia como se estivesse me conectando a uma energia muito maior do que a minha própria. Eu amava.

No final de cada dia de aula, eu dirigia a picape Toyota azul bebê, que eu comprara na época, até a casa que dividia com Charlet e Bryson. Nosso bairro era adorável. Uma estrada sinuosa levava até nossa casa de tijolos dos anos 1920, que ficava no alto de uma pequena colina bem na frente de uma grande montanha. Árvores de damasco pontilhavam nossa rua. No outono, folhas marrons, douradas e vermelhas cobriam os gramados. A região toda parecia antiga e histórica. A verdade é que eu achava a vizinhança um charme simplesmente porque era diferente de minha cidade natal — a plana Vegas é chata como uma tábua. Tudo de que eu precisava era de uma estrada e uma colina para ficar feliz.

Por mais que eu amasse minha nova vida, ia à Vegas de visita. Era bom estar de volta. Depois de me instalar, abraçar a todos e ouvir todas as novidades da minha família, ficávamos sentados conversando na varanda dos fundos bebendo vinho.

— Acabei de saber de uma notícia terrível — disse mamãe.

— É mesmo? — perguntei, subitamente indagando-me se mamãe estava bem. Crystal e eu trocamos um olhar de preocupação.

— Bem — continuou mamãe —, o vizinho de uma amiga minha está com um filho muito doente.

— O que ele tem? — perguntei, levando os joelhos até o peito.

— Ele contraiu algum tipo de infecção rara — explicou mamãe. — Os médicos tiveram que amputar ambas as suas pernas.

— Nossa — falei. — Quantos anos ele tem?

— Bem, essa é a pior parte de todas — disse mamãe. — Ele tem só 19 anos de idade.

— Minha nossa — falei. Fiquei em silêncio por um instante apenas absorvendo aquilo. — Bem, se algo assim acontecesse comigo — continuei finalmente —, era melhor me levar até a ponte mais próxima o mais rápido possível porque eu iria pular. Nunca conseguiria lidar com algo assim. — Nós balançamos as cabeças.

Mais tarde naquela noite, enquanto estava sentada na banheira raspando as pernas, pensei: *E se eu subitamente perdesse as pernas? Como seria minha vida? Como conseguiria continuar?* Francamente, a história toda parecia o tipo de coisa que acontece a outras pessoas, pessoas que vão ao programa da *Oprah* ou no *Dateline NBC*. Alguns minutos depois, me levantei e saí da banheira, e raramente voltei a pensar naquela conversa.

* * *

As aulas ficavam mais interessantes a cada matéria, e depois de aprender tanto sobre a filosofia da massagem, eu mal podia esperar para experimentar em um corpo de verdade. Aquecemos-nos lentamente: durante alguns meses de aula, os outros alunos e eu praticávamos massageando as costas uns dos outros; mais tarde, evoluímos para massagens de corpo inteiro. Então, quando consegui meus primeiros poucos clientes, na série de clínicas dominicais que a escola agendou para a gente, eu estava pronta. Mais ou menos.

A fila chegava ao lado de fora do prédio na nossa primeira experiência. A escola tinha anunciado massagens a, tipo, trinta dólares por hora para o público. Em outras palavras, quase de graça. Quando cheguei e olhei a fila, vi todo tipo de corpo: Magro. Obeso. Alto. Homem. Mulher. Careca. Barrigudo. Atlético. Entrei na minha "sala", um espaço separado das outras salas por apenas uma cortina. Preparei a minha mesa.

Meu primeiro cliente foi um homem atarracado de meia idade com cabelos castanhos escuros. Cumprimentamo-nos.

— Apenas fique à vontade — orientei, sorrindo nervosamente. — Pode deitar de bruços, vou começar com você assim — ele assentiu e saí da sala para que se despisse. Para minha surpresa, quando voltei alguns minutos mais tarde, encontrei Chewbacca na minha mesa! Eu nunca vira costas tão peludas. Sério.

Tentei não arfar e fui à luta. Primeiro, enrolei uma toalha e a coloquei debaixo de seus tornozelos para criar algum tipo de suporte para sua região lombar. Confere. Em seguida, comecei a gentilmente massagear suas costas com as pontas de meus dedos. Confere. Então, mais ou menos na metade da massagem, pedi para que ele virasse. Ele obedeceu, e comecei a massagear seus pés. Depois dele já estar deitado de costas há cerca de dez minutos, uma coisa... subiu. Percebi que ele ficou envergonhado porque tentou se reposicionar. Foi quando usei meu treinamento: comecei a subitamente dar golpes de karatê em suas coxas! Aquilo funcionou: Em trinta segundos, todo o ânimo fora derrubado. Literalmente.

Durante os meses seguintes de sessões aos domingos, enfrentei todas as situações esquisitas possíveis. Roncos. Choros. Risos. E — como poderia colocar melhor? — uma série interminável de excesso de informação.

— Minha esposa não sabe disto — contou-me um cara —, mas estou tendo um caso com nossa vizinha há sete meses. — Eu não julgava. Ser massageado é uma forma de relaxamento, e algumas pessoas têm muito a relaxar. Qualquer grande terapeuta pode lidar com isso, e eu também.

Em novembro de 1998, eu completara o programa. Charlet também; e ela voltou para Vegas para ficar perto de seu namorado. Um mês depois, Bryson foi morar com sua família para economizar algum dinheiro. A maior parte dos amigos que eu fizera estudando se dispersara para lugares como Oregon e Califórnia para começarem suas carreiras. Aquilo me tornou uma menina com um certificado de massagista profissional e um aluguel por vencer.

Eu não estava pronta para deixar Salt Lake. Então, mudei-me para um lindo apartamento no sótão com meu novo colega de quarto, um hippie que tinha todas as fitas cassete do Grateful Dead. Ele morava no andar de cima de uma casa enorme, e eu tinha minha linda parte do sótão. Uma das minhas colegas de classe — a que me contara sobre a vaga — morava no andar de baixo. Esse cara e eu concordamos que eu podia pagar a ele cem dólares por mês e que o resto do meu "aluguel" seria coberto se eu lhe desse massagens semanais. Feito. A não ser quando estava trabalhando nos nós de suas costas, eu nunca o via.

Verão. Outono. Inverno. No começo de 1999, eu já havia experimentado três estações em Salt Lake. Em fevereiro, meu trabalho terminou e eu ainda não tinha nenhum indício de emprego fixo. A maioria dos meus amigos já deixara Salt Lake há tempos, até mesmo a garota que morava na enorme casa comigo e o hippie. E subitamente, por volta de março, comecei a perceber uma coisa: Todos. Os. Meus. Dias. Pareciam. Previsíveis.

Então, em uma manhã de sábado daquela primavera, acordei sem nenhum plano. Eu iria simplesmente deixar o dia me levar e veria aonde daria. Primeiro, fui à academia. Passei duas horas na esteira, correndo e ouvindo Beastie Boys. Uma vez em casa, lavei cada peça de roupa suja que consegui encontrar. Em seguida, fui tomar um vanilla latte no café a algumas quadras de distância, e enquanto estava na rua, passei por uma academia de escalada. *Talvez eu veja alguns caras bonitos.* Não vi — então, dei meia volta e voltei para casa. Lá dentro, desabei na cama e fiquei olhando para o teto. Enquanto estava ali, foi como se eu levasse uma bola de neve na cabeça e percebesse algo: *Estou entediada.*

Eu não tinha ideia de com quem conversar. Sabia que meu colega de casa devia estar em algum lugar viajando ao som do The Grateful Dead, então nem ele seria companhia. Eu havia feito tudo que poderia fazer em um dia em Salt Lake — e ainda eram sete horas da noite! Àquela altura, fui até a sala de estar e tentei ligar a tevê. Não funcionou. Foi quando a bola de neve virou uma avalanche. *Preciso dar o fora daqui.*

Naquele instante, fui até meu quarto e comecei a arrumar as malas. Depois de juntar todas as minhas coisas, aproximei meu Toyota o máximo possível da porta dos fundos. Em seguida, enfiei meus pertences (todos os sete!) no porta-malas. Cuidadosamente, peguei minha planta — a hera de quatro metros e meio que eu estava cultivando há meses — e a coloquei no banco do carona. Consegui até colocar pequenos móveis meus na parte de trás do carro. Depois de tudo carregado, deixei uma nota de cem dólares no balcão da cozinha para o hippie (e não — não deixei nenhum bilhete) e em seguida pulei no banco do motorista e acelerei na direção da estrada. Meu destino? Brian Head. Meus pais tinham me dito que estariam lá naquele fim de semana.

Quase quatro horas e meia depois, bati na porta da frente do quarto dos meus pais. Passava da meia-noite.

— Quem é? — perguntou mamãe.

— Sou eu, Amy — respondi. Uma longa pausa. Quando ela abriu a porta em seu roupão, lá estava eu, segurando apenas minha planta e minha escova de dentes.

— Querida — disse ela, esfregando os olhos sonolentos —, que diabos está fazendo aqui?

Sem perder um segundo, declarei:

Vou voltar para casa!

Meus pais não podiam acreditar, e francamente, eu estava ainda mais surpresa do que eles. Por que quis ir para casa tão de repente? Porque estava com saudades. Minha única "amiga" era uma planta. Eu não conversava com ninguém da cidade há dias. Meus amigos tinham seguido em frente com suas vidas em Oregon e na Califórnia. A situação toda era deprimente. E simples assim — *snap*! — percebi que eu estava cansada de Salt Lake City.

Enquanto pegávamos a longa estrada de terra que levava à casa dos meus pais, eu sabia que não ficaria muito tempo em Vegas. Eu já estava fazendo planos na minha cabeça: ia trabalhar durante um ano. Ser massagista freelance. Guardaria dinheiro. Mudaria-me para uma cidade de esqui e praticaria *snowboard*. Depois, talvez eu fosse até Tahoe — ou então arranjaria emprego em um cruzeiro. Isso que é tão legal em saber fazer massagens: é portátil. Eu poderia trabalhar na Europa, África, Ásia. Em um navio cruzeiro, em uma ilha, em um resort. Tudo de que precisava era das minhas mãos e da minha mesa de massagem.

Depois do meu amigo Shane deixar Utah, ele conseguiu um grande emprego em Vegas: foi contratado como gerente em um dos *spas* mais respeitados do mundo, o Canyon Ranch SpaClub. O *spa* estava prestes a abrir suas portas no enorme e luxuoso hotel Venetian — e Shane foi contratado para supervisionar a equipe de massagem. Voltei a morar em Vegas bem na época em que ele estava montando a equipe.

— Devia se candidatar, Amy — disse ele ao me ligar. Era uma honra ser convidada a candidatar-me, porque Canyon Ranch não é apenas um *spa* qualquer; ele atrai os mais talentosos massagistas do mundo. Alguns dias depois de fazer uma incrível massagem em um dos gerentes como parte da entrevista, consegui o emprego.

Eu já estava no paraíso da minha carreira, e meus dias em Canyon Ranch me levaram a outro nível de paraíso. Trabalhava lá de manhã — quatro clientes, um atrás do outro. Então, às tardes, fazia massagens no

Angel's Touch, um pequeno *spa* diurno na cidade. O que aconteceu foi que Steve Wynn — o poderoso empresário responsável por grande parte da expansão da Strip, incluindo os hotéis Bellagio e Mirage — havia contratado o Angel's Touch para dar massagens nos quartos de algumas de suas propriedades. Fui chamada para ser uma das massagistas a atender nesses lugares.

Aceitei o emprego e, a partir daí, trabalhava o dia inteiro: de manhã no Canyon Ranch, depois em massagens nos quartos do Bellagio e do Mirage entre, digamos, três da tarde e sete da manhã. Como se isso já não fosse o bastante para me manter ocupada, eu também aceitava qualquer cliente particular que conseguisse. Por mais agitados que estivessem meus horários, meu emprego era emocionante. De verdade.

Todo um mundo novo se abriu para mim. Conhecia as pessoas mais interessantes, de toda parte do mundo: Austrália, China, França, Brasil, África do Sul, Emirados Árabes, e rapidamente comecei a ser chamada para trabalhar nas *villas* — grandes e luxuosos quartos particulares no Bellagio. Os hóspedes particulares de Steve Wynn frequentemente ficavam hospedados nas *villas*. E se você ficava em uma villa, você tinha muito dinheiro — e grandes histórias para acompanhar tanta fortuna. Eu tinha gente importante na minha mesa regularmente: celebridades, músicos, atrizes, grandes homens de negócios. Qualquer cliente poderia requisitar uma massagem terapêutica. Comecei a ganhar mais dinheiro do que jamais tivera. No Bellagio, podia ganhar 130 dólares por hora, mais gorjeta.

Feliz e independente — é assim que me sentia nessa época. Adorava meu horário flexível. Adorava as artes da cura. Adorava a quantidade de dinheiro que eu conseguia fazer. E, mesmo que eu nunca tivesse imaginado que voltaria para Vegas, também adorava estar perto da família. Crystal também estava morando em casa, e montando seu próprio negócio de decoração de interiores; ela e seu namoradinho de escola — ela fora a chefe de torcida, ele o melhor jogador de futebol americano! — estavam noivos. Estavam planejando casar-se no outono. E meus pais, é claro, ainda tinham diversos negócios. Éramos quatro adultos, vivendo vidas separadas e ainda assim compartilhando nossos mundos uns com os outros. Eu sabia que uma hora deixaria Vegas, mas como tinha encontrado satisfação, coisa que jamais imaginara encontrar em minha cidade, não estava mais com tanta pressa.

Uma noite, depois de já estar de volta há cerca de quatro meses, mamãe e eu nos sentamos na varanda dos fundos e conversamos. Enquanto isso, o sol foi baixando atrás do vale e desapareceu.

— Sinto-me tão saudável e tão no controle de minha vida — contei a ela. — E estou ganhando tanto dinheiro! Sinto-me no topo do mundo! — e era verdade.

Na manhã seguinte, vesti minha calça cáqui e minha camisa polo e dirigi até Canyon Ranch.

— Posso agendar você para um dia inteiro? — perguntara-me meu gerente Shane no dia anterior. A movimentada temporada de férias de verão estava começando, e ele precisava de mim para ajudar com o excesso de clientes.

— Claro — respondi. — Estarei aqui.

Por volta das 9h, comecei minha primeira massagem; às 17h, terminara a sétima. Assim que cheguei no estacionamento, sentindo-me aliviada por estar na hora de sair com meu amigo Rob, Shane me ligou chamando-me de volta para fazer aquela última massagem. Foi quando conheci aquele senhor. Pouca coisa continuou a mesma depois disso.

CAPÍTULO 5

A beirada

A vida muda num instante. Você se senta para jantar e a vida que você conhecia acaba num instante.

— JOAN DIDION

MEUS OMBROS DOÍAM. NORMALMENTE, EU conseguia fazer várias massagens seguidas em Canyon Ranch, fazer duas horas de academia e ainda ter energia de sobra para o Bellagio. Mas, em uma quinta-feira de julho de 1999, eu estava exausta. Quando cheguei a meu terceiro cliente, foi preciso muita energia para massageá-lo. Eu não parava de pensar: *Cara, esse homem está me esgotando!*

Saí do trabalho mais cedo. Assim que cheguei em casa, coloquei uma camiseta branca e fui ao lugar para o qual sempre escapava quando estava doente: a aconchegante cama king-size dos meus pais. Eles tinham tevê no quarto, o que significava que eu no mínimo poderia assistir um pouco enquanto ficava deitada lá. Mamãe mediu minha temperatura. Estava com 39 graus.

— Não está parecendo muito bem, querida — disse ela. Dei de ombros, afundei mais ainda a cabeça nos travesseiros e adormeci.

Deve ser uma virose, pensei. *Provavelmente se eu dormir vou melhorar*. Na manhã seguinte, sexta-feira, toda a família estava planejando sair da cidade para um evento. Papai havia começado a organizar esses grandes encontros de Harley Davidsons, e tinha um marcado para Brian Head naquele fim de semana.

— É melhor ficar em casa e descansar — aconselhou mamãe. — Qualquer coisa você vai depois, se estiver se sentindo melhor.

Eu queria ir. Os encontros pareciam grandes reuniões, considerando que todo o restante da família também estaria lá. Mas no dia seguinte eu ainda me sentia péssima.

— Odeio deixar você assim — disse mamãe, enquanto se arrumava naquela sexta de manhã. Ainda eram sete horas, e ela ia a alguns compromissos antes de voltar em casa e buscar a Crystal, para depois irem a Brian Head. Papai já havia ido.

— Mamãe, não se preocupe — gemi. — Tenho certeza de que vou ficar bem. Assim que me sentir melhor encontro vocês lá.

Um amigo iria naquela tarde, então eu estava planejando ir com ele. Por mais relutantes que minha mãe e irmã estivessem de ir sem mim, eu lhes garanti que em breve estaria melhor.

Mas não fiquei. Durante as duas horas seguintes, senti-me cada vez pior. Por volta do meio-dia, desci da cama dos meus pais e fui até o banheiro vomitar. Mamãe ligou da estrada para saber como eu estava.

Como está? — perguntou.

— *Argh*! Parece que estou morrendo — respondi. Que é basicamente como você se sente quando está gripada.

— Tente beber água — aconselhou mamãe, parecendo preocupada; mas provavelmente não se esquecendo da minha tendência a ser dramática. — Está desidratada. E se achar que precisa ir ao hospital vá. Vou mandar sua prima ir até aí ver você.

Michelle e tia Cindy eram as únicas da família que não tinham ido a Brian Head. De volta na cama, envolvi-me em um monte de cobertores e tentei ficar confortável. Cerca de uma hora depois de fechar os olhos, senti vontade de acordar, mas quando tentei abrir os olhos, não consegui. Vezes e mais vezes tentei, mas a exaustão tomara conta de mim. Caí em um sono profundo.

Do nada, escutei um barulho. Meus olhos se abriram.

— Amy, levante-se e olhe no espelho — disse uma voz. *Quem está falando?* Assustada, sentei-me. — Amy — ouvi novamente —, levante-se e olhe no espelho. — *Tem alguém no quarto comigo?* As palavras pareciam uma mistura de uma voz com meus pensamentos. Assim que me sentei, percebi que havia alguma coisa muito errada. Eu não tinha força alguma, meu coração estava disparado e eu estava tonta. Quando me levantei, não conseguia sentir meus pés; estavam dormentes. Na luz escura, olhei para eles. Estavam roxos. *Meu Deus.* Em seguida, olhei para minhas mãos e estavam da mesma forma: roxas. Olhei no espelho perto da cama. O que vi até hoje me assusta.

Meu nariz, meu queixo, minhas orelhas, minhas bochechas — tudo estava em um tom de roxo pálido. Meu corpo inteiro tremia, comecei a suar frio, e meu coração começou a bater ainda mais rápido. Sentia-me mais enjoada do que jamais me sentira. Um segundo depois escutei passos. Michelle entrou no quarto de meus pais.

— Sou eu — anunciou, e em seguida ela me viu. — Oh meu Deus, Amy, você parece morta! — exclamou. Ela largou a bolsa e correu até mim.

Na época, Michelle tinha apenas 16 anos de idade — então você pode imaginar o quão nervosa ela ficou.

— Precisamos ir para o hospital! — gritou. Enquanto eu cambaleava escadas abaixo, não conseguia sentir meus pés, e meus chinelos de dedo voaram cada um em uma direção. Na saída, peguei uma garrafa de água. Nunca sentira tanta sede.

— A gente tem que sair daqui imediatamente — falei arrastado. — Pegue seu carro.

Claramente, eu não tinha condições de dirigir — então graças a Deus Michelle havia recentemente tirado a carteira de motorista. Mas assim que passamos pela porta da frente ela falou:

— Meu Deus, Amy! Acho que não tem combustível suficiente! — Eu mal conseguia manter a cabeça erguida.

— Então vai na minha caminhonete! — disse.

— Mas não sei usar a marcha!

— Bem, eu te *ensino* a usar a marcha agora mesmo! — exclamei em desespero.

Pegamos o carro da Michelle. Imaginei que se ela ficasse sem gasolina, poderíamos ligar para o 911, que é o que devíamos ter feito antes mesmo de sair de casa, mas o pânico faz você esquecer as coisas que sabe.

— Vamos embora — ordenei. Então ela disparou pelo deserto enquanto eu me enrolava em uma bolinha no banco do carona. Precisava ficar alerta o bastante para orientar Michelle, porque havia um novo hospital e ela não sabia onde era. No caminho todo até lá, eu ofegava para pegar ar. *Amy, apenas respire*, eu ficava repetindo na cabeça; mas parecia não conseguir pegar fôlego. — Vire... à... direita... aqui — consegui dizer. — Ela virou, e seu tanque indicava cada vez menos combustível.

Quinze minutos depois, Michelle entrou correndo no estacionamento do hospital e freou bruscamente na frente das portas automáticas da emergência. Ela me ajudou a sair do carro e eu caí no chão. Um pessoa que passava nos vira saindo do carro e levou correndo uma cadeira de rodas para mim.

— Aqui, moça, use isso — falou. Eu estava tão fraca que ele teve que me levantar no colo e me sentar na cadeira.

A emergência estava lotada aquela noite. Havia uma longa fila até a recepção. Demos entrada, 45 minutos depois uma enfermeira finalmente levou-me até uma sala e me colocou em uma mesa. Tudo que eu queria fazer era deitar — e eu tentei.

— Vou precisar que fique sentada — disse ela. Em seguida, ela amarrou o aparelho de pressão em meu braço esquerdo e mediu minha pressão. Ela ficou imóvel por alguns segundos e escutou meu coração no estetoscópio. Então, subitamente, ela saiu correndo da sala. — Preciso de um médico! — gritou, enquanto corria pelo corredor. Segundos depois, um médico e uma enfermeira entraram correndo e me levaram em uma maca.

Minhas veias e meus pulmões tinham entrado em colapso. Minha pressão arterial havia caído a um nível perigosamente baixo. Minha temperatura era de quarenta graus. Na unidade de tratamento intensivo, o médico e a enfermeira gritavam um com o outro, tentando entender o que estava acontecendo comigo. Essa enfermeira, uma doce ruiva chamada Penny, espetou meus braços para colocar-me no soro, mas não conseguia encontrar minha veia. Meu corpo estava tão dormente que eu, que tinha pavor de agulhas desde criança, nem sentia enquanto ela tentava enfiar a agulha no meu braço.

— Ela está tendo uma parada cardíaca! — gritou ele. *O quê? Estou tendo uma parada cardíaca?*

— Onde estão seus pais, querida? — perguntou Penny. Meu cérebro estava confuso.

— Não estão aqui — balbuciei. — Estão fora da cidade. — Na hora, a enfermeira pegou o telefone ao lado da cama, um daqueles velhos aparelhos beges com o fio longo e enrolado. Ela o entregou a mim. Disquei o número da minha mãe e devolvi o telefone a ela; dado meu estado, surpreendo-me de ter conseguido discar.

— Alô, senhora Purdy? — começou ela. Uma longa pausa. — Sua filha está na emergência do hospital Mountain View. Não sabemos exatamente o que há de errado com ela, mas precisa vir para cá o mais rápido possível; seu corpo está entrando em colapso e nesse ritmo ela talvez tenha duas horas de vida. — Click.

Naquela hora, morrendo de medo, as palavras que aquele senhor me dissera começaram a se repetir em minha mente. *Não tenha medo. Não tenha medo. Não tenha medo.* Enquanto a equipe médica gritava, tudo que eu conseguia fazer era pensar no rosto enrugado e na pele bronzeada do homem que me contara que atravessou para o outro lado. "Acho que vai acontecer a mesma coisa com você um dia", sussurrara ele, "e quando acontecer, não tenha medo." *Será que era a minha hora? Eu ia atravessar? E o que aquilo significava?* O que quer que significasse, foquei nas suas palavras. Em seguida desmaiei.

Meus olhos reabriram por volta das quatro da manhã. Eu estava ligada em uma máquina de diálise, com aparelhos intravenosos à toda minha volta. Minha mãe, minha irmã e minha tia estavam em um semicírculo em volta da minha cama. Mamãe, que havia ultrapassado todos os limites de velocidade no caminho de Brian Head até lá, chegando em 2h30, viera com minha irmã. Papai, que teve que combinar às pressas com seu sócio para que ele supervisionasse o restante do encontro da Harley, estava a caminho.

A princípio, minha família não disse nada, mas pude perceber o choque e a preocupação em seus rostos. Antes de sequer trocarmos uma palavra, dr. Abby, um cirurgião de emergência do Sri Lanka com pele morena e olhos gentis, puxou mamãe de lado. Dra. Nowins, minha médica, estava com ele.

— Sua filha está em severo choque séptico — explicou dr. Abby. — Seus rins pararam de funcionar completamente. Em todos os meus anos de medicina, nunca vi alguém ter uma insuficiência renal tão grave quanto esta. — Quando mamãe respondeu, sua voz hesitou:

— Está dizendo que Amy pode morrer?

Dr. Abby assentiu.

— Não sabemos exatamente o que está causando isso — continuou —, mas sabemos que seus leucócitos estão acima de cem mil; e isso indica uma grande infecção sanguínea. — A dra. Nowins acrescentou:

— Ela talvez tenha menos de dois por cento de chances de sobreviver.

Quando papai chegou, às 4h30, eu estava em estado grave. Se eu levantasse o braço, mexesse a mão, ou movimentasse meu corpo da maneira mais sutil possível, todas as máquinas nas quais eu estava ligada começavam a apitar feito loucas. Os médicos já estavam enchendo-me com 190 litros de soro para manter a pressão em minhas veias em colapso. Durante as 24 horas seguintes, fui de 54 quilos para 79 por causa do peso do soro. Quando papai chegou, pude ver pela expressão em seu rosto que ele estava chocado com o meu estado.

— Oh, querida — disse ele, se inclinando para beijar minha testa. — Papai está aqui, e não vou sair do seu lado. — Uma lágrima quente desceu de meu olho e deslizou por meu rosto.

Depois do dr. Abby sair, mamãe veio ficar do lado da minha cama com o papai.

— Mamãe, no que foi que me meti aqui? — sussurrei. Ela mal conseguiu entender as palavras porque minha respiração estava tão difícil. Mamãe penteou meu cabelo para longe da minha testa.

— Querida — começou ela, prendendo suas próprias lágrimas. — Não acho que você tenha metido-se em nada. A questão é o que se meteu em você.

Choque séptico — é o que acontece quando o corpo puxa o sangue das extremidades para salvar seus órgãos. Quando dei entrada no hospital, ninguém sabia direito o que estava deixando-me tão mal. Como minha pressão arterial estava muito baixa, os médicos achavam que eu estava tendo um ataque do coração. Mas não. Depois, acharam que eu estava com síndrome do choque tóxico. Mas depois de alguns testes, essa teoria também foi descartada. Finalmente, devido à minha contagem de leucócitos elevada, concluíram que eu estava com uma grave infecção sanguínea — apenas não sabiam de que tipo. Por isso enviaram meu sangue para cultura. Demoraria cinco dias para os resultados chegarem.

Milagrosamente, sobrevivi o resto da noite. Dr. Abby, que continuava monitorando meu estado mesmo depois de sair do hospital, voltou a meu quarto com notícias.

— Vamos ter que colocar Amy em um coma induzido — declarou. Papai franziu o cenho.

— Mesmo? — perguntou.

— Sim — confirmou o médico. — Enquanto aguardamos os resultados, precisamos manter o organismo dela estável; é a única maneira de evitarmos que seus órgãos vitais entrem em colapso. —

Enquanto isso, eu lutava por oxigênio. Pode imaginar como é ter sua cabeça enfiada dentro d'água sem saber quando vai conseguir tomar a próxima respiração? É esse o tipo de desconforto que eu estava sentindo. Meus rins não funcionavam; por isso fora colocada em diálise 24 horas por dia.

Lágrimas inundavam os olhos de meus pais enquanto eles assinavam os termos de consentimento, colocando minha vida nas mãos da equipe médica para que eu fosse sustentada pelas máquinas.

— Posso ver meus pés? — murmurei para meu pai depois dele terminar de assinar.

— Querida, a última coisa sobre a qual precisamos nos preocupar são com seus pés — respondeu.

— Eu sei — rebati —, mas — arfei —, eles — arfei —, estão tão — arfei — frios — sussurrei. Depois de reclamar mais algumas vezes, papai foi até a beirada da minha cama. Ele levantou o lençol branco e tirou minhas meias. Se meus pés estavam roxos antes, agora estavam em um tom forte de violeta. Alguns centímetros acima do meu tornozelo havia uma linha demarcando: pele clara acima, pele roxa abaixo. Chorei quando os vi. Papai os cobriu novamente e apertou minha mão.

— Vamos passar por isso, meu bem.

O anestesista chegou para me induzir ao coma. A última coisa de que lembro é de estar cercada por amigos e família, todos usando máscaras de proteção amarelas, jalecos e luvas de látex; até meu diagnóstico estar confirmado, os médicos precisavam proteger qualquer pessoa que entrasse no meu quarto. O diretor do hospital, mórmon e amigo de minha irmã, colocou sua mão na minha testa e rezou:

— Deus, nosso Pai Celestial — começou —, rezo para que cuide de nossa querida Amy, que ela sobreviva, e que ande nesta terra com seus dois pés novamente. — E com isso apaguei.

Uma vez em coma, dr. Abby saiu. Mas quarenta minutos depois ele teve um súbito e forte pressentimento de que precisava voltar ao hospital e fazer mais alguma coisa para me salvar. Ele não sabia como, mas bolou um plano enquanto dirigia. Sob as ordens do novo cirurgião, as enfermeiras passaram um dia inteiro me transferindo da minha cama até a cama da tomografia. Qualquer movimento ab-rupto teria feito minha pressão cair e meu coração disparar. Quando finalmente terminaram de me transferir, minha taxa de glicose caiu drasticamente, mas felizmente elas conseguiram estabilizá-la. Foi bom dr. Abby ter seguido sua intuição: a tomografia mostrou que meu baço estava dez vezes maior que o normal! Então, dr. Abby me levou às pressas para a sala de operação e realizou uma cirurgia de emergência. Meu baço havia estourado — e ele o retirou bem a tempo de salvar minha vida.

De alguma maneira, mesmo em coma e sob o efeito de intensa anestesia, eu ainda tinha consciência de certos sons. Podia ouvir os médicos e enfermeiras conversando. Então, em algum momento da cirurgia, dr. Abby murmurou uma frase que guardarei para sempre:

— No que quer que acredite, Amy — sussurrou —, pense nisso agora. — A primeira coisa em que pensei foi: *Acredito no amor*. Eu ainda estava ciente de sensações; como meu coração palpitando dentro do peito. *Tum-tum. Tum-tum. Tum-tum.* E apesar de não sentir nenhuma dor, podia sentir a pressão do dr. Abby abrindo de meu esterno até meu umbigo e de minha pele sendo separada. Parecia que de certa forma eu estava fora de meu corpo, observando os médicos e enfermeiras trabalharem. Eu não tinha nenhuma emoção terrestre; nada parecido com medo. Era apenas uma consciência natural que sabia que estava sendo operada.

Meu coração começou a bater a 226 por minuto.

— Código azul! — gritou o médico. — Nós a estamos perdendo! — Toda a equipe médica entrou correndo em uma tentativa de dar choques para que meu coração voltasse ao normal. Enquanto estava deitada lá, eu pensava: Sei que esses médicos estão tentando me salvar... mas estou indo... estou indo... estou indo agora. Estava segurando-me apenas com as pontas dos dedos, e a cada batida do meu coração, eu chegava mais perto da beirada. Então, de repente — *GASP*! — meu coração bateu tão rápido que tirou meu fôlego. Senti como se estivesse sendo puxada de meu corpo. Tudo ficou preto. Vi-me em um infindável espaço escuro. Sentia-me sem peso, como se estivesse flutuando. Não havia gravidade. Eu não estava mais ciente do meu corpo físico. Estava claro para mim o que havia acontecido: eu havia morrido.

Vi uma luz — não o tipo de luz forte sobre a qual você frequentemente escuta em histórias de experiências de quase morte, mas em vez disso, um tom esverdeado nebuloso que já estava lá quando entrei na escuridão. Nessa luz fraca, vi três silhuetas. Cada uma tinha uma altura diferente. Eu não conseguia distinguir nenhuma característica humana, como pele, olhos ou cabelo. Mas elas tinham forma humana suficiente — uma cabeça, braços, mãos — para que as reconhecesse como tais. Não tinha a impressão de que fossem alguém que eu já conhecera um dia.

As silhuetas estavam se comunicando comigo, não em voz audível, mas como se suas mentes estivessem falando com minha mente. Entendi claramente o que elas estavam dizendo:

— Pode vir conosco — ouvi —, ou pode ficar. — Eles moveram seus braços para me chamar na sua direção, e subitamente me senti extremamente frustrada. Entendi a escolha que me fora dada: se eu queria viver ou morrer. Com cada restinho de energia que ainda tinha, revoltei-me: *Eu nem sequer tentei viver minha vida! E estão perguntando se quero ir embora?!*

Meio segundo depois, uma onda de lembranças terrenas tomou conta de mim: O cheiro da chuva. O som das ondas batendo na praia. O gosto metálico da água de mangueira que eu bebia quando criança. A sensação da neve debaixo dos meus pés. A risada da minha mãe, pai, irmã e primos. Todas as experiências físicas de que eu gostava.

— Pode vir conosco ou ficar — repetiram os seres. — Mas saiba que se ficar, pode não voltar à vida que tinha antes. — Eu só pensava uma coisa: *Se eu for com vocês, estarei deixando coisa demais para trás.* Com cada restante de energia no meu ser, gritei:

— Não! Não vou a lugar algum!

Então, naquela escuridão completa, uma luz brilhante e clara apareceu — uma luz diferente da nebulosa que eu vira antes. Essa era tão clara que cegava. Ela estava bem acima do meu ombro, e comunicou a mim:

— Você tomou a decisão de voltar. Vai ter grandes desafios na sua jornada, e também experimentará muita beleza. Apenas entenda que não importa o que aconteça em sua vida, no final tudo fará sentido.

Tudo ficou preto. Então, subitamente, meus pulmões se encheram de ar — como se tivesse ido de estar sem ar a ser capaz de respirar plenamente. Foi a respiração mais profunda e satisfatória que eu já tomara na vida — e, de certa maneira, parecia haver gratidão misturada àquele oxigênio. Só há uma maneira de descrever aquilo: eu chamo de sopro de vida.

Minhas pálpebras se abriram. Minha visão estava turva. Eu estava em um quarto de hospital. Não tinha ideia exatamente de quanto tempo se passara ou pelo que meu corpo havia passado. Minha família inteira estava em volta de meu leito. Tentei falar:

— Eu... eu tive — gaguejei, mas não conseguia pronunciar nenhuma palavra porque engasguei no tubo que me ajudava a respirar.

— O que está querendo dizer, querida? — perguntou minha mãe. O médico tentou explicar:

— Os pacientes às vezes mexem as bocas como se estivessem falando porque querem tentar tirar o tubo de suas gargantas — falou. *Não!*, pensei. *Tenho algo a dizer!* Tentei falar mais uma vez, todavia ainda não conseguia. Em seguida, apaguei de novo.

Nos dias seguintes, alternei entre a consciência e inconsciência. Alguns dias depois da cirurgia de baço, os médicos começaram a lentamente me tirar os remédios que me induziam ao coma, e era por isso que eu acordava e apagava. Durante um desses sonos profundos, tive uma visão que pareceu tão real a mim quanto a página que você está lendo agora. Um homem de cabelos crespos veio até o lado do meu leito e começou a falar comigo. Não lembro de nada que falamos, mas sempre vou lembrar da frase que ele balbuciou ao se virar para ir embora: “Apenas lembre — falou —, que o único jeito é o jeito xamã”. Apesar de eu ainda estar com um tubo enfiado na garganta, fiquei repetindo suas palavras para mim mesma. “O único jeito é o jeito xamã”, repeti.

Enquanto isso, deitada lá inconsciente, minha mãe mais tarde me contou que ela convocou todos os deuses da oração.

— Não sei quais são suas crenças — anunciou ela às dúzias de amigos reunidos na sala de espera —, mas se acreditam em oração, esta é a hora de rezar. — Dr. Abby já tinha pedido a sua família e amigos do Sri Lanka para rezarem. Ele também visitava-me diariamente para rezar por mim, e em seguida pontilhava com cinzas o espaço entre meus olhos e minha testa; quando eu acordava brevemente, sempre sabia que ele havia estado lá, porque sentia o cheiro de sua colônia e sentia as cinzas. Além disso, dra. Nowins disse à minha mãe:

— Tenho certeza de que o mundo todo está rezando por Amy. — Ela tinha amigas em sua cidade nas Filipinas rezando pela minha cura, e eu sentia cada uma dessas orações. Meus pais abriam as portas para qualquer um que quisesse rezar por mim; bispos, padres, pastores, conselheiros espirituais, não importa de que religião fossem. Mesmo em coma, era como se eu pudesse ouvir essas centenas de sussurros, cada um deles carregando a sensação de amor.

Durante toda essa provação, algumas de minhas enfermeiras ficaram tão emocional e fisicamente exaustas quanto minha família. Enquanto eu estava em coma, uma enfermeira em particular tomava conta de mim como seu eu fosse sua filha. Ela ajustava manualmente as máquinas o tempo todo para controlar minha pressão e batimentos cardíacos. Era um trabalho tão estressante e tedioso que, a certa altura, a pobre mulher quase teve um colapso — e graças a Deus minha tia Debbie, também enfermeira, estava lá para apoiá-la.

— Não posso mais fazer isso! — gritou a enfermeira entre soluços.

— Está tudo bem, querida — consolou minha tia. — Sei como isso é difícil.

Finalmente, eu acordei, desta vez mais por completo. Olhei ao meu redor lentamente. Tinha tubos saindo de cada parte do meu corpo, e estava cercada por intravenosos. Observei cada um dos rostos de meus familiares. Meus pais pareciam ter envelhecido duas décadas. Minha mãe, que já era pequena, parecia ter perdido cinco quilos. Os longos cabelos de Crystal, geralmente soltos e bonitos caindo por suas costas, estavam presos num rabo de cavalo desgrenhado. Ninguém da minha família saíra do hospital durante dias. Meu pai dormia ao meu lado em uma poltrona estreita e desconfortável. Minha mãe e minha irmã tinham se instalado em um quartinho no qual o hospital as deixara ficar, com uma panelinha e tudo.

Olhei ao redor do quarto e vi alguns itens familiares. Um de meus desenhos pendurado na parede. Fotos minhas com meus amigos em volta da minha cama. Velas e flores enchiam o quarto. The Dave Mathews Band tocava baixo ao fundo. Enquanto eu estava desacordada, mamãe e Crystal tinham corrido até nossa casa para buscar algumas das minhas coisas favoritas — incluindo alguns dos meus CDs. Queriam manter-me ligada à Terra. Minha mãe estava até usando um dos meus colares favoritos, o com o pingente de floco de neve que ela me dera no meu aniversário de 16 anos.

— Não vamos deixar um único pensamento negativo entrar neste quarto – declarou mamãe para todos os amigos e familiares que estavam reunidos. — Vamos cercar Amy de amor e energia positiva. — Mamãe sabia como eu estava frágil e que qualquer demonstração de tristeza, ou mesmo uma discreta menção de morte, poderia abrir uma brecha para aquilo acontecer.

No primeiro dia que tia Debbie, a enfermeira, foi me ver, ela deu uma olhada nas máquinas e nos meus dados na ficha médica e imediatamente percebeu o quão perto minha vida estava da beirada.

— Oh meu Deus! — gritou. — Amy está morrendo! — Aquilo foi o suficiente para desesperar vovó Campbell, que começou a lamuriar.

— Parem! — gritou mamãe. — Não é permitido chorar neste quarto — ela empurrou as duas para o corredor. — Basta apenas o menor pensamento ou movimento negativo para ela nos deixar.

Quando minhas pálpebras finalmente voltaram a se abrir, minha mãe estava ao meu lado — pronta para manter-me consciente o máximo de tempo que conseguisse. Mais uma vez, tentei falar. Quando ela percebeu minha dificuldade, saiu às pressas do quarto. Um instante depois ela voltou com um lápis e uma folha de papel. Ela os entregou a mim. Lentamente, pegando o lápis em minha mão debilitada, rabisquei algumas palavras, incluindo *xamã*. Na parte debaixo do papel, escrevi uma frase inteira o mais legível que pude: "Eu tive uma escolha, e escolhi viver."

CAPÍTULO 6

Despertar

Não somos seres humanos vivendo uma experiência espiritual, somos seres espirituais vivendo uma experiência humana.

— PIERRE TEILHARD DE CHARDIN

MINHA FAMÍLIA NÃO FAZIA IDEIA do que significava minha anotação — estava mais para escrita em hieróglifos. Tudo que conseguiram distinguir foram duas palavras que eu fracamente rabiscara: *xamã* e *escolha*. Minha mãe, que sabia que eu estava tentando dizer alguma coisa sobre estar à beira da morte, encorajou-me:

— Estamos com você agora querida — repetia. Mas como eu ainda não conseguia falar, não tinha como contar a eles o que de fato acontecera: que eu viajara até a porta da morte e escolhera não atravessá-la.

Na noite em que despertei e rabisquei aquela nota, estava completando uma semana que eu entrara em coma. Mas mesmo depois de recuperar a consciência e os médicos tirarem-me dos aparelhos, continuei entre o consciente e inconsciente, porque a medicação ainda não tinha sido totalmente eliminada do meu organismo. No total, fiquei nesse estado durante quase duas semanas. E durante todo o processo, meus pais ficaram aflitos. Haviam sido avisados pelos médicos que talvez eu nunca acordasse. Além da falência dos órgãos, os médicos tinham descoberto que eu tinha coagulação intravascular disseminada (CID) — o que, resumindo, é algo ao qual as enfermeiras se referem como "morte iminente". E, a qualquer momento, disseram os médicos, um coágulo poderia ir até meu coração ou até meu cérebro.

— Talvez queiram preparar-se para despedir-se — advertiu dr. Abby para meus pais. — E se sua filha sobreviver, pode ficar com danos cerebrais, paralisia, surdez e outros diversos problemas. — Foi praticamente um milagre eu sequer ter aberto meus olhos novamente.

Quando saí de vez do coma, ainda precisava de um tubo de respiração para respirar. No entanto, para conseguir sair dos aparelhos que me mantinham viva, precisava lentamente trabalhar a resistência dos meus pulmões. Então, cerca de uma semana após acordar, as enfermeiras retiraram meu tubo — e quando o fizeram, parecia que meus pulmões estavam sendo arrancados do meu peito. Comecei a arfar em busca de ar. As enfermeiras ficaram ao meu lado para certificarem-se de que eu estava respirando bem. Eu não estava. Meus pulmões latejavam de tanta dor e mal expandiam. É a sensação mais assustadora não conseguir respirar direito, e quanto mais eu entrava em pânico, mais difícil ficava.

Algumas horas depois das enfermeiras saírem do quarto, tive certeza de que estava morrendo. Com lágrimas no rosto, gritei:

— Chama — arfada — a enfermeira — arfada —, mãe! — Em uma escala de um a dez, a dor no meu peito era 25. De tudo que eu já passara, essa experiência foi a primeira que realmente me apavorou; agora que estava acordada, estava totalmente conectada ao meu corpo e às minhas emoções pela primeira vez. — Mãe, eu não consigo! — gritei.

— Querida — disse ela —, você não tem escolha. Você precisa. — Ela sabia como eu estava com medo, e odiava me ver sofrer, mas a última coisa que queria era que eu voltasse a depender das máquinas. Como eu continuei choramingando, ela apertou o botão de emergência do lado da minha cama. Três enfermeiras entraram correndo. Elas me disseram a mesma coisa que minha mãe havia dito:

— Sabemos que é desconfortável, mas se colocarmos o tubo de volta em você, há chance de nunca poder tirá-lo.

Preciso dizer que aqueles foram os dois dias mais difíceis da minha vida. Meus pais haviam tido os deles antes, mas para mim, era a primeira vez que eu estava acordada, ciente e verdadeiramente assustada. Com o tempo, comecei a respirar melhor e, quando o fiz, a condição de meus rins melhorou ligeiramente. Foi quando os médicos mudaram minha diálise de 24 horas por dia para uma vez ao dia; comecei a urinar sozinha, e todo aquele peso a mais de água começou a ir embora. A cada minuto de cada dia, sentia-me o mais enjoada possível. As enfermeiras mantinham um balde de plástico cor-de-rosa ao lado da cama, porque eu vomitava até 17 vezes por dia. Mesmo sentindo-me quase morta, passei de uma chance de sobrevivência de dois por cento para uma de 15.

Quando as enfermeiras finalmente tiraram o tubo da minha garganta, eu estava mais do que pronta para falar.

— O único jeito é o jeito xamã — sussurrei. Ainda não sabia o que aquilo significava, mas sabia que não queria esquecer. Contei à mamãe sobre o homem que me visitara.

— O quc, qucrida? — pcrguntou cla, asscntindo cnquanto acariciava minha mão.

— Algum homem de cabelos crespos veio aqui? — perguntei. A resposta foi negativa, o que confirmava que meu visitante fora mesmo uma visão que eu tivera enquanto estava inconsciente.

Durante todo o tempo em que fiquei em coma, dr. Abby ficou em vigília 24 horas por dia. O mais incrível sobre o dr. Abby: depois da minha cirurgia de baço, ele fora dispensado do meu caso e chamado para operar em outros hospitais de Vegas. Como cirurgião de emergência, era muito requisitado. E, no entanto, todo dia, mesmo que fosse meia-noite ou ele estivesse do outro lado da cidade, ele vinha me ver e rezar. Ele queria saber: Que infecção misteriosa era essa ameaçando tirar a vida de uma menina de 19 anos de idade?

Cinco dias depois de eu ser internada, ele e outros médicos finamente tiveram uma resposta:

— Sua filha tem meningite bacteriana — revelou dr. Abby a meus pais. Ele explicou que a condição, também conhecida como doença meningocócica, espalha-se como um resfriado ou gripe. Então se alguém, digamos, espirra em um elevador, você pode ter sido exposto. Muitas pessoas carregam a infecção — uma em cada quatro — mas poucas realmente adoecem dela. De acordo com a Associação Nacional de Meningite, entre 800 e 1.200 americanos contraem a doença a cada ano, e vinte por cento de todos os casos ocorrem em adolescentes e jovens adultos. Dos que adoecem da infecção sanguínea, de dez a 15 por cento morrem nas primeiras 24 horas do aparecimento dos sintomas; entre os sobreviventes, um a cada cinco vivem com deficiências como danos cerebrais e perda da função dos rins. Como a maioria das pessoas, eu já ouvira falar de meningite, mas nunca soube que corria risco.

Quando o dr. Abby mencionou a palavra *meningite* pela primeira vez, minha mãe pensou na forma mais comumente conhecida da doença — também conhecida como meningite viral. Os centros para controle e prevenção dos Estados Unidos identificaram cinco tipos de meningite, e a viral é muito mais comum — e geralmente bem menos mortal — que o tipo que tive. Por menos que meus pais soubessem sobre meningite bacteriana, uma coisa estava clara para eles: eu estava em meu leito de morte. Ao ouvir o diagnóstico, mamãe começou a chorar, enquanto meu pai, aturdido demais para falar alguma coisa, ficou a seu lado e esfregou suas costas. Podem imaginar o quão frustrados meus pais ficaram mais tarde quando, em um elevador, um médico que não estava no caso, falou:

— Sabem que existe vacina para isso, certo?

— O quê?! — gritou minha mãe. — Quer dizer que tudo isso podia ter sido prevenido?

A meningite é uma infecção horrível, e a do tipo que contraí é uma das piores. Ela avança extremamente rápido: uma vez que a bactéria entra no seu sistema sanguíneo, ela solta milhares de toxinas que dobram de número a cada vinte minutos. Os sinais da meningite, que normalmente ficam mais evidentes alguns dias depois da exposição, são febre, pescoço duro, calafrios e vômitos. Parece muito com uma gripe, motivo pelo qual é em parte tão fatal; muita gente que pega a princípio não percebe o quão doente está. Outro sintoma são erupções cutâneas roxas no corpo todo, e isso pode acontecer um dia ou dois antes dos outros sintomas tomarem conta. No meu caso, a erupção cutânea nunca apareceu, então não tive motivo para pensar que estava com algo além de uma gripe.

Mesmo após meu tubo ser removido, as cutucadas e picadas continuaram. Todo dia às quatro da manhã, eu acordava com picadas de agulhas enquanto uma enfermeira tirava meu sangue. Logo depois dela sair, um técnico de raio-x entrava e acendia as luzes de novo. Ele pegava meu braço, colocava-me em uma posição sentada, e deslizava uma bandeja de metal gelada atrás das minhas costas para captar uma imagem de meus pulmões. Eles não estavam nada bem. O esquerdo estava enchendo-se de líquido, tornando ainda mais difícil respirar. Quando acabava aquele raio-x, outra enfermeira entrava e enfiava uma agulha de dez centímetros nas minhas costas, entre minhas costelas, através do músculo.

— Avise-me quando sentir isso entrando no seu pulmão — dizia ela. Quando eu sinalizava que sim, ela sugava líquido suficiente para encher uma garrafa de refrigerante de dois litros.

Eu não chorava. Quando você está em tamanha crise, entra nesse modo "sobreviva antes, chore depois"; e era nesse modo que eu estava. Teve um dia, no entanto, em que uma enfermeira veio tirar o esparadrapo do lado esquerdo das minhas costas depois de uma cirurgia de pulmão (tiveram que operar para retirar um pedaço do meu pulmão esquerdo) e quando ela arrancou a fita, gritei e caí em prantos. Fora cortada e picada tantas vezes que não aguentava nem mais uma. Não queria que ela nem meus pais sentissem pena de mim, então gritei:

— Só para saberem, não estou chorando de tristeza! Eu só não quero mais que me *toquem*!

Um pouco depois de acordar e estar sem o tubo para respirar, minha antiga professora de Artes, srta. Lyle, veio me visitar. Minha mãe contou a ela o que eu dissera sobre o xamã. A srta. Lyle, uma pessoa muito espiritual, respondeu:

— Oh meu Deus, sei o que é um xamã. É um curandeiro.

Ela voltou alguns dias mais tarde com vários livros sobre xamanismo. Minha mãe abriu a primeira página de um deles e leu alguns parágrafos em voz alta:

— Xamãs são curandeiros — leu. — Muitas vezes, eles já passaram por algum evento traumático ou transformador que os levou a serem curandeiros em suas comunidades. Muitos xamãs alegam terem tido experiências de quase morte. Quando voltam à Terra, muitas vezes acreditam que voltaram com o poder de curar os outros — minha mãe e eu nos entreolhamos em descrença.

— Foi isso que aconteceu comigo — sussurrei. — Isso faz de mim um xamã? — Eu não fazia ideia. Mas sabia que fora visitada por um homem que me encorajara a seguir aquele caminho.

John F. Kennedy Jr. morreu em uma queda de avião em 16 de julho de 1999 — o mesmo dia em que minha prima me levou correndo para a emergência. Algumas semanas depois, quando saí do coma, a manchete ainda dominava os jornais com aquela notícia. JFK Jr., sua esposa, Carolyn Bessette e a irmã de Carolyn, Lauren, estavam indo de Nova Jersey para o casamento da prima de John quando seu avião, que John pilotava, mergulhou no Atlântico, perto de Martha's Vineyard. Aquela notícia, junto com as dificuldades que eu estava enfrentando, deixou-me extremamente consciente de como nossas vidas são frágeis. Em um piscar de olhos — em menos tempo do que levamos para inspirar — tudo pode mudar. Tudo.

Depois do coma, eu passava a maior parte do tempo dormindo. Quando estava acordada, ficava deitada olhando o vento do ventilador balançar as centenas de cartões de desejos de melhoras colados nas minhas paredes. Cada vez que o ar passava por eles, os cartões se agitavam como asas de borboletas. Enquanto observava, não conseguia parar de pensar no outro mundo para o qual eu fora transportada. Na paz e quietude daquele espaço preto. A mensagem dos seres: "Você pode vir conosco, ou pode ficar". A segurança que me foi dada enquanto voltava: "No final tudo fará sentido".

Seria aquilo o que aquele senhor quisera dizer com "atravessar"? Teria ele recebido a mesma escolha de ir ou de ficar? Teria ele me encorajado a não ter medo porque sabia que algo traumático aconteceria comigo, e, se sim, como ele sabia? Seria "atravessar" algum tipo de despertar espiritual? E se fosse, como minha vida seria diferente? Por que recebera uma segunda chance? Eu não sabia se encontraria aquelas respostas. Só sabia que faria desta segunda chance de vida algo significativo.

CAPÍTULO 7

Mudança de chão

Uma curva na estrada não é o fim da estrada —
a menos que você não consiga fazer a curva".
— HELEN KELLER

MINHAS PERNAS ESTAVAM EM MAU estado. Assim que acordei do coma, vi que meus pés estavam horrivelmente inchados e descoloridos. As enfermeiras vinham diariamente esfregar um creme especial neles, esperando que aquilo fosse restaurar a circulação. Não foi preciso nenhum médico chegar e dizer: "Atenção, Amy: pode ser que perca os pés." Estava claro que eu poderia perder as pernas — e que os médicos estavam fazendo todo o possível para salvá-las.

— Seus pés parecem pés de múmia — brincou Crystal uma manhã, cerca de cinco semanas depois de eu dar entrada no hospital. Sorri ligeiramente; por mais séria que fosse minha condição, tentávamos manter o senso de humor.

— Eu sei, estão hediondos — gemi. Não apenas estavam inchados, mas as solas também estavam pretas. Para piorar, eu tinha pintado as unhas dos pés de um tom forte de cobre pouco antes de adoecer. Então, a combinação do esmalte cobre contra meus pés cor de carvão não estava nada atraente, e parecia mesmo ter saído direto de uma tumba do Egito.

— Devia me deixar trocar seu esmalte — insistiu ela. Uma hora mais tarde, minhas unhas dos pés estavam vermelhas, e minha irmã, sempre a estilosa, estava feliz.

Mais ou menos nessa época, ganhei mais um médico anjo: dr. Canale. Ele era muito gentil. Era amigo da família — conhecia minha tia Debbie.

— Olá Amy! — cumprimentava-me alegremente toda vez que chegava. Era alto e tinhas bochechas rosadas e redondas, cabelo loiro acinzentado e um sorriso bondoso. — Vamos ver como essas pernas estão progredindo — depois de me examinar, fiz a ele a mesma pergunta que fizera a todos os meus médicos:

— Vou poder voltar a praticar *snowboard* um dia?

— Bem — disse dr. Canale —, nós não sabemos, Amy. E para ser sincero com você, não sabemos nem se vai poder andar sem bengala, muito menos praticar *snowboard*, mas faremos tudo que for possível.

Meu coração desabou. A ideia de nunca mais sentir a liberdade de descer uma montanha era tão esmagadora para mim que não consegui nem pensar nela por mais do que um segundo ou dois.

— Farei o meu melhor para te deixar bem o bastante para ser o mais ativa possível, aconteça o que acontecer — garantiu dr. Canale, tentando me deixar com um pouco de esperança.

Toda vez que eu falava a meus pais sobre como queria voltar a praticar *snowboard*, meu pai dava sempre a mesma resposta:

— Um passo de cada vez, querida. Antes precisamos cuidar de seus pés e fazê-la andar.

Nas primeiras vezes em que nos vimos, dr. Canale não falou muita coisa sobre amputação.

— Ainda estamos fazendo tudo que podemos para salvar suas pernas — disse.

Mas pouco a pouco, percebemos que elas não estavam melhorando. Finalmente, dr. Canale disse à minha família o que já estávamos discutindo e temendo há semanas:

— Sua filha talvez tenha que ter as pernas amputadas — ele prendeu as lágrimas enquanto dava a notícia; queria acreditar tanto quanto nós que minhas pernas ficariam boas.

Meus pais ficaram em silêncio. Em seguida, minha mãe começou uma série de perguntas incluindo algumas em que nem eu mesma pensara:

— Ela ainda vai poder ter filhos? — começou. — E vai poder nadar sem as próteses? E se tiverem que amputar suas pernas, o quanto delas conseguem salvar?

Meu pai também tinha as suas perguntas:

— Não podem amputar apenas os dedos dos pés? Ou talvez apenas seus pés, naquela linha de demarcação no tornozelo dela?

— Não podemos fazer isso — esclareceu o cirurgião. — Precisamos tirar o suficiente para que as próteses se encaixem sem deixá-la alta demais, e ainda assim deixar o bastante para ela poder ter chance de praticar os esportes que ama, como *snowboard* e *wakeboard*. — O melhor lugar para amputar, ele explicou, seria a cerca de 25 centímetros descendo a canela.

Quando algo assim acontece, é fácil entrar no modo "e se?"; e eu lutei com o pensamento de talvez ter feito alguma coisa que pudesse ter causado aquilo. *Como contraí meningite?* Quando lembrava das semanas anteriores àquele 16 de julho, passava por cada dia, cada ação que realizara. Por exemplo, comi um abacaxi que estava com um gosto um pouco esquisito. Poderia ter sido isso? Ou então: No fim de semana antes de adoecer, fui ao lago e a algumas fontes termais com amigos do trabalho. Cortei o dedo em uma rocha enquanto subia em uma cachoeira. *Poderia aquele corte ter causado a infecção?*

Aqui vai o que eu sei: você pode passar a vida inteira questionando. Pode esmiuçar cada coisinha que disse ou fez, cada pequena decisão que tomou ou não tomou. É normal olhar para trás. Somos seres humanos, então queremos entender as coisas — e sim, às vezes há lições para serem aprendidas. Mas no final, não ajuda ficar pensando. Ou arrependendo--se. Ou torturando-se pelo que não se pode voltar atrás e mudar. É perda de energia. No hospital, tive uma escolha — ou olhar pelo retrovisor, ou manter meus olhos fixos na estrada bem a minha frente. Eu escolhi a segunda opção.

Eu amo tempestades de raios. Sempre amei. O cheiro da chuva faz--me lembrar de estar sentada na varanda com meu pai, olhando para o deserto e as nuvens se reunindo acima das luzes cintilantes de Vegas. É mágico.

— Pai? — falei uma noite, pouco antes da meia-noite, na minha cama de hospital. Estava chovendo. Meu pai tinha cochilado na sua cadeira. Mamãe e Crystal tinham ido para casa apenas por aquela noite. Papai se endireitou quando ouviu minha voz.

— Sim, querida? O que foi?

Olhei para ele.

— Queria poder sair e sentir o cheiro da chuva. Sinto falta disso. — Primeiro papai me deu um olhar que dizia "Nem pensar", mas um pouco depois, um sorriso lentamente se abriu no seu rosto.

— Quer saber? — perguntou. — Vamos nessa. Vamos levar você lá fora para sentir o cheiro da chuva — ele se pôs de pé em um pulo.

Agora, preciso confessar uma coisa: De onde eu estava, aquilo parecia basicamente impossível. Eu estava ligada a máquinas há semanas. Estava a dias de potencialmente perder as pernas. Mas nada daquilo desanimou meu pai: ele marchou até a recepção e foi à luta.

— Com licença — disse a uma das enfermeiras. — Minha filha quer sentir o cheiro da chuva. Posso leva-la lá fora?

A enfermeira olhou para meu pai como se ele estivesse louco.

— Bem, senhor — começou. — Não tenho certeza de que...

— Ela quer só sentir o cheiro da chuva. Não precisamos ficar muito tempo — insistiu ele. — Ela não está mais no suporte de vida. E está enfurnada neste hospital desde meados de julho.

Minutos mais tarde, duas enfermeiras estavam no meu quarto, soltando-me e tentando descobrir como tornar-me portátil. Só de pensar nisso agora, fico com vontade de chorar. Elas deram um jeito de levar-me para fora do hospital, pelas mesmas portas da frente por onde minha prima levara-me semanas antes. Eu não ficava ao ar livre desde então.

As enfermeiras pararam-me em uma calçada na frente do estacionamento. Felizmente, como estava tarde, não havia muita gente nem carros por ali. Elas instalaram-me da melhor maneira possível, na terapia intravenosa e tudo, e elevaram a cabeceira da cama alguns centímetros para eu poder ver. Em seguida, deixaram papai e eu sozinhos. Elas levaram até uma cadeira para papai poder se sentar confortavelmente ao lado da minha cama.

Estava quente, provavelmente fazendo trinta graus. O céu parecia ser infinito. A tempestade iminente tinha o deixado com uma deslumbrante mistura de azul, roxo e vinho. Uma brisa suave acariciava meu rosto e agitava levemente meus lençóis. À distância, trovões rugiam a cada meio segundo ou mais, como se exigindo algum tipo de resposta. Fiquei deitada ali e olhei para o alto em silêncio — apenas eu e meu pai.

Respirei fundo — lenta e profundamente — o cheiro fresco da chuva por vir e enchi ao máximo meus pulmões a cada vez. E, por mais louco que possa parecer, dado tudo pelo que eu havia passado, naquele momento eu sentia-me mais grata do que nunca por estar viva. Mais agradecida do que nunca pelo amor do meu pai. Mais feliz do que nunca por ter recebido uma segunda chance.

— Pai? — eu disse, finalmente, depois de cerca de trinta minutos. Ele olhou para mim, pegou minha mão e a apertou com força.

— Sim, querida? — Fiz uma pausa e olhei diretamente para ele.

— Obrigada mais uma vez — sussurrei. — Muito obrigada.

Os sons da chuva fraca caindo no chão começaram. A enfermeiras voltaram para levar-me de volta para dentro.

Como a amputação parecia cada vez mais provável, tentei aceitar aquela ideia e, para ser sincera, eu não conseguia realmente. Algumas pessoas perdem suas pernas em um instante, como em um acidente de carro, e não têm tempo de pensar no assunto. Outras vivem com uma doença debilitante, e às vezes têm meses ou anos para temer uma amputação. Eu sentia-me em algum lugar no meio. Como seria minha vida? Ainda poderia trabalhar com massagens? Dr. Canale tinha razão quando disse que eu poderia ter que usar uma bengala? E haveria uma mínima chance que fosse de eu poder andar de *snowboard* de novo?

A única pessoa sem pernas que eu já vira havia sido um soldado ferido, sentado em uma cadeira de rodas em seu uniforme, segurando um cartaz que dizia: "Veterano do Vietnã: trabalho por comida". Além disso, eu não tinha a mínima referência, nenhuma ideia do que realmente seria viver sem pernas. Tirando isso, eu realmente não conseguia deixar-me pensar naquilo mais do que alguns minutos: por que se desesperar com uma coisa que você ainda não tem cem por cento de certeza de que vai acontecer?

Minha melhor âncora virou o momento presente. Para conseguir passar por tudo aquilo, eu só precisava focar em passar pelo que estava bem na minha frente. Até hoje, as pessoas perguntam-me com frequência: "Não ficou deprimida quando percebeu que poderia perder suas pernas?". A princípio, não fiquei — e alguns familiares e amigos acharam que eu estava em um estado de negação. Mas eu estava apenas compartimentando para conseguir passar por cada dia. Não me permiti entrar em um buraco negro, principalmente porque não era bom para mim ficar em um. Se eu tivesse cavado um buraco e me enfiado nele, nunca teria saído. Eu não sabia na época, mas meus piores momentos não seriam ali no hospital; eles ainda estavam por vir.

De certa forma, eu estava sendo forte pela minha família. Podia ver o estresse em seus rostos. Estavam tão tristes. Tem ideia do que é ficar na arquibancada enquanto alguém que você ama enfrenta um trauma tão sério? Pergunte a mamãe, papai, Crystal e ao resto da minha família. Eles vão lhe dizer que é de partir o coração. Você sente-se impotente. Tão sem controle. Quando via a angústia deles, dava-me vontade de mostrar-lhes que eu ia ficar bem. Que eles não precisavam se preocupar comigo. A dor que eles sentiam, na verdade, me *incentivava*. Fazia-me querer dar o fora daquela cama de hospital.

Sentia-me triste pelos que amava, especialmente Crystal. Lá estava ela, no meio dos planos de seu casamento, e então — bam — tudo precisou ficar em suspenso para ela e seu noivo, Jared. Seu vestido já fora encomendado, a lista de convidados resolvida, os fornecedores agendados, o dinheiro investido. Estava marcado para dia 15 de outubro. Já estávamos na metade de agosto e não fazíamos ideia de quanto mais tempo eu ficaria no hospital.

— Por favor, não se preocupe com isso, Amy — repetia ela, tentando me reassegurar. — Se precisarmos adiar, vamos fazer isso. Só quero que você melhore.

Eu agradecia sua doçura e flexibilidade, mas a verdade é que me sentia péssima por estar arruinando os preparativos para seu grande dia.

Mas minhas pernas simplesmente não melhoravam. E foi quando eu soube que meus médicos haviam me tirado da categoria "possível amputação" para a "quase inevitável": eles marcaram um encontro comigo e um especialista em próteses, que me apresentaria a todo um novo mundo de pernas. Ele era jovem, bem humorado e sem uma das pernas também.

— Olá, Amy — disse o cara quando entrou no meu quarto. — Sou Kevin.

Ele estava usando calças cáqui e uma camisa polo para dentro delas. Tinha trinta e poucos anos e era bonito: musculoso, queixo esculpido e camadas de cabelos loiro-escuros. Ele entrou mancando da perna esquerda; não muito, mas o suficiente para que eu notasse. Ele estendeu a mão para mim.

— Oi — respondi. Cumprimentamos-nos. — Prazer em conhecê-lo. Kevin baixou sua bolsa e puxou uma cadeira para o lado da minha cama.

— Bem, tenho certeza de que está pensando no que esperar quando se trata de próteses — começou ele. Eu assenti. O dia inteiro estivera ansiosa para conhecê-lo: estranhamente, eu estava até mesmo animada, porque descobriria este mundo novo sobre o qual eu não sabia nada. — Bem — continuou ele —, deixe-me antes contar a você como perdi minha perna. Tive um acidente de moto alguns anos atrás. Acabei tendo que ter a perna amputada bem acima do joelho.

— Ah, mesmo? — respondi. Olhei para sua perna, mas como ele estava de calça, não dava para ver a prótese.

— Sim. E logo depois de eu colocar esta prótese, houve um período de ajuste.

— E agora? — perguntei.

— Parece simplesmente parte da minha vida.

Balancei a cabeça, e então fui direto ao ponto que mais me interessava:

— Acha que vou poder praticar *snowboard* com próteses?

Ele fez uma pausa.

— Nunca vi um *snowboarder* com duas próteses. Mas existem esquiadores.

— Mas eu não sou esquiadora — esclareci. — Sou *snowboarder*.

— Bem, é possível que você consiga, eu apenas nunca vi.

Ele continuou a explicar-me sobre os muitos diferentes tipos de próteses no mercado, como elas normalmente são anexadas, assim como a distinção entre amputação acima do joelho, abaixo do joelho, ou abaixo do joelho dupla (sem as duas pernas abaixo do joelho).

— Quando você retira acima do joelho — explicou —, você tem menos equilíbrio para se movimentar do que quando retira abaixo dele.

Nosso primeiro encontro foi curto — apenas uma apresentação. Agradeci a Kevin por vir e marcamos outro encontro. Quando ele foi embora, pensei no que dr. Canale já havia me dito: Se eu acabasse perdendo as duas pernas, seria abaixo do joelho — não acima. Então, só de ver como Kevin parecia tão positivo, tão normal, mesmo tendo sido amputado acima do joelho, tive uma pequena esperança de que perder minhas pernas não fosse ser o fim da linha.

Mais tarde naquela mesma noite, Brad, meu amigo de *snowboard*, foi visitar-me. Contei a ele que estava parecendo cada vez mais provável eu perder as pernas. Ele fez uma pausa, olhou para o chão, e em seguida de volta para mim.

— Bem — recomeçou —, veja desta maneira, Amy: pelo menos quando for andar de *snowboard*, nunca mais vai sentir frio nos pés — nós dois rimos.

— É, tem razão — concordei.

— E, quer dizer, quando você para e pensa, é meio interessante: vai ser desafiada a aprender a fazer *snowboard* e a andar novamente. Não é meio excitante? Você sabe que consegue. Você só precisa encontrar uma maneira.

Eu não pensara daquela maneira ainda, mas agora que Brad tinha exposto essa perspectiva, parecia mesmo uma experiência interessante, apesar da palavra *excitante* ser um pouco forçada demais. Eu adorei sua atitude. Durante mais de um mês, não ouvira nada além de tristeza e melancolia.

Na manhã seguinte, dr. Canale veio me ver e ficou em pé na beirada da minha cama. A expressão triste em seu rosto dizia tudo.

— Precisamos fazer a cirurgia — falou. — E precisamos fazer amanhã. Se esperarmos mais, teremos que amputar mais para cima de sua perna. Vou pedir a Kevin para acompanhar a cirurgia — continuou ele. É uma raridade um especialista em próteses ser convidado a uma sala de cirurgia, mas o dr. Canale queria ter certeza de que faria a cirurgia de modo que as próteses se encaixassem o melhor possível.

Ao ouvir a notícia, meus pais desabaram.

— Bem, acho que precisa ser feito — disse minha mãe, segurando as lágrimas. — Só queria que houvesse algo mais que pudéssemos fazer para salvar as pernas dela.

Sei que pode parecer difícil de acreditar, mas eu sentia-me pronta: Pronta para sair do hospital. Pronta para nunca mais ter uma agulha espetada no braço. Pronta para simplesmente me livrar dessas pernas, para ganhar as novas e finalmente seguir em frente com minha vida, por mais fácil ou difícil que aquela vida pudesse ser.

Por volta do meio-dia do dia seguinte, Kevin chegou com diversos tipos diferentes de pernas prostéticas, e o dr. Canale quis que ele as colocasse lado a lado na sala de cirurgia. Minha família caminhou ao meu lado enquanto as enfermeiras empurravam-me pelo corredor na direção da sala. Passamos pela área das enfermeiras, e todas elas estavam emocionadas demais para nos olhar nos olhos. Eu estava apavorada, e a única maneira que conseguia achar para *não* enlouquecer era criar algo pelo qual lutar depois disso tudo terminar. Então, conforme a maca chegava mais perto da sala de cirurgia, fiz três metas, uma lista mental:

Número um: Nunca vou sentir pena de mim mesma. Eu poderia ter morrido naquele dia da cirurgia. Recebi a chance de uma saída e escolhi voltar. Não sou uma vítima.

Número dois: Vou fazer *snowboard* de novo na próxima estação. Não perdi uma única estação desde que comecei a praticar, e não vou perder agora. Não sei como vou fazer isso, mas vou dar um jeito.

Número três: Quando conseguir isso, vou ajudar os outros. Vejo-me compartilhando minha história de alguma maneira. Não sei onde, nem como será — mas eu vou. Quero mostrar aos outros que a vida continua.

Como eu sabia que a vida continuaria, eu não saberia dizer. Eu simplesmente tinha fé de que iria. Então era isso; criei essa lista na minha cabeça e a coloquei de lado para passar pela cirurgia. Dobramos o corredor para a área de pré-cirurgia, e Kevin estava lá esperando. Ele já estava com seu avental cirúrgico.

— Como está? — perguntou.

— Pronta — respondi.

— Então está bem — continuou ele, levantando o polegar. — Vamos nessa.

Espera um instante: Eu disse pronta? Bem, talvez não totalmente. Porque assim que entrei na congelante sala de cirurgia, vi a mesa com todos os instrumentos que seriam usados. Havia um lençol os cobrindo. Imaginei a grande e reluzente serra que seria usada para atravessar minha pele e ossos. Minha perna seria cortada em um ângulo inclinado, através da tíbia e da fíbula. As enfermeiras colocaram-me completamente deitada na mesa e em seguida amarraram minhas mãos, pernas e peito.

— Você vai sentir uma ardência no braço — disse a anestesista enquanto colocava a medicação no meu acesso intravenoso. Contei de trás para frente começando do dez.

— Dez... nove... oito... — e assim apaguei. Totalmente.

A cirurgia foi surpreendentemente curta, menos de duas horas. Depois de retirarem meus pés e tornozelos, cauterizaram as artérias, veias e terminações nervosas e, em seguida, juntaram a pele. Antes dos meus pais darem-se conta, eu já estava em recuperação. Quando acordei, as luzes no meu quarto estavam fracas. Estava escuro lá fora. Sentia-me grogue e meu nariz coçava da anestesia. O médico dera-me uma raquianestesia, então eu estava dormente da cintura para baixo. Olhei para minhas pernas, mas não via nada além de ataduras.

Como sempre, meus pais estavam bem ali quando abri os olhos.

— Você conseguiu, querida — disse meu pai. Mais tarde, mamãe contou-me que depois do dr. Canale terminar a cirurgia, ele saiu da sala chorando.

— Amy foi ótima — falara, enquanto chorava e os abraçava. Ele estava tão triste por ter de remover minhas pernas. Especialmente, porque eu tinha apenas 19 anos. E, especialmente, porque havíamos lutado tanto para salvá-las — e, pensávamos, pela minha melhor chance de ter uma vida satisfatória.

Alguns dias após a cirurgia, era hora de retirar as bandagens. A enfermeira entrou no quarto, desceu meu lençol e começou a desenrolar a gaze lentamente.

— Vamos dar uma olhada em como está cicatrizando — falou.

Estava muito nervosa em ver minhas pernas. Estariam sujas de sangue? Iam doer? E como seria sua aparência? Uma camada de cada vez, a enfermeira retirou a gaze branca. Enquanto ela o fazia, eu sentia como se ela estivesse tirando um monte de band-aids de uma perna não depilada. *Rip. Rip. Rip. Rip.* Então, finalmente, lá estava, o que restava das minhas pernas. Dr. Canale entrou para examinar-me.

Apesar da minha pele estar coberta com um pouco de sangue seco marrom, as incisões pareciam boas e limpas, como dois sorrisos.

— Estão realmente muito boas — concluiu ele. Eu concordei. Não tinha certeza do que esperar; mas a pele parecia muito mais cicatrizada do que eu esperava que estivesse.

Outra surpresa boa: restava mais da minha perna do que eu imaginara. Abaixo do joelho, ainda tinha os músculos da panturrilha e cerca de vinte e cinco centímetros da minha canela. Conforme prometido, dr. Canale havia cuidadosamente escolhido amputar na altura exata, uma que encaixaria bem com as opções de próteses que Kevin escolhera para mim.

— Bem, estou satisfeito com o progresso — concluiu dr. Canale. — Vamos refazer os curativos por enquanto.

— Dr. Canale? — perguntei antes dele sair aquele dia.

— Sim?

— Depois que eu ficar boa e tiver minhas pernas novas, quanto tempo acha que vai levar para eu voltar a trabalhar?

Ele fez uma pausa.

— Bem, se tudo correr bem, pode conseguir voltar em um ano.

Um ano inteiro? Era como se ele tivesse me dito que seria na próxima encarnação. Eu estava louca para voltar ao trabalho.

Quase todos os dias depois deste, as enfermeiras vinham ver como eu estava.

— Como estão seus cotos hoje?

Eu respondia:

— Minhas *pernas* estão bem, obrigada. — Queria me sentir o mais normal possível, e a palavra *coto* fazia-me de alguma maneira sentir como se eu fosse um objeto, em vez de um ser humano. Até hoje, detesto rótulos e raramente uso a palavra amputado. Isso implica que perdi alguma coisa. Não tinha um "coto" ou era uma "amputada". Sou Amy Michelle Purdy. Ponto final.

Finalmente, cerca de uma semana após a cirurgia, todos os curativos foram retirados. Enfim, um pouco de ar fresco. Uma noite, a primeira em que fiquei deitada na cama sem as ataduras, as luzes estavam apagadas. Papai adormecera na cadeira ao meu lado. Mamãe e Crystal estavam descansando além do corredor. A luz da televisão piscava, proporcionando apenas o suficiente de iluminação para eu ver o quarto à minha volta. Tentei me sentar um pouco na cama, mas não consegui; eu não tinha mais pés para me ajudar a virar. Durante anos, eu diariamente usara mais de cem diferentes músculos, ossos e ligamentos dos pés para andar, pisar, ficar em pé, sentar-me ou levantar-me, correr e fazer tantas pequenas coisas nas quais eu nunca costumava pensar. "O pé humano é uma obra prima de engenharia e uma obra de arte." disse Leonardo da Vinci. Eu não tinha mais uma obra prima nem para ficar de joelhos.

Olhei para as minhas pernas. *É assim que vai ser minha vida?*, pensei. *Vou mesmo poder fazer todas as coisas que amo, como viajar, snowboard e massagens?* Meus objetivos e paixões não haviam mudado, mas o chão debaixo de mim sim. Eu ainda era eu, apenas não tinha mais as pernas para levarem-me na direção dos meus sonhos. A realidade daquilo começou a pesar, e doeu. Pensei naquele garoto a respeito de quem mamãe tinha falado — o garoto de 19 anos de idade que subitamente perdera suas pernas. Mais tarde, minha mãe descobriu que ele tivera exatamente o mesmo tipo de meningite que eu. Em um milhão de anos, eu nunca teria adivinhado que a história daquele menino seria um dia a minha. Vivemos como se soubéssemos tudo que vai acontecer. Eu certamente vivia. Mas não sabemos nada. De verdade, não sabemos. Pensar o contrário é, na melhor das hipóteses, arrogante e, na pior, tolice.

Não fiquei triste naquele instante. Mas fiquei com medo. Medo de como seria minha vida. Não querendo pensar de maneira negativa, resolvi fechar os olhos e pensar nas coisas que amava, como *snowboarding*. Visualizei-me descendo a montanha. A neve sob minha prancha. A quietude das árvores. O vento no meu rosto. Os músculos contraindo-se em minhas pernas. Deixei-me sonhar acordada tão profundamente e com tanta força, que realmente me senti tendo aquela experiência. Podia sentir o vento contra meu rosto, meu coração batendo rápido, a adrenalina passando por todo o meu corpo. Nessa visão, eu chegava na base da montanha e levantava a barra da minha calça. E eu via uma prótese — lá estava ela, atada a minha prancha. E naquele momento, naquele sonho, soube que se eu conseguia visualizar uma coisa tão poderosamente, então, havia uma possibilidade dela tornar-se realidade. Alcancei o controle remoto, desliguei a televisão e aos poucos adormeci com aquele pensamento firmemente plantado na cabeça.

CAPÍTULO 8

Lar

Fé é pisar no primeiro degrau, mesmo que você não veja a escada inteira.

— DR. MARTIN LUTHER KING JR.

MEU PAI LEVOU-ME PARA CASA em sua grande caminhonete na segunda semana de setembro. Entre minha estadia no hospital e uma curta temporada na reabilitação, eu ficara longe quase dois meses. Mal podia esperar para dormir na minha própria cama.

A minha estadia no hospital foi difícil até o último momento. Um dia, enquanto assistia a um filme com Crystal, perdi 85 por cento da audição no meu ouvido esquerdo. Havia som, e — de repente, em um instante — quase silêncio; a perda auditiva é comum entre sobreviventes da meningite. Eu também tinha um buraco do tamanho de uma moeda na bochecha direita e diversas cicatrizes no rosto, nos lugares em que minha pele morrera do choque séptico. Tive um cateter para diálise implantado e um tubo colado na parte de cima de meu braço. No entanto, a meu ver, para cada perda havia um ganho: minhas mãos tinham sobrevivido, então eu ainda podia pintar e massagear. Meu nariz ficara curado, então podia sentir o cheiro da chuva do deserto. Ficara com mais das minhas pernas do que esperava. E, principalmente, estava viva. Poderia ter sido muito pior.

No dia em que meu pai me buscou da reabilitação, fui sentada em uma cadeira de rodas velha. Quando chegamos a seu carro, ele pegou meu corpo frágil e gentilmente me colocou no banco do carona. É estranho precisar que alguém te pegue no colo quando você está acostumada a andar. Meu pai colocou meu cinto de segurança. Sentia-me tão pequena, como uma vulnerável garotinha. Antes de entrar no hospital, eu tinha 57 quilos e 1,70 metro, em seguida, graças aos mais de vinte quilos de soro, inchei até os 79 quilos. No dia em que deixei o hospital, pesava meros 38 quilos, que é mais ou menos o que eu pesava na quinta série. Isso significa pele e osso — era nesse estado que eu estava quando voltei ao mundo real.

Papai virou na comprida estrada de terra que levava à nossa casa. Minha mente voltou à noite em que eu passei por naquela estrada da última vez, arfando em busca de oxigênio, enquanto Michelle corria até o hospital em pânico. Tudo parecia tão diferente agora; os cactos, a terra cor de areia, a poeira e a vegetação. Nada ao meu redor havia mudado realmente. Mas como eu sentia-me tão diferente, minha visão das coisas mudara. Muita coisa tinha acontecido.

Mamãe e Crystal estavam em casa me esperando.

— Amelia chegou! — gritou minha mãe quando meu pai passou a cadeira de rodas pela porta da frente. Ela se abaixou e me beijou no rosto. Crystal correu e abraçou-me.

— Oi, mana — disse sorrindo. A casa tinha o cheiro do maravilhoso frango de minha mãe.

— Não mudamos nada desde que saiu daqui — informou mamãe. — Está tudo exatamente igual.

Olhei ao redor e vi a fileira de garrafas de água, uma das que eu pegara na saída aquele dia. Então meu pai me levou até meu quarto, e lá, ao lado do meu futon, estava minha fileira de sapatos — vários pares de tênis iate, chinelos e o par de saltos altos que eu tinha recentemente comprado. *Não vou mais precisar destes.*

Depois do jantar, mamãe ligou a água quente e me ajudou a sair da minha cadeira de rodas e a entrar na banheira. A essa altura, minha família inteira, incluindo meu pai, já vira cada centímetro meu, então eu não tinha mais muita inibição. Na verdade, eu queria *protegê-los* de ver como acabada eu estava, porque aquilo partia seus corações. Enquanto mamãe colocava-me na banheira, tinha que tomar cuidado para não molhar o local da diálise. Quando ela me posicionou perfeitamente, tudo que pude dizer foi... *Aaaah*. Adoro banhos. No hospital, sonhei acordada com este momento.

Enquanto via a água balançar levemente ao redor do que restara do meu corpo, tudo em que consegui pensar foi em como estava magra. Em como era roxa a cicatriz do meu esterno até meu umbigo. Em como os ossos de meus quadris e costelas estavam protuberantes. *Este corpo é o mesmo que costumava ser tão forte e saudável?* Eu mal me reconhecia. Depois de ficar ali durante meia hora, mamãe voltou e esfregou minhas costas. Em seguida ela retirou-me da banheira, secou-me e vestiu-me para dormir. Logo depois, tive meu segundo *aaaah*: meu quarto, minha cama, meus lençóis. Apenas deitar ali, em um ambiente familiar, era incrível.

Primeiro dia — meu primeiro dia inteiro em casa. Como passaria meu tempo? Eu estava contando os minutos para ir para casa — mas agora que estava lá, percebi que não havia muito que eu pudesse fazer sem a ajuda da minha mãe, que parara de trabalhar para cuidar de mim em tempo integral. Então, dormi bastante. Também assisti a uma boa dose de televisão. Naquele primeiro dia e durante os dois meses seguintes, um de meus programas favoritos era *Oprah*, que começava diariamente às quatro da tarde. Em 1999, o programa sempre acabava com um segmento que eu amava, chamado "Lembrando-se de seu espírito"; uma historinha sobre como alguém havia superado alguma dificuldade, aprendido uma lição, ou sido inspirado de alguma maneira. Eckhart Tolle, um mentor espiritual, também era um convidado frequente. "O passado não tem poder sobre o momento presente", dizia ele frequentemente. Devido ao trauma pelo qual eu acabara de passar, aquela declaração era poderosa: direto da tevê para meu coração. Eu não me cansava de assistir à *Oprah*.

Uma tarde, pedi a mamãe para sair e trazer-me suco do Jamba Juice, uma das únicas coisas que eu conseguia não vomitar. Quando ela voltou, trazendo a bebida, fiz-lhe uma pergunta aleatória.

— Mãe?

— Sim, querida?

— Tenho pensado em uma questão.

— Claro, Amy. O que é?

— É... — fiz uma pausa. — Sou deficiente agora?

Mamãe baixou o copo e veio até mim para sentar-se na beira do sofá ao meu lado.

— Escute, querida — começou —, de acordo com os padrões de algumas pessoas, sim: você ficou deficiente — ela parou por um segundo antes de completar seu raciocínio. — Mas para mim, você nunca será "deficiente". Você não é um rótulo, é minha filha. E acredito que possa fazer qualquer coisa que resolva fazer.

Não respondi. Eu ainda estava tentando entender minha nova realidade — não apenas o que significaria, digamos, rastejar da minha cama até o banheiro no meio da noite, mas também como eu seria vista. Será que as pessoas me veriam como eu enxergara aquele veterano do Vietnã na beira da estrada? Teriam pena de mim? Será que elas me veriam como "a garota sem pernas"? Será que elas se dariam ao trabalho de conhecer a verdadeira eu? No hospital, eu nem me deixava pensar nesse tipo de pergunta — meu maior objetivo era simplesmente melhorar e ir para casa. Mas agora que eu estava em casa sem nada além de tempo para pensar, as perguntas difíceis começaram a aparecer.

Antes que meu pensar me levasse à apatia, normalmente podia contar com Crystal para melhorar o clima. Alguns dias depois da conversa com minha mãe, contei à minha irmã sobre o que havíamos falado — e admiti ter medo de como seria vista.

— Bem, as pessoas podem te chamar de "aleijada"— disse ela —, mas isso é loucura porque você ainda tem pelo menos as mãos. Na verdade, você é aleijada só de pé! — Nós rimos. Não mudava minha situação, mas fazia-me sorrir um pouco e esquecer, apenas por um minuto, que estava deitada ali sem as pernas.

Quando voltei para casa do hospital comecei a diálise, que é um tratamento usado para remover substâncias nocivas do sangue quando seus rins não podem mais. Eu estava agendada para ir três manhãs por semana, e minha mãe conseguia que acordássemos e estivéssemos a caminho às cinco da manhã. Para mim, a diálise consistia em basicamente 240 minutos de sono e muita náusea, cercada de pessoas com cinco vezes a minha idade. Ninguém ali tinha menos de oitenta anos. Sério. Em seguida, quando eu chegava em casa, os efeitos físicos continuavam: eu ficava no sofá tremendo, vomitando e sentindo-me desidratada por mais algumas horas.

Eu normalmente dormia de nove da manhã até meio-dia e quando acordava, tentava manter-me ocupada e distraída da náusea. Lia muito. Um dos meus livros favoritos era *O alquimista*, que fala sobre encontrar sua paixão e perseguir seus sonhos. Eu também lia passagens de *Tao te ching*, uma antiga filosofia chinesa; outras vezes folheava páginas da *National Geographic* ou via documentários de natureza ou de viagem no *Discovery Channel*. Pensava que como não podia sair pelo mundo sozinha, descobriria outras maneiras de viver aquilo. Assistir a pessoas escalarem montanhas, velejarem oceanos e viajarem pelo mundo, deixava-me mais ansiosa em levantar do sofá e ter minhas pernas novas. Não muito tempo depois, Kevin começaria a mostrar-me como.

O casamento ainda estava de pé para o dia 15 de outubro. Crystal e Jared quase o tinham adiado. Mas como saí do hospital em setembro (e como perderiam muito do dinheiro que já fora investido), resolveram ir em frente com a cerimônia. Na época em que cheguei em casa, os dois tinham pouco mais de um mês para, de alguma maneira, organizar tudo. Crystal ainda estava em dúvida quanto a manter os planos. Pela casa, a escutava perguntando a mamãe: "Devíamos mesmo estar fazendo isso? É certo?" Uma vez, ela tocou no assunto diretamente comigo: "Amy, tudo bem com você em relação a isso?". Assegurei a ela que sim.

A vida de minha irmã tornara-se uma loucura. Enquanto eu cochilava no sofá, a srta. Organização geralmente estava no chão, trabalhando em mais alguma tarefa manual relacionada ao casamento, como fazer as lembrancinhas — ela é boa com essas coisas. O casamento e a recepção seriam em nossa casa, no quintal, ao anoitecer: minha família planejava cozinhar para todos os trezentos convidados. Enquanto eu ainda estava no hospital, Crystal havia me convidado para ser sua dama de honra. Como pode imaginar, minha mãe — que já estava claramente ocupada com minha transição de volta para casa — também trabalhava sem parar para aprontar o lugar.

Enquanto isso, no meio dos preparativos para o casamento, meu grande dia das próteses finalmente chegou, no final de setembro. *Como serão minhas novas pernas?*, perguntava-me. Eu realmente não fazia ideia. Kevin mostrara-me suas pernas (bastante metal e parafusos), mas porque ele foi amputado acima do joelho, eu sabia que minhas pernas não necessariamente se pareceriam com as dele. Eu mal podia esperar para finalmente vê-las.

Entrar no consultório de Kevin foi como entrar em um mundo secreto. A recepção parecia estéril e fria — uma mesa e a sala de espera iluminadas por luzes fluorescentes no teto. Pôsteres inspiradores de atletas que usavam próteses — fisiculturistas, corredores, ciclistas — cobriam as paredes; mas nenhuma das fotos tinha um atleta que perdera *ambas* as pernas. Algumas revistas da indústria — publicações cheias de histórias sobre a vida com próteses, além de notícias de encontros e eventos para aqueles que perderam as pernas — estavam espalhadas na mesa de centro. Três ou quatro pessoas mais velhas com próteses estavam sentadas, e quando entrei, todos levantaram os olhares e encararam, o que me deixou envergonhada. Eu queria gritar: "Não sou uma amputada! Sou uma massagista e *snowboarder*!", mas fiquei quieta.

Kevin apareceu.

— Olá, Amy! — ele estava tão alegre quanto no dia em que o conheci no hospital. — Entre, estou feliz por estar aqui.

Mamãe empurrou-me até uma sala grande onde alguns instrumentos haviam sido dispostos em uma prateleira — tesouras, um martelo, uma enorme calçadeira de metal.

— Vamos fazer o molde da sua perna hoje — esclareceu ele. Enquanto eu ficava sentada na minha cadeira de rodas e mamãe olhava, ele envolveu ambas as minhas pernas em algum tipo de material para molde, que se usa quando se quebra algum membro. Para encaixar-me em uma prótese, ele primeiro precisava desse molde, disse.

— A ideia é conseguirmos que o encaixe fique do formato da sua perna — explicou, enquanto trabalhava. Depois de meia hora, ele levantou-se. — Está bem, Amy. Por hoje é só. Vejo você semana que vem.

Fui embora achando que esperar pela segunda consulta seria tão fácil quanto pela primeira.

Mas não foi. Em uma tarde da semana seguinte, mais uma vez cheguei ao consultório de Kevin, desta vez para ver minhas novas pernas. Estava ansiosa. Quantas vezes na sua vida você pode dizer: "Vou buscar minhas pernas hoje"? Era estranho e engraçado. "Ei, mamãe, vamos logo buscar minhas pernas!", eu brincara a semana toda. A gente morria de rir.

Na segunda visita, Kevin nos recebeu em outra sala, um espaço aberto com duas barras de apoio paralelas. Mamãe empurrou-me até perto delas. Quando Kevin entrou, estava carregando esses dois grandes, claros e pesados pedaços de plástico com canos de metal.

— Suas pernas estão prontas! — anunciou. Meu coração quase saiu pela boca. *Essas não podem ser minhas pernas*. Ele as apoiou em um banco.

Eu não tinha muita certeza do que esperar, mas certamente não era o que vi. Minhas novas "pernas" pareciam mais baldes ocos. O "tornozelo" era um conjunto de tubos aparafusados. O "pé" era amarelo e de borracha. Os "dedos" eram quadrados e masculinos. Do polegar até o tornozelo, havia uma linha amarela em relevo que devia lembrar uma veia. As pernas não podiam parecer mais falsas. Não havia nada mecânico, *high-tech*, biônico, nem legal nelas. Pareciam ter vindo diretamente de uma loja de ferramentas. Eram horrorosas.

— É... essas são as prévias? — perguntei, arregalando os olhos. Por dentro, eu estava gritando: "Só pode estar brincando comigo!". Estava horrorizada com a ideia daqueles dois troncos ocos serem minhas novas pernas... *para sempre*. As lágrimas começaram a descer. Isso alarmou minha mãe, que começou a chorar também.

— Tudo bem, tudo bem — disse Kevin na voz mais suave que conseguiu. — Isso é só o começo. Vai ser um processo. Vamos apenas dar uma chance e ver se conseguirmos colocá-la de pé e ir movimentando-se nelas.

Antes de encaixar minhas pernas, Kevin pegou um par de forros verde e cinza; eles se pareciam com meias, só que mais pesados, com cerca de meio centímetro de espessura e bem quentes. Por dentro, os revestimentos eram grudentos para poderem aderir à minha perna.

— São como absorventes almofadados de choque que protegerão suas canelas e joelhos da fricção enquanto estão nas suas novas pernas — explicou. Ele desenrolou um dos pesados revestimentos de poliuretano, deslizou sua base para a base da minha perna e o enrolou até o meio da minha coxa; em seguida fez o mesmo na outra. Além daquilo, ele colocou mais uma camada, uma segunda meia de lã; em seguida, depois de encaixar minha prótese de perna, acrescentou uma terceira camada, uma manga de suspensão que ao mesmo tempo mantinha minha perna no lugar, sufocava-a. Devia estar fazendo trinta graus aquele dia; e de repente parecia estar fazendo quarenta.

— Está bem — disse Kevin. — Eu te ajudo a ficar de pé. — Com meus novos pés no chão, levantei-me. *Droga*. Quando meu corpo inteiro apoiou-se nas pernas, meus joelhos, minhas panturrilhas e a parte final da minha perna começaram a latejar. Não apenas sentia uma dor de matar nas pernas, elas também pareciam extremamente confinadas e restritas debaixo de todas aquelas camadas de meias. Eu não conseguia nem dobrar os joelhos. Todo o meu sangue desceu até a parte inferior das pernas. Cada nervo delas estava gritando: "Pare!". O desconforto e a pressão eram quase insuportáveis. Mais lágrimas derramaram-se de meus olhos. Depois de ficar em pé por apenas alguns segundos, desabei de volta na cadeira de rodas.

Kevin me deu um minuto para descansar.

— Tudo bem, agora vamos tentar de novo — disse finalmente. Ele me ajudou a levantar e praticamente me carregou até a barra mais próxima. Coloquei a mão no corrimão e tentei me estabilizar. — Veja se consegue dar um passo — orientou ele. Inclinei-me para frente.

— Ah meu Deus, dói tanto! — gritei. Devo ter ficado ali durante cinco minutos até finalmente — *clang* — conseguir dar um pequeno passo.

— Isso foi ótimo, Amy — disse ele. — Agora tente dar mais um. — Esforcei-me para levantar a perna direita, mas parecia que minhas coxas haviam sido cimentadas em um enorme bloco. Tentei mais uma vez levantar e então — *clang* — mais um passo.

— Acho que por hoje chega — disse Kevin, percebendo que aquilo seria o máximo que ele conseguiria de mim. — Lembre-se: isso é parte do processo. Você precisa começar a sentir-se confortável com estas pernas. Sei que é muito difícil para você andar nelas, mas vamos passar por isso pouco a pouco. Você pode ter de experimentar uns cinco pares de pernas ainda este ano até encontrar uma que sequer se encaixe bem.

Ele explicou que, conforme seu corpo muda e as pernas atrofiam, frequentemente você precisa tirar novos moldes. Kevin estava fazendo seu melhor; que é o que qualquer especialista em próteses teria feito. Mas aquelas próteses eram tão feias que eu não teria gostado nem mesmo de ser enterrada nelas.

Mamãe e eu esperamos no lobby enquanto Kevin embrulhava as pernas e preparava o que ele chamou de kit de cuidados básicos: uma sacola cheia daqueles revestimentos horríveis. Ele também me mandou para casa com um andador, do tipo que você vê gente idosa usando. O plano era eu praticar caminhar em casa, voltar para vê-lo periodicamente e fazer ajustes nas próteses; ele também me indicou alguns fisioterapeutas na região para ajudarem com minha adaptação às novas pernas.

— Não pode simplesmente evitar colocá-las — avisou Kevin, antes de eu ir embora —, ou nunca vai se acostumar a usá-las — eu não respondi. Mamãe empurrou minha cadeira porta afora, enquanto eu segurava essas robustas pernas amarelas de borracha no colo. Eu não me identificava com aquelas pernas. Nem de longe.

Já mencionei que antes disso tudo, eu nunca me permitira entrar em depressão? Bem, naquela tarde, aquela resolução saiu voando pela janela. Emocionalmente, desliguei. Deitei na cama sentindo-me tão sobrecarregada que não conseguia nem pensar direito. Esta. Era. Minha. Vida. E eu odiava. Não apenas aquelas novas pernas eram horrorosas; também eram as coisas mais indelicadas que eu já vira na vida. Kevin tinha simplesmente escolhido as pernas que me deixariam de pé, e não havia nada de beleza ou feminilidade naquilo. Era cem por cento função. Mas como eu poderia encaixar aquelas coisas monstruosas na minha vida nova? Especialmente nos fins de semana de verão, quando vivia de short e chinelo. E esqueça *snowboarding*, eu não tinha certeza nem de que poderia aprender a *andar* nessas pernas.

Minha mãe e eu fomos para casa em silêncio. Nenhuma única palavra. Quando ela chegou em casa e levou-me para dentro, cada uma de nós foi para seu quarto e enroscou-se na cama com as lágrimas secas ainda cobrindo os rostos. *Como diabos vou fazer isso?*, foi meu último pensamento antes de escapar para o mundo dos sonhos. Naquela noite, dormi 11 horas seguidas. Sério.

Uma nuvem preta parecia estar acima da minha cabeça na manhã seguinte. E na que veio depois dela. E depois.

Fiquei com um humor horrível. Se tivesse que escolher o episódio de maior crise que tive durante toda essa experiência, seria esse. Como sempre, mamãe e eu precisávamos continuar acordando às quatro da manhã para a diálise, e eu permanecia em silêncio durante todo o tempo. Depois da diálise, afundava no sofá e desmaiava em mais uma rodada de sono. Não queria sequer ficar acordada tempo o bastante para pensar nos meus problemas.

Por volta das cinco horas da tarde, alguns dias depois de buscar minhas novas pernas, acordei tão sobrecarregada quanto quando tinha ido dormir. As pernas estavam encostadas no sofá; as mangas de suspensão ao lado delas. Dei uma olhada nelas e, então, tornei a desviar o olhar. Depois de alguns instantes, deslizei para a beira do sofá e puxei as meias. Tirei-as da sacola e as observei durante alguns minutos. Em seguida, as vesti, uma de cada vez, sobre meus joelhos e coxas. Cambaleei até ficar de pé e segurei na parede para estabilizar-me. Fiquei ali parada. Ainda doíam. Depois, as retirei e voltei a dormir.

Na manhã seguinte, peguei as meias novamente.

— Deixei-as separadas para você noite passada — disse mamãe, que veio ver como eu estava bem na hora.

— Obrigada — balbuciei. Peguei a meia grudenta. Estava gelada. Franzi o rosto.

— Talvez eu possa esquentá-las um pouco — disse minha mãe. Entreguei-as a ela, que foi até a cozinha para colocá-las no forno por alguns segundos. Ela voltou e as devolveu para mim.

Coloquei o restante das meias, e mamãe ajudou-me a levantar da cama e continuar de pé. Segurei em seu braço por um instante para equilibrar-me.

— Consegue tentar de novo, Amy? Consegue dar um passo? — lentamente levantei minha perna direita. *Um*. Alguns segundos depois, levantei a esquerda. *Dois*. E então levantei a perna direita novamente. *Três*. No quarto passo, eu já havia quase chegado à porta do meu quarto. — Já foi um progresso — disse mamãe, que sempre tentava soar encorajadora. Eu ainda estava cambaleante e extremamente desconfortável, mas quatro passos definitivamente eram melhores do que nenhum. Talvez eu pudesse fazer isso.

Aqui está a verdade sobre mim: por mais que esteja deprimida, só consigo ficar nesse estado mental certo tempo, senão fico louca. Sinto-me mal e cansada de estar mal. Minhas pernas e pés nunca voltariam, e isso era simplesmente uma coisa que eu tinha que lentamente começar a aceitar. Então, por mais que não gostasse das próteses, e por mais feias e dolorosas que as achasse, sabia que Kevin tinha razão: eu precisava pelo menos tentar me acostumar a usá-las. Que alternativa eu tinha? Sim, podia escolher o caminho mais fácil e nem me esforçar, mas então que tipo de vida eu teria? Eu nunca fora de desistir. E não queria começar agora.

Aquela noite, na cama, fiquei deitada pensando nas minhas circunstâncias. Em tudo pelo que eu passara naquele verão. Como minha vida era simples e despreocupada antes de eu ir para o hospital. Como eu me sentia para baixo nos últimos dias. Como eu me tornara emocionalmente esgotada. Como me sentia completamente fora de controle. Foi quando uma pergunta crucial veio à minha mente: *Se minha vida fosse um livro, e eu fosse a autora, como gostaria que fosse a minha história?* Fiquei pensando mais alguns minutos, visualizando a lista de metas que eu sempre tivera para mim. Queria fazer *snowboard*. Queria viajar. Queria aprender, descobrir e crescer. Queria histórias para contar. Queria viver uma vida sem nenhum arrependimento. A verdade é que eu queria exatamente a mesma vida com a qual sonhava antes de toda essa luta começar, e se eu queria aquela vida, sabia que precisava escrever uma nova história que incluísse pernas novas também. Eu tinha um quadro em branco e uma escolha a fazer. E assim, naquela noite, na luz fraca do meu quarto, resolvi que iria em frente o mais corajosamente possível.

Outra coisa que sempre foi verdade sobre mim: quando resolvo fazer alguma coisa, geralmente mergulho de cabeça, assim como fiz quando me mudei para Salt Lake City. Imersão total. Então, acordava e colocava as pernas todas as manhãs. E assim, pouco a pouco, forçava-me a ficar com elas um pouco mais. Defini minimetas para mim mesma, como descer parte do nosso corredor. Ou ir da minha cama até o banheiro. Ou ir do sofá até a bancada da cozinha. Ou ir até a varanda dos fundos, depois de enfiar aqueles dedos quadrados em um par de tênis iate. Sabia que para minha mente e corpo aceitarem aquelas pernas, eu precisava me *forçar* a acostumar-me com elas. Eu também precisava de um objetivo, então, presenteei-me com um dos grandes. Eu não ia entrar de cadeira de rodas no casamento da minha irmã. Eu ia *andar*.

— Preciso de sua ajuda — falei ao fisioterapeuta no dia em que nos conhecemos. — O casamento da minha irmã é semana que vem, e preciso estar andando até lá.

Até para mim, aquilo soava ambicioso, considerando que o casamento de Crystal estava tão próximo. Mas a última coisa que eu queria era ter todos os nossos amigos e familiares sentindo pena de mim no grande dia da minha irmã; eles já estavam sentindo pena de mim há dois meses e meio, e eu estava cansada da atenção. Todos os convidados certamente já tinham escutado a notícia: "Amy Purdy perdeu as pernas e quase morreu". Aquele não precisava mais ser o foco. Não contei a Crystal nem a meu pai sobre minha meta de andar até o altar. Eu apenas fiz o voto em silêncio. Durante os dias seguintes, dei o melhor de mim.

Quando comecei a usar as pernas com mais frequência, as roupas tornaram-se um problema. Como elas eram muito grossas, especialmente na região dos joelhos com todas aquelas meias grossas, tive que comprar calças cargo largas o bastante para elas. Ou calças bem maiores que eu, grandes demais para enrolar em volta do meu manequim 36. Descobri que uma das coisas mais desconfortáveis sobre ter próteses é ter que se vestir com elas. Pode imaginar ter de usar um vestido largo para o resto de sua vida? Era assim que eu me sentia com as próteses no começo: Você tem um acessório permanente, e tudo que usa precisa se adaptar a ele.

Próteses de pernas podiam não ser um dos itens mais bonitos do meu closet, mas isso não significa que fossem baratas. O custo médio de um par de pernas é de cerca de trinta mil dólares. Sou tão agradecida por ter tido ajuda com esse custo. Pouco antes de adoecer, minha mãe tinha me tirado de sua cobertura de plano de saúde porque eu estava me transferindo para o do meu trabalho. Quando entrei na emergência, ainda não estava totalmente coberta pelo meu novo plano, mas como dei entrada no hospital com falha total dos rins, a Medicare e Medicaid cobriram o enorme gasto. Então, de certa forma, a insuficiência renal foi uma benção: por causa dela, a maior parte dos meus gastos foi coberta. Sempre tentei olhar as coisas pelo lado bom.

Na noite antes do casamento, minha família estava sentada na sala de estar, relaxando e ouvindo música no rádio. Eu estava na minha cadeira de rodas com as pernas encaixadas, e aquelas enormes calças cargo cobrindo-as. Uma velha canção *country*, que meus pais amavam, começou a tocar, e meu pai foi até o sofá e puxou minha mãe de pé.

— Quer dançar, querida? — minha mãe, rindo um pouco, aceitou. Os dois sempre dançaram tão bem juntos; e meu pai a guiava tão bem. Minha irmã e eu batemos palmas para eles quando a música terminou. Em seguida, uma de Alan Jackson começou a tocar: "Chasin' That Neon Rainbow".

Eu queria mostrar a minha irmã e a meu pai quanto progresso havia feito.

— Pai, posso dançar com você?

Meu pai sorriu e pareceu um pouco chocado.

— Claro, querida — respondeu, trocando um rápido olhar com minha mãe, como se perguntando: "Isso é sério?". Levantei-me lentamente da cadeira e ele me puxou na sua direção. Demos as mãos. Com a música enchendo nossa sala de estar, meu pai e eu balançamos para frente e para trás; e comecei a repetir seus passos, movendo meus pés no ritmo da música. Mamãe pegou a filmadora.

— Amy está dançando antes mesmo de *andar*! — gritou ela. Enquanto papai e eu nos movíamos no ritmo da música, vi a expressão no rosto de minha irmã.

— Oh meu Deus Amy, olha só para isso! Está dançando! — meus olhos encheram-se de lágrimas quando a música acabou.

— É... fiz um bom trabalho — sussurrei. Eu não havia apenas dado alguns passos. Eu havia dançado uma musica inteira. Inacreditável.

O dia do casamento chegou. Crystal usou o quarto dos meus pais, que tinha portas duplas abrindo diretamente na varanda de trás, para arrumar-se para a festa. Mamãe ajudou-me a entrar no meu vestido de dama de honra, tomando cuidado para não encostar no tubo da diálise enquanto fechava o zíper nas minhas costas magras. Crystal havia escolhido um vestido longo para mim, para que minhas pernas ficassem cobertas. Ele era lindo; de cetim verde pálido. Era o tipo de vestido que você normalmente usa com saltos delicados, mas é claro que eu não podia, por causa de meus novos pés chatos e grandes de borracha. Usei tênis de skate brancos. Como devem imaginar, não ficou tão bom, mas ao menos eu conseguia andar neles. E, considerando que minha vida tornara-se mais focada em algo que não estilo, eu estava grata.

Enquanto os convidados ocupavam seus lugares no jardim, os violinistas começaram a tocar "Time to Say Goodbye", a linda canção de Andrea Bocelli, que me lembrava do quanto sentia falta do meu emprego. Aquela canção era conhecida como a canção do Bellagio, e toda vez que eu andava pelos corredores de lá para fazer mais uma massagem, ela estava tocando em todo lugar. Era uma loucura pensar no quanto minha vida mudara em tão pouco tempo.

Ainda na minha cadeira de rodas, peguei meu buquê e chamei minha irmã para perto de mim.

— O que foi? — perguntou ela, se abaixando para ouvir-me. Crystal era sempre linda; mas nesse dia, estava deslumbrante em seu vestido tomara que caia branco, coberto de pequenas margaridas.

— Não vou sair nessa cadeira de rodas — contei a ela. — Vou andando.

Ela me fitou diretamente nos olhos.

— Tem certeza, Amy? — perguntou.

Eu não hesitei:

— Sim — afirmei. — Vou andando.

Nosso amigo Johnny, o padrinho, estava parado ali, esperando para empurrar minha cadeira. Quando contei a ele sobre a mudança de planos, ele foi procurar meu primo Jack, e voltou com ele ao seu lado. Os dois ajudaram-me a ficar de pé.

O sol começou a se por. Enquanto os violinistas tocavam sob a luz suave do deserto quente, as portas duplas para o quarto de meus pais finalmente se abriram. Com Johnny em um braço e Jack no outro, fui até o batente.

— Pronta? — perguntou Johnny.

— Estou pronta — a multidão se calou de repente.

Dei meu primeiro passo. Em seguida, parei e olhei para todos os rostos. Todos os pares de olhos estavam fixos em nós três. Depois de alguns segundos, apertei os dedos ao redor do buquê e dei mais um passo. E, então, o terceiro. E o quarto. Um passo mecânico de cada vez, andei da nossa varanda por um atalho de grama em oito passos e, então, finalmente, pelo corredor até o altar. Meus passos eram lentos e não tão graciosos quanto eu esperava que fossem, e algumas vezes precisei parar por causa da dor. Mas continuei. E, quando cheguei ao altar, não havia um rosto sem lágrimas em nosso jardim.

Quando Crystal apareceu na porta, as pessoas já estavam de lenços de papel nas mãos. Do meu lugar no altar, assisti minha irmã fazer sua grande entrada. Quando ela chegou, ela e Jared trocaram seus votos. E durante vinte minutos (sim, vinte), fiquei em pé ali, nos meus próprios pés, e derramei lágrimas de alegria pelos dois.

Quando a cerimônia terminou, só havia uma coisa a fazer: festejar. Meu pai montara uma pista de dança no quintal, e o DJ tocou os maiores hits, enquanto nossos amigos desfrutavam de pratos de costela.

— Quer dançar? — perguntou meu amigo Rob. Ele concordara em ser meu "par" naquela noite.

— É claro — respondi. Ele ajudou-me a ficar de pé e levou-me até a pista de dança. Posso não ter conseguido fazer nenhum grande passo de dança, mas definitivamente pude mexer meu corpo de um lado para o outro, como fizera com meu pai na noite anterior.

Então, dancei o máximo que pude — durante metade de uma música — e depois me sentei de volta na cadeira de rodas até me sentir forte o bastante para ficar de pé novamente. A noite toda, amigos e familiares vieram até minha mesa para falar comigo. "Não posso acreditar!", disse um. "Como pode já estar andando?". Tudo que pude fazer foi sorrir e lembrar-me de como esse dia parecia improvável depois da minha primeira consulta com Kevin. Que diferença duas semanas e muita determinação podiam fazer.

Minha entrada no casamento aquele dia, meu pequeno milagre no deserto, a certa altura havia parecido impossível. Os ambiciosos sonhos que eu tinha para mim mesma — voltar a trabalhar, voltar a andar de *snowboard* e seguir em frente com a vida que sempre planejara — eram milagres maiores, ainda não vistos. Mas em 15 de outubro de 1999, aqueles sonhos loucos pareceram um pouquinho mais possíveis. Com passos de bebê a caminho do altar, eu escrevera as primeiras linhas da minha nova história. Talvez outros gloriosos capítulos realmente estivessem por vir.

CAPÍTULO 9

Nova temporada

O segredo para uma boa vida é ter mais começos do que fins.

— DAVID WEINBAUM

— Alô?

— Sim, senhora — respondeu a mulher no telefone. Apertei meu ouvido bom contra o receptor para escutar cada palavra. — Como posso ajudar?

— É Amy Purdy falando — respondi. — Tenho duas pernas protéticas e quero andar de *snowboard*. Alguém na sua organização já trabalhou com, ou ao menos conheceu, um *snowboarder* com próteses nas duas pernas?

Uma longa pausa.

— É... acredito que não — respondeu a mulher. — Há esquiadores, é claro, e se for amputada das duas pernas, pode tentar uma versão sentada.

— Obrigada, mas não esquio — expliquei. — E não quero ir sentada. Quero usar minhas pernas.

— Bem, sinto muito, senhora — continuou ela —, mas não posso ajudá-la.

Entre o final de 1999 e a primavera de 2000, eu começara uma grande busca: queria encontrar ao menos uma pessoa no país que tivesse feito *snowboard* em duas pernas protéticas. Então, entrei na internet e encontrei os números de todas as escolas e organizações de esqui adaptado que pudesse encontrar — e liguei para todas elas. E todas pareciam dar exatamente a mesma resposta: "Nunca vimos um *snowboarder* de pernas protéticas".

A temporada de esqui estava terminando — e eu queria cumprir a promessa que fizera a mim mesma de praticar *snowboard* antes do final dela. Meu plano era conversar com alguém — qualquer pessoa — que tivesse experimentado aquilo. Eu tinha tantas perguntas a respeito de quais pernas eu poderia usar, de como seria a sensação, de quais ajustes teriam de ser feitos. Mas como não consegui encontrar tal pessoa, percebi que eu teria simplesmente que subir uma montanha e tentar sozinha — quer me sentisse pronta ou não.

Desde o casamento, sentia-me mais forte a cada mês. Em dezembro de 1999, eu mudara da hemodiálise para a diálise peritoneal. Os médicos retiraram o suporte da diálise e durante outra cirurgia, implantaram um cateter de plástico flexível no meu estômago. A mudança fez toda a diferença: a diálise peritoneal é um processo muito mais ameno que não esgota nutrientes e minerais. Isso significa que não ficava nem de perto tão cansada quanto antes. Não sentia náusea. E toda manhã, tinha energia o bastante para acordar e colocar minhas pernas. Meu peso ainda estava por volta dos quarenta quilos, mas eu parara de vomitar. E, a melhor parte de tudo, a diálise peritoneal pode ser feita em casa, durante a noite, ligando meu estômago em uma máquina com mais ou menos o tamanho de uma máquina de escrever. A mudança foi um grande momento de transição para mim. Eu finalmente conseguia funcionar.

Também estava fazendo tudo que podia para tornar minhas pernas mais confortáveis. Passava incontáveis horas no consultório do Kevin, com ele ajustando as próteses. Todo o processo parecia ser como dar dois passos para frente e um para trás: ele lixava uma parte para aliviar um pouco da pressão na minha perna, e eu saía de lá me sentindo bem. Mas então, alguns dias depois, enquanto andava na mercearia, começava a sentir muita dor de novo — lembre-se de que se trata de uma fibra de carbono dura como aço se esfregando contra seus ossos e tecidos. Não há nada *high-tech* nisso; na verdade é bastante bárbaro. Então, eu chegava em casa e descobria uma ferida em carne viva e tinha que ficar sem as pernas até Kevin fazer mais um ajuste. Era frustrante. Mas na primavera de 2000, depois de ajustes demais para contar, finalmente consegui ficar sobre minhas pernas pela maior parte de um dia — e queria tentar praticar *snowboard* de novo, ao menos uma vez.

— Por que não vamos até Lee Canyon e tentamos? — propôs Brad para mim em uma tarde de março de 2000. Ele e meus outros amigos estiveram praticando a temporada inteira, e Brad sabia como eu estava louca para descer as montanhas de novo.

— Parece-me ótimo — falei. — Vamos esse fim de semana.

Eu sabia que se não fosse logo, provavelmente nunca teria coragem. Assim, minha irmã e eu fomos de carro buscá-lo em um sábado de manhã. Usei minhas pernas básicas e levei o equipamento de sempre. Durante todo o caminho, fiquei pensando: *Como será que vai ser?*

Subimos até o teleférico. Andar de botas de neve enormes era esquisito — Kevin havia ajustado meus pés para um par de tênis iate, e eu subitamente estava usando uma bota com um design diferente, sem falar no salto e na sola. Rapidamente, descobri que essas pernas não iam se adaptar a diferentes condições, então, quem teria de se adaptar seria eu.

No alto da colina, amarrei meu pé esquerdo à prancha e mantive o pé de trás livre para dar impulso. Subimos na cadeira do teleférico. Enquanto minha perna ficava pendurada com o peso da prancha nela, percebi que ela estava escorregando. *Droga* — minha perna inteira pode cair nesse instante. A única coisa a mantendo no lugar eram os revestimentos, e podia senti-los se soltando. Então, levantei as duas pernas e me sentei de lado, de modo que minhas pernas e prancha pudessem ficar apoiadas no assento.

— Tudo bem? — Crystal estava me segurando enquanto eu segurava na barra.

— Sim, estou legal — respondi. Não queria fazer uma cena.

Até aquele instante eu tivera apenas um pensamento: *Como vai ser quando eu começar?* Mas conforme a cadeira subia cada vez mais a montanha, aquele pensamento era substituído por outro: *E se eu não conseguir?* Eu gastara tanta energia convencendo-me de que era possível; mas e se não fosse? E se fosse simplesmente difícil demais? Aquilo me assustava, porque ser *snowboarder* era uma parte muito grande da minha identidade. Precisava fazer isso acontecer.

Chegamos ao topo e levantamos a barra de segurança. Desci a colina de seis metros para chegar à área onde você amarra totalmente a prancha. Na descida, não caí nenhuma vez. *Bom começo.* Normalmente, eu continuaria em pé enquanto amarrava a prancha — mas descobri que precisava me sentar agora porque meus tornozelos não dobravam. Brad ajudou-me a levantar.

Comecei a descer a montanha. Depois de apenas cerca de um metro e meio, percebi algo importante: eu não conseguia sentir a neve sob os pés. Parecia que estava flutuando. Meu corpo real estava a trinta centímetros do chão. Ajustei meu corpo e tentei encontrar o equilíbrio para conseguir fincar a beira do calcanhar. Deu certo. Mas havia algo errado: Minhas tíbias estavam doendo tremendamente por causa da pressão do osso no encaixe. E sem flexão nos tornozelos, eu sentia-me como um boneco de palitinho; sem flexibilidade para apoiar-me nos dedos, como se toda a parte inferior do meu corpo estivesse entalada em um gesso.

Peguei velocidade. Joguei o peso do corpo sobre a ponta dos dedos e o impulso começou a me levar montanha abaixo. *Está bem*, pensei, *talvez dê para fazer isso sim.* E, então, cerca de um quarto da descida depois, tropecei. Como tinha zero absorção de choque, meu corpo inteiro saiu voando pelos ares. Meus óculos foram para um lado, meu gorro para o outro e minhas pernas — ainda presas na prancha de *snowboard* — voaram nove metros montanha abaixo.

— Ah meu Deus! — gritei, enquanto minha irmã vinha correndo até mim. Eu estava vendo estrelas.

Quando você cai da prancha e seu equipamento sai voando para todo lado, *snowboarders* brincam chamando de "liquidação" — e essa foi a maior da história.

— Está bem? — perguntou Crystal.

— Acho que sim — respondi. Então nós duas rimos. A essa altura, Brad já estava recolhendo minhas pesadas pernas (que pesavam cerca de três quilos cada, sem contar o peso da prancha), e levando-as de volta até onde eu estava. As pessoas nos teleféricos olhavam para baixo. Uma mulher até gritou! Estávamos todos em choque. Fiquei de pé tempo o suficiente para descermos o resto da montanha, caindo toda hora no caminho, todavia nunca mais perdendo minhas pernas. Quando chegamos à base, encerramos o dia. Eu havia tido o suficiente.

Para falar a verdade, minha primeira tentativa em praticar *snowboard* com pernas prostéticas foi incrivelmente desencorajadora — pelo menos no início. No entanto, enquanto voltava para casa, comecei a pensar em algumas coisas. *Como posso fazer isso dar certo? Senti uma dor enorme nas tíbias. Meus tornozelos não se mexem. Minhas pernas correm o risco de sair. Como posso consertar isso?* Em primeiro lugar, precisava arranjar pernas que se adaptassem mais confortavelmente. Também precisava de tornozelos que se movimentassem. E, é claro, precisava arranjar uma maneira de manter as partes destacáveis do meu corpo presas a ele.

Em vez de me deprimir mais uma vez, a experiência forçou-me a encontrar uma maneira de resolver aquelas questões. Foi quando entendi que os obstáculos em nossas vidas podem fazer apenas uma das duas coisas: imobilizar-nos, ou nos forçar a ser criativos. Apenas alguns meses antes, tentar andar nas próteses passara de aparentemente impossível para possível — então, talvez o mesmo valesse para aprender a andar de *snowboard* nelas. Talvez.

Uma tarde, mamãe e eu fomos a mais uma consulta de próteses. No caminho para casa, passamos por um shopping aberto com uma loja de filhotes de cachorro — onde os clientes podiam entrar e brincar com os filhotinhos.

— Mãe, podemos entrar por um segundo? — pedi.

— Claro. — Eu já tinha ido nessa loja meses antes com uma amiga e queria mostrar a mamãe um chihuahua que havia visto. — Precisa vê-lo — eu falei. — É tão fofo — estacionamos perto da loja e entramos.

O chihuahua não estava lá; mas havia um cercado infantil cheio de filhotes de beagle.

— Oh, olha que adoráveis eles são, mãe — falei, me abaixando para fazer carinho em um. Então, pelo canto de olho, percebi esse beagle ganindo sem parar e freneticamente tentando sair. Ela estava com as patas na beira do cercado. Quando me levantei e andei até o outro lado do cercado, ela me seguiu.

— Ah, ela quer que você a pegue no colo — disse mamãe, sorrindo. Então me abaixei e peguei seu corpinho de pouco mais de um quilo nos braços e ela simplesmente derreteu.

Bem, eu também: ela tinha as orelhinhas mais lindas, caídas, macias e cor de caramelo. Era na maior parte marrom e preta, com pequenos toques de branco no rosto, patas e peito. Era bem pequena — a menor. Quando ela olhou para mim com aqueles olhos doces, era como se estivesse dizendo: "Me leva!". Mamãe concordou:

— Parece que ela quer ir para casa com você — comentou. Trouxe a filhotinha para mais perto de mim e andei até um espelho da loja. Sua cabecinha linda e orelhas estavam enfiadas no meu ombro, como se ela tivesse suspirado e relaxado. Apaixonei-me por ela imediatamente — mas sabia que meu pai daria um ataque se a levássemos para casa. Então, relutantemente a coloquei de volta no cercado e saí da loja. Meu pai ama animais; ele só não os ama dentro de casa.

Em uma manhã, bem cedo, alguns dias depois de ter visto a filhotinha, contei para Crystal sobre a cachorra quando ela veio me visitar.

— Era tão fofa! — falei.

— Então vamos lá buscá-la — disse minha irmã.

— O quê? — perguntei.

— Você acabou de perder as pernas... você merece um cachorro, pelo amor de Deus.

— Sabe que papai não vai querer — respondi.

— Você atravessou o inferno, Amy. Se quer um cachorro, merece ter um. — Eu hesitei, mas Crystal foi tão convincente. Trezentos dólares depois, entrei em casa com meu novo amor. Eu a batizei de Roxy Ann Purdy.

Quando papai chegou em casa mais tarde, o surpreendemos deixando Roxy no meio da sala dentro de uma caixa.

— Não sei não — disse papai, tentando resistir enquanto ela se aninhava em seu peito. — Bem, acho que podemos ficar com ela — disse finalmente, cedendo.

— Oba! — gritamos Crystal e eu, com um "toca aqui". — Obrigada, pai!

— Só lembrem-se de uma coisa — continuou ele, olhando diretamente para mim: — Ela é sua cadela, então você vai cuidar dela. Terá que alimentá-la e deixá-la entrar e sair todo dia. — Concordei animadamente.

Roxy tornou-se um anjo — meu amor coberto de pelos. Também era minha fisioterapia: Todo dia eu acordava cedo, vestia uma daquelas mangas de suspensão geladas, entrava nas minhas pernas e a levava para passear. Ela era um filhotinho extremamente aventureiro: Quando eu abria a porta de trás, ela corria aos pulos para o deserto, cheirando e explorando e, às vezes, perseguindo um coelho ou dois. Ela raramente ficava ao meu lado. A cada meia hora, vinha choramingando pedir-me para levá-la lá para fora de novo — o que significava que eu era forçada a ou ficar direto com minhas pernas, ou colocá-las e tirá-las diversas vezes ao dia. Ao menos duas vezes por dia eu precisava sair com ela e depois levá-

-la para dentro de volta. Por mais desafiador que fosse ficar atrás dela dia após dia, Roxy me deu um motivo para continuar em movimento; um propósito poderoso o suficiente para manter-me longe do sofá e de pé.

Uma noite, levei Roxy para fora enquanto falava ao telefone. Sentei-me na varanda de trás e fiquei conversando, enquanto ficava de olho nela. Quando ela pisou na grama, um coiote apareceu a seis metros de nós duas. Eu parei:

— Te ligo mais tarde — falei para quem estava na linha comigo. Tentei agarrar Roxy, mas ela estava fora do meu alcance. O coiote estava tentando atraí-la, deixando-a se aproximar dele. É isso que coiotes fazem: quando há um bando deles, eles normalmente mandam um sozinho para levar de volta um cachorro ou qualquer outro animal que consigam atacar. Quando andei na direção do coiote, ele correu — e Roxy disparou atrás dele, com velocidade.

— Roxy, volte aqui! — gritei, correndo atrás dela. Eu prendera chinelos com velcro nos pés, mas os dois voaram enquanto eu corria pelo deserto, pulando sobre pedras e cactos no caminho. — Nããããão! — gritei. O coiote havia pegado Roxy pelo pescoço e os dois estavam rolando na terra a cerca de cinquenta metros de mim. Quando os alcancei, comecei a chutar o coiote o mais forte que podia. — Sai! — gritava. — Vá embora! — Depois de alguns segundos, ele largou Roxy de seus dentes e correu para longe. Apanhei minha doce Roxy e andei os quase oitocentos metros de volta para casa; durante todo o caminho, sentindo-me aliviada por ela ainda estar viva.

— Está bem, querida? — perguntei, chegando Roxy para perto de meu ombro. Ela não estava perdendo muito sangue, mas estava com múltiplos furos no pescoço. Minha mãe assistira à cena toda da varanda; ela havia saído quando me ouviu gritando.

— Vamos pedir para a vizinha dar uma olhada nela — disse mamãe. Nossa vizinha era veterinária e ela logo veio vê-la, concluindo que Roxy não precisaria de pontos. No entanto, a verdadeira história deste episódio não foi como Roxy tinha corrido rápido; foi como *eu* tinha corrido rápido. Quando mamãe contou a história para meu pai e minha irmã mais tarde, ela disse:

— Aqui está Amy, tomando o maior cuidado enquanto anda pela casa com suas pernas; e então ela simplesmente sai correndo em *disparada*!

Eu nem sentira minhas pernas enquanto estava correndo. Estava tão focada em resgatar Roxy que nenhuma dor nem incômodo foi sentido. Aquilo provou uma questão importante para mim: quando temos foco e determinação suficiente, somos capazes de muita coisa.

No começo do verão de 2000, mudei para outro tipo de perna. Passei de usuária dessas pernas de iniciante com a grande meia sobre o joelho, para protéticas com sistema de pinos. Muito antes daquilo, eu já estava querendo as com sistema de pinos; mas as pernas precisam estar completamente curadas antes de chegar nestas. Com as novas pernas, primeiro colocava-se um revestimento grosso com um pino de cinco centímetros na base e, em seguida, a perna, para o pino do revestimento se encaixar na extremidade distal do encaixe. E então — *click* — estava travada. Para tirá-las, bastava apertar um botão perto da base e a perna soltava.

Esse novo sistema mudou minha vida. Minhas pernas, e especialmente meus tornozelos, ficaram muito mais finos, o que significava que eu podia usar as roupas que quisesse. E, comparado às pernas de iniciante, a sensação também era muito melhor — muito mais confortável. Assim que aprendi o sistema, comecei a sentir-me mais independente. Não precisava tirar e recolocar tanto as pernas porque conseguia tolerá-las durante o dia todo. Podia exercitar-me mais. E podia sair para socializar com amigos sem atrair os olhares que você atrai quando se está usando aquelas calças enormes de moletom. Eu queria queimar aquelas coisas.

Comecei a perceber que havia alguns benefícios em ter partes do corpo biônicas. Eu podia ajustar tanto o tamanho dos meus pés (de um tamanho 37 para um 35... o tamanho que estiver em promoção!) quanto a minha altura. Eu tinha cerca de 1,70 metro; mas agora podia aumentar ou diminuir uns três centímetros. Eu, em geral, gostava de ser mais alta, mas dependendo de com quem eu estava, onde estava indo ou o que estava usando, ajustava minha altura, e ainda faço isso até hoje.

Na verdade, transformei em uma meta pessoal não deixar minhas pernas serem um fardo. Decidi que elas não seriam algo que eu *tinha* que colocar todo dia. Elas seriam parte de mim. Em vez de ressentir-me delas, ou vê-las como uma obrigação diária que eu precisava tolerar, aprendi a assumi-las — um belo par de sapatos de cada vez.

CAPÍTULO 10

O presente

Até podermos receber de coração aberto, nunca realmente estaremos dando de coração aberto.

— BENÉ BROWN

UM ANTIGO CASINHO ESTAVA DE passagem pela cidade. No verão de 2000, apenas algumas semanas depois de eu mudar para o sistema de pinos, esse amigo meu — um amigo muito bonito, diga-se de passagem — me ligou.

— Vou visitar Vegas em breve, e seria ótimo se a gente pudesse se encontrar — disse ele. — Nunca havíamos tido nada sério, só uma amizade muito forte, mas havíamos ficado algumas vezes.

Tínhamos nos conhecido em Salt Lake City, enquanto eu massageava a equipe olímpica americana de esqui. Ele era do time. E apesar de não nos vermos há algum tempo por causa de suas constantes viagens, ele ligou para meus pais para saber como eu estava quando soube que eu estava no hospital. Quando ele me falou que ia passar em Vegas, fiquei animada em vê-lo novamente. Como havíamos concordado em nos ver, achei que estava mutuamente entendido que passaríamos a noite juntos, e a verdade é que eu estava nervosa em relação àquele dia. O que ele acharia do meu corpo novo? Eu ainda estava extremamente magra, sem contar que tinha cicatrizes com as quais não me sentia muito confortável. E apesar de amar o sistema de pinos, ainda estava me acostumando às minhas novas pernas. A ideia de tirá-las na frente de alguém era um pouco assustadora.

Em relação às minhas pernas, eu recebera um elogio pouco tempo antes, palavras de gentileza que jamais esqueci. Fui a um bar com alguns amigos homens e estava sentada com a barra das calças jeans levantadas revelando meu tornozelo de titânio. Mais tarde, meu amigo Josh veio até mim e disse:

— Sabe, tem alguma coisa muito sexy no fato de você ter pernas de metal.

— Mesmo? — respondi, sorrindo.

— Sim — afirmou ele. — Os caras adoram coisas de metal, fita isolante, equipamentos e carros, então, ver seu tornozelo cheio de metal... é bem sexy — eu ri.

Mesmo com a dose extra de confiança, eu ainda estava um pouco ansiosa na noite em que meu amigo chegaria à cidade. Ele não havia me visto depois que perdi tanto peso. Vesti calça jeans e uma blusa bonitinha. Eu queria parecer o mais próximo possível com o jeito que eu era da última vez em que nos vimos. Arrumei o cabelo, me maquiei e me arrumei toda para encontrá-lo e a alguns amigos dele em um bar da Strip.

— Ei, Amy! — disse ele, abraçando-me de cara.

— Oi! — respondi. Nada em nosso reencontro inicial pareceu estranho. *Que alívio.* Andei por todo o cassino naquela noite e nenhuma vez pensei em minhas pernas. Coisas incríveis acontecem quando sua cabeça está focada em outras coisas. Em meio a drinques, rimos e colocamos a conversa em dia, e tudo correu bem. Realmente nos divertimos muito juntos. Depois de seus amigos irem embora, ele perguntou:

— Então, vai ficar comigo essa noite ou o quê? — Eu sorri. Nós dois já sabíamos a resposta.

— É claro que sim — respondi. Fomos embora juntos.

Em seu quarto, conversamos um pouco mais, e logo estávamos prontos para encerrar a noite. Sentei-me na beira da cama enquanto ele ia escovar os dentes. Quando ele saiu do banheiro, começou a tirar a camisa para dormir.

— Está bem – comecei nervosamente, tentando prepará-lo para o que ele estava prestes a ver. — Então, você sabe que preciso tirar minhas pernas — falei. — E tem todas essas cicatrizes e coisas assim.

— Tudo bem — disse ele. — Faça o que tiver que fazer. — Ele não podia ter parecido mais tranquilo em relação à coisa toda.

Tirar as roupas é uma coisa. Tirar as roupas *e* as pernas é outra completamente diferente. Desci meu jeans, soltei minhas pernas, e deixei tudo do lado da cama. Eu estava basicamente sentada ali só de blusa e roupa de baixo; sentia-me tão vulnerável e exposta, mais nua do que jamais me sentira. Ele percebeu que eu estava acanhada.

— Esta tudo bem, Amy — disse ele, puxando-me para próximo dele na cama. — Eu não me importo. — Ficamos abraçados juntos. Sem minhas pernas, sentia-me tão pequena perto de seu corpo alto e musculoso. Ele me deu muito apoio — e é claro, também havia muita química entre a gente.

A conexão que tivemos naquela noite foi incrível — e depois do ano pelo qual eu acabara de passar, também foi muito necessária. Ele me fez sentir tão confortável. Às vezes, ficava inibida, mas só durava alguns segundos, e então, eu voltava ao momento. Nenhum dos dois queria um relacionamento. E apesar de não termos mantido muito contato ao longo dos anos seguintes, sempre acreditei que tínhamos cruzado o caminho um do outro exatamente na época certa. Eu precisava que minha primeira experiência íntima nesse novo corpo fosse positiva. E foi.

Durante os anos seguintes, saí com mais alguns caras e comecei a perceber que se eu não focasse em meus "defeitos", eles também não prestavam muita atenção. É bem impressionante como isso funciona. Sempre temos escolha quanto a focar no negativo ou no positivo. Não que eu esteja dizendo que não tenho inseguranças; todos temos. Mas com o tempo, comecei a ver que as coisas que nos tornam únicos, na verdade, são exatamente as coisas que nos tornam belos.

Algumas semanas depois daquela experiência, saí da cidade. Depois de conseguir aquela máquina de diálise portátil, eu me tornara ainda mais afoita para reconquistar um pouco da independência que tinha antes de adoecer. Então, planejei trabalhar na Challenge Aspen, um acampamento de aventuras, teatro e artes ao ar livre para crianças de habilidades diferentes. Minha tia Cindy estava namorando um cara chamado John, em Aspen, e ficou sabendo do acampamento.

— Devia ir — sugeriu ela. — Eles adorariam você. Pode até ficar no apartamento do John, ele estará viajando no verão. — Quando fui pesquisar sobre o lugar, descobri que estavam precisando de um diretor de arte voluntário para algumas semanas. Parecia perfeito.

— Mãe, pode me levar? — pedi. Ela concordou, levou-me até Aspen e deixou-me no apartamento. Finalmente, totalmente livre.

Desde o instante em que cheguei, estava feliz. Podia caminhar o quanto quisesse. O ar da montanha tinha um cheiro tão fresco. Eu era encarregada de pintar os cenários das peças das crianças, incluindo o de *O Mágico de Oz*, e ainda assim, à noite também tinha a liberdade de me arrumar, ir até a cidade, conhecer pessoas e jantar. E minha nossa, as crianças do acampamento — eram as crianças mais doces. Tinham idades que iam dos cinco aos 12. Algumas usavam próteses e tinham diversos tipos de desafios físicos; outras tinham dificuldades de aprendizado. Uma loirinha de nove anos de idade, chamada Amy — a chamava de “mini mim”, porque além de termos o mesmo nome, ela também usava duas pernas protéticas —, fez-me uma pergunta certa tarde:

— Amy — começou —, o que você faz quando na escola te chamam de robô?

Parei de pintar por um instante e olhei para ela.

— Bem — respondi —, robôs não são legais para caramba? Você não é apenas um robô. Você é uma robô mulher, e isso é ainda mais legal. Então, quando te chamarem de robô, diga apenas “Obrigada”. — Ela sorriu, e subitamente percebi que por mais difícil que minha jornada tivesse sido até ali, não precisei passar por ela quando criança. Toda a experiência no acampamento foi de humildade e de abrir os olhos; tenho tanto a agradecer, e estar perto daquelas crianças era um lembrete diário. Percebi como ajudar as crianças ajudava a mim mesma.

Quando voltei de Aspen, senti-me rejuvenescida e fisicamente mais forte do que nunca, graças a todas aquelas caminhadas e movimentação. Até ganhei um pouco de peso; estava com quase quarenta e cinco quilos. Felizmente, Canyon Ranch havia concordado em me deixar voltar ao trabalho assim que pudesse, e em julho, eu sabia que estava pronta. Dr. Canale estava certo: precisei de cerca de um ano curando-me para estar em boa forma suficiente para voltar a trabalhar. Mal podia esperar para reunir-me ao pessoal. Sentira falta do trabalho de verdade.

Na época em que voltei a trabalhar, já reaprendera a dirigir. Logo depois de receber minhas novas pernas, Kevin tivera certeza de que eu precisaria de controles nas mãos, um sistema que algumas pessoas com desafios físicos usam se não conseguirem manobrar o freio e o acelerador com os pés. Eu me recusei.

— Não vou usar nenhum controle manual — disse a Kevin. — Quero usar meus pés. — *Será que era tão difícil assim dirigir com próteses?*

Papai e eu saímos uma tarde para praticar na minha caminhonete. Eu entrei, coloquei a chave na ignição e lentamente pisei no acelerador. *Até agora, tudo bem.* Um minuto depois, freei. Apesar de não sentir meu pé pisando no freio, pude sentir a pressão de pisar nele com as pernas. Precisei de alguns minutos acelerando e parando para aprender com que velocidade o freio ou o acelerador respondiam quando eu pisava no pedal. Dirigi por uma estrada de terra perto do nosso bairro, e depois de volta para casa. Foi o suficiente de prática para eu pegar o jeito. Talvez tenha sido um pouco mais cautelosa que o habitual nas primeiras semanas dirigindo, mas rapidamente me senti confortável. Eu, certamente, estava bem o bastante para ir e voltar do trabalho de carro todo dia. Daquele momento em diante, decidi que eu teria que fazer minhas próprias regras. Kevin estava tentando ajudar, mas se eu escutasse só a ele, poderia nunca ter descoberto que eu podia dirigir normalmente.

Imediatamente, percebi que as coisas seriam diferentes para mim no trabalho. Por exemplo, meus pés sempre faziam um barulho de guincho enquanto eu levava um cliente da sala de espera pelos compridos e silenciosos corredores. Tenho certeza que alguns deles percebiam e pensavam: "Esse chão faz barulho? Ou é essa mulher que está fazendo?". Lá estava eu, tentando criar essa experiência pacífica e zen e — guincho — um de meus parafusos se fazia ouvir. Aquilo me deixava louca e fazia meus pelos se arrepiarem — mas o que podia fazer? Esse é o tipo de experiência que vem junto com ter partes do corpo mecânicas. Eu também precisava ficar bastante tempo de pé, e não apenas parada, mas massageando uma pessoa. Aquilo colocava mais pressão nas minhas pernas. Lidava com o problema tomando alguns minutos para sentar-me e recuperar-me entre cada sessão.

Quando você tem próteses, nunca mais pode sair de casa só com uma bolsinha, um batom e seu telefone. Minha bolsa era cheia de todo tipo de ferramenta, porque eu nunca sabia quando um parafuso ou rosca se soltaria. Acredite em mim, já aconteceu: em aeroportos, restaurantes, esquinas. De repente, eu ia variar entre ficar de pé... a mancar... a ficar sentada, se algum parafuso se soltasse muito. Felizmente, nada daquilo jamais aconteceu enquanto eu fazia uma massagem, mas eu sabia que poderia acontecer, e é por isso que sempre saía de casa com pelo menos uma chave *allen*.

Quando voltei a trabalhar, lentamente aumentei de três massagens por dia para seis ou até sete seguidas, além daquela caminhada do *spa* até a garagem. Por mais que eu ainda amasse meu trabalho, não demorou muito para uma sensação de rotina se estabelecer, e comecei a sentir essa inquietação, esse sussurro, de que havia mais para fazer. Nada em meu emprego mudara: *eu* mudara. Fora transportada para o outro lado da vida, e agora que estava de volta, tinha vontade de algo mais. *Foi isso que aquele senhor quis dizer quando falou de uma vida diferente ao voltar do outro lado?* Lá estava eu, em pé nessa sala silenciosa todo dia, massageando uma pessoa após a outra. Ficava pensando: *Sei que não sobrevivi para massagear as costas peludas deste cara.* Enquanto ouvia as histórias das pessoas, sentia como se devesse estar mundo afora, compartilhando minha própria história. Podia ouvir uma voz interna ecoando: "Você foi destinada a fazer muito mais do que isso". Eu ouvia — mas não sabia o que seria aquele "mais". E, além disso, não queria me precipitar. Meus rins ainda estavam se recuperando.

Meu cunhado, Jared, ligou-me em uma tarde no começo do outono de 2000.

— Liga no canal Blue Torch agora — falou ele, mencionando o canal de esportes radicais que nós dois assistíamos às vezes. — Tem um cara incrível que você precisa ver. — Peguei o controle remoto e passei pelos canais até encontrar o canal em questão. O "cara incrível" que Jared havia visto era Thayne Mahler, um *snowboarder* que, no programa daquele dia, descera uma montanha e que, no final, levantou a barra da calça revelando uma perna protética.

— Oh meu Deus! — gritei quando vi a perna.

Imediatamente, entrei na internet e procurei Blue Torch, e encontrei um telefone. Um homem chamado Art atendeu.

— Meu nome é Amy — comecei, meio sem fôlego — e sei que pode parecer um pedido meio louco, mas vocês acabaram de mostrar um *snowboarder* chamado Thayne Mahler... e quero saber que tipo de prótese ele usa.

— Ah, Thayne é um dos meus melhores amigos — respondeu Art. — Anote o telefone dele. — E ele simplesmente me deu o número. Minutos mais tarde, eu estava no telefone com Thayne em pessoa. Depois de apresentar-me e contar a ele que eu tinha duas pernas protéticas e queria voltar a praticar *snowboard*, fui direto ao ponto:

— Tudo que realmente quero saber é que tipo de perna você usa.

— Eu uso a de uma companhia de Ohio — contou ele. — Ela tem uma mola. — Ele, então, deu-me o telefone da companhia. Eu estava eufórica.

Thayne contou-me como ele perdera sua perna. Praticando *snowboard* em Mount Hood, Oregon, ele caiu de um penhasco e sua perna ficou presa debaixo de uma pedra. Ele ficou lá alguns dias até ser encontrado, e àquela altura já tinha úlceras de congelamento e seu pé estava quebrado. Sua perna teve de ser amputada abaixo do joelho.

— No dia em que peguei minha prótese — contou — fui direto fazer *snowboard.*

Eu respondi:

— Você é o tipo de pessoa que quero conhecer. — Depois de fazer várias outras perguntas sobre a prática de *snowboard* com próteses (Que tipo de botas você usa? Usa sistema de pinos? Como fica na ponta dos pés?), agradeci a ele por compartilhar tanto de seu tempo, e ele gentilmente concordou em manter contato comigo. Ele até me colocou em contato com outro *snowboarder* que também usava prótese, Lucas, um cara que frequentemente tentava juntar praticantes de *snowboard* com dificuldades para praticarem juntos.

Assim que desliguei a ligação, escrevi à mão uma carta para a empresa que fez sua perna. "Meu nome é Amy Purdy", escrevi, "e tenho duas pernas protéticas. Não sei se jamais poderei fazer *snowboard* novamente. Mas se alguém um dia conseguir esse feito, serei eu". Uma semana depois de ter enviado a carta, recebi uma ligação da diretora de marketing.

— Nós simplesmente adoraríamos trabalhar com você — disse ela. Em uma semana, eu estava fazendo planos de mudar meu encaixe, para que essa nova perna adaptada para a prática de *snowboard* pudesse ser conectada a ele. Em toda a minha busca, nunca havia encontrado outro *snowboarder* com duas pernas protéticas. Se realmente não existisse nenhum atleta desse tipo, decidi que eu seria a primeira.

Os médicos deram a meus rins mais de um ano para se recuperarem. Todos esperávamos que fosse assim, considerando que eu tinha apenas 19 anos quando fiquei doente e era jovem o bastante para que meus rins se recuperassem. Mas no outono de 2000, estava claro que eles não estavam melhorando. Meus níveis de creatinina, que eram constantemente monitorados depois que deixei o hospital, não haviam progredido, sinalizando que meus rins não estavam se recuperando; sozinhos, eles simplesmente não seriam capazes de filtrar toxinas do meu sangue suficientes para me manter viva e saudável. Eu precisaria de um transplante.

Estava resistindo àquela recomendação há meses. Mamãe e eu visitamos uma clínica de transplante uma tarde, e uma enfermeira de lá nos explicou mais sobre o processo:

— Depois do transplante, terá que tomar remédios pelo resto de sua vida — explicou. — O remédio causa ganho de peso, às vezes as pessoas ficam com algo chamado "cara de lua", que é o inchaço do rosto. — Ela continuou mencionando outros efeitos colaterais como perda de massa muscular e excesso de pelos em lugares inesperados. Também explicou que nos primeiros seis meses após a cirurgia, os pacientes normalmente não podem trabalhar; precisam se proteger cuidadosamente de germes; e é recomendado que usem uma máscara antigermes quando viajarem.

Enquanto ela falava, fiquei sentada ali pensando: *Não gosto nem de tomar aspirina e agora posso ter que tomar esse remédio horrível para sempre? E vou ter pelos em lugares aleatórios do corpo? Está brincando?* Parecia um pesadelo. Carregar uma máquina de diálise para todo lugar que eu fosse parecia melhor do que aquilo. Quando terminamos e voltamos ao carro, virei para mamãe e exclamei:

— De jeito nenhum vou fazer transplante de rim! Não vale a pena para mim. — Implorei a Deus, a Buda, ao Universo; qualquer força maior que pudesse estar me escutando, para ajudar meus rins a se recuperarem.

E, no entanto, conforme os meses passavam, meu sangue continuava a mostrar que meus rins não estavam melhorando. Marquei de ver um especialista altamente recomendado para nos dar uma segunda opinião. Depois de olhar meus arquivos médicos, ele foi até minha casa para dar-me seu parecer:

— Seus rins já eram — disparou. — Eles não vão voltar. Se quiser ter uma vida saudável, precisa fazer o transplante. — Para fazer o transplante, ele explicou, meu sistema imunológico precisaria ser suprimido para não rejeitar o rim novo. Se seu sistema imunológico estiver forte demais, ele reconhece o rim transplantado como um órgão estranho e então pode rejeitá-lo.

Enlouqueci. Assim que o médico foi embora, entrei no meu quarto, gritei e chorei durante uma hora inteira. Eu literalmente fiquei de joelhos e gritei. Não apenas perdera as pernas, mas agora precisava de um *transplante de rim*? Estava começando a acostumar-me à ideia de uma vida com próteses e agora ia de novo para o hospital, possivelmente ficar inchada, e ter um sistema imunológico suprimido pelo resto da vida!? E se ganhasse peso, que impacto isso teria nas minhas pernas — eu não teria que arranjar pernas novas depois dessas que finalmente estavam confortáveis? E quanto à perna para *snowboard* que eu acabara de descobrir? Eu teria que adiar meus planos de ter a perna adaptada? E depois de finalmente sentir-me mais independente, não viria uma nova cirurgia me colocaria no banco de reservas de novo, o que significaria perder uma temporada inteira de *snowboarding*? E se eu precisasse suprimir meu sistema imunológico, não ficaria mais suscetível a uma doença como a própria meningite, que arruinara meu corpo em primeiro lugar? Senti-me sufocada com tantas perguntas e não tinha realmente respostas para nenhuma delas.

Escutar que eu teria que fazer o transplante foi a notícia mais assustadora e horrível que eu já recebera — sim, ainda pior do que descobrir que ia perder as pernas. Perder as pernas é uma coisa; perder sua saúde é outra. Mas ainda assim, sentia que precisava ir em frente com aquilo. Se não fosse, nunca seria verdadeiramente independente de novo. Era um paradoxo: eu podia escolher viver com a diálise sem um rim novo para manter-me saudável, ou podia escolher uma vida com medicação imunossupressora e um rim novo. Escolhi a segunda opção.

Quando foi decidido que eu iria em frente com o transplante, família, amigos e até alguns doadores anônimos que souberam de minha história através dos jornais locais se ofereceram. A mãe do Brad, gentilmente, ofereceu seu rim, pelo que sempre fui muito agradecida. Entre meus familiares, realmente achava que minha irmã seria a candidata perfeita, dada sua proximidade em idade e boa saúde. Mas quando fizemos o processo de testes para ver quem combinaria melhor em termos de tipo de sangue e antígenos (são seis antígenos para combinar), nem Crystal nem mamãe tinham o mesmo tipo sanguíneo que eu, ou os meus antígenos. Mas meu pai tinha. Papai era uma combinação quase perfeita para mim, quase meu gêmeo. Tínhamos o mesmo tipo sanguíneo e quatro dos seis antígenos.

Se meu pai ficou nervoso em arriscar sua própria vida para salvar a minha, ele não demonstrou:

— O que quer que precise para ter uma vida saudável e independente — disse ele —, estarei disposto a lhe dar. — Tecnicamente, humanos podem sobreviver com dez por cento de um rim, e é por isso que você pode doar um e ainda assim ter uma vida normal. Mesmo assim, quando você vive com um rim, se alguma coisa acontecer a ele, precisará de um transplante. Essa é a coisa mais assustadora na escolha de se doar um rim saudável.

A princípio, o médico marcou o transplante para 7 de novembro.

— É meu aniversário de 21 anos — falei — então vamos ter que escolher outra data. — Para aquele aniversário marcante, queria sair e divertir-me com amigos e não me preocupar em arruinar meus rins, afinal eles já estavam arruinados. Já que meu sistema imunológico teria que ser derrubado para a realização da cirurgia, eu não podia ter nem o menor resfriado ou tosse no dia da operação. Então, precisava de ao menos um dia para divertir-me, e em seguida, de mais alguns para recuperar-me da minha última farra. Eles remarcaram para dia 13 de novembro; exatamente sete dias depois do meu aniversário.

Meu 21º aniversário foi tão divertido quanto eu esperava que fosse. Cerca de trinta de meus amigos e familiares se reuniram para jantar e tomar margaritas, e em seguida, alguns de nós fomos de bar em bar em alguns dos lugares mais novos de Vegas. No final do dia, não era com meus rins que eu precisava me preocupar; era provavelmente com meu fígado. Em seguida, nos dias anteriores à cirurgia, tive que mudar o foco de festejar para preparar-me: enquanto a maioria dos jovens de 21 anos estão tomando shots de tequila, eu estava tomando injeções de morfina e medicação imunossupressora.

Quando dei entrada no hospital, fizera o meu melhor, e até mesmo aceitei mentalmente a ideia de receber o novo rim. Nossos pensamentos são poderosos, e eu sabia que se mudasse meu ponto de vista dessa maneira, aumentaria as chances do meu corpo aceitar o órgão. O transplante seria o primeiro transplante de rim laparoscópico de Nevada. Um transplante laparoscópico é um procedimento bem menos invasivo que um transplante de rim tradicional: após a cirurgia, meu pai e eu teríamos uma curta estadia no hospital (cerca de quatro dias) e nos recuperaríamos em menos tempo do que se fizéssemos a operação de transplante tradicional. Como nossos cirurgiões estavam fazendo história em Nevada, o caso atraiu a atenção da mídia local. No dia da cirurgia, o hospital levou alunos de medicina de outros estados, como Califórnia e Nova York; além de especialistas em rins de todo o país terem voado para testemunhar a história sendo feita.

Lembro-me do dia da cirurgia claramente. Acordei naquela fria manhã de novembro, olhei no espelho e pensei: *Estou realmente fazendo isso?* Ficava achando que podia acontecer alguma coisa no último minuto que faria os médicos resolverem que não precisariam fazer o transplante, que, milagrosamente, meus exames de sangue viriam perfeitos, ou que o cirurgião estaria doente e não poderia ir. Para tentar relaxar, escutei uma das músicas que tocavam sempre no *spa*, "So Flow the Current", de Patrick O'Hearn. É muito suave, e exatamente o estado mental em que eu queria estar.

Meu pai entrou primeiro. Antes de ir, ele veio até mim e beijou minha testa.

— Agora, se um dia decidir beber álcool novamente — falou —, só tem permissão para beber do melhor, que é uísque Crown Royal. Esse rim é acostumado a Crown Royal. — Nós rimos.

— Eu te amo, pai — falei. Pude sentir uma lágrima descendo pelo meu rosto. — E obrigada. — Estávamos os dois muito emocionados, mas você pode imaginar o quanto desesperador e preocupante era para a minha pobre mãe. Duas das pessoas que ela mais amava estavam prestes a entrar simultaneamente em uma cirurgia arriscada. Ela lidou com aquilo tudo muito graciosamente.

Eles levaram meu pai até a sala de cirurgia. Assim que o levaram, recoloquei meus fones de ouvido para ouvir mais música e relaxar o máximo possível. Aquilo não durou muito; comecei a entrar em pânico, então, as enfermeiras apagaram-me com algum tipo de medicação.

Durante a cirurgia do meu pai, o cirurgião quase teve que cancelá-la. Ele percebeu que em vez de ter uma grande artéria ligada a seus rins, meu pai tinha três, e isso pode causar complicações como grande perda de sangue. As artérias a mais do meu pai não apareceram nos raios-X nem nas ressonâncias magnéticas que o médico fizera antes. Normalmente, quando tal descoberta é feita, muitos cirurgiões interrompem a cirurgia e costuram de volta o paciente. Mas nosso médico optou por prosseguir com a operação porque tinha confiança de que conseguiria completá-la com sucesso, especialmente com alguns dos melhores especialistas em transplante do país bem ali com ele. Ele também sentiu que seria uma grande oportunidade de mostrar aos alunos reunidos ali, como lidar com um transplante de alto risco. Então, ele prosseguiu, e como teve que ter muito cuidado, a cirurgia durou seis horas. Quando removeram o rim do meu pai, os médicos levaram-me até seu lado e o transplantaram. Eles não removeram nenhum dos meus dois rins; eles apenas me deram um terceiro.

Minha lembrança seguinte foi acordar na manhã seguinte em um quarto de hospital.

— Como está papai? — perguntei sonolentamente à minha mãe. Olhei para baixo e vi as ataduras em volta de minha barriga, e depois olhei de volta para ela.

— Correu tudo bem com ele — reassegurou-me ela. — Com vocês dois. Ele está no quarto ao lado. — Apesar de a cirurgia ter ido bem, meu pai sentiu muita dor por causa de um procedimento pós-cirurgia que envolvia encher sua cavidade abdominal de ar. Aquele procedimento foi mais desconfortável do que a cirurgia ou a incisão, e foi duro ver meu pai sentindo tanta dor.

Quanto a mim, acordei me sentindo maravilhosa! Não tinha percebido como estava doente até acordar sentindo-me tão saudável. Sim, tive alguns efeitos colaterais da medicação pós-cirurgia que me deram: minhas mãos tremiam um pouco, e eu tinha ondas de calor. Mas a maior sensação era de gratidão. Por meu pai. Por minha mãe. Por minha vida.

Meu pai deu-me a vida duas vezes: a primeira quando nasci, e a segunda quando me deu seu rim. Para sempre vai ser o melhor presente de aniversário que recebi. Como sequer se pode começar a agradecer alguém por um presente tão profundo? Como você mostra a alguém o quanto está grato? Você o faz não apenas com palavras, mas da maneira com que escolhe viver — o mais ampla, brava e ricamente possível. E era isso que eu ia fazer.

Eu realmente não sei o que se passou na cabeça do meu pai enquanto ele se preparava para dar-me um de seus rins. Ele nunca expressou nem um pouco da preocupação, que sem sombra de dúvidas estava sentindo. Ele apenas orgulhosamente foi lá e ofereceu colocar sua vida em risco para salvar a de sua filha. Só posso esperar que a coragem que meu pai demonstrou, a coragem que lhe animou a dar-me um presente tão inestimável, seja a mesma coragem que eu possa mostrar durante minha própria jornada. Obrigada, pai.

CAPÍTULO 11

Conexão

Ser profundamente amado por alguém nos dá força;
amar alguém profundamente nos dá coragem.
— LAO-TSÉ

ATÉ FIQUEI COM UMA LIGEIRA cara de lua após o transplante de rim. Mas como estava me sentindo muito melhor no geral, não me importei. Sim, tive de aguentar mais picadas e agulhadas; os médicos tiveram que ajustar minha medicação para aliviar meus tremores; passei muito tempo dentro de casa para limitar minha exposição a germes; e tinha que tomar trinta comprimidos por dia. No entanto, tive também algumas surpresas agradáveis. Em vez de aparecer muito cabelo ou pelos indesejados como efeito colateral da medicação, apareceu muito cabelo desejado. Meus cabelos castanho-avermelhados tornaram-se muito mais grossos e meus cílios nunca foram tão cheios. E a melhor parte é que eu não tive um único episódio de rejeição. Três meses depois da cirurgia, tanto eu quanto meu pai estávamos nos sentindo bem. Ótimos até.

Uma noite, no final de janeiro de 2001, Thayne Mahler, o *snowboarder* com quem eu tinha falado depois de vê-lo na tevê, ligou-me.

— Alguns *snowboarders* vão se encontrar em Mammoth Mountain para uma competição — disse ele, explicando que a Associação Americana de Snowboard (USASA) ia fazer o evento nacional lá. — Você devia ir.

Fiz uma pausa.

— Não sei nem se consigo fazer *snowboard* — respondi. — Tentei uma vez ano passado e foi difícil. Estou com essa nova perna própria para *snowboard*, mas não tive nem chance de testá-la porque fiz uma cirurgia nos rins.

— Bem, pense no assunto — insistiu ele. — Seria ótimo se pudesse vir.

Algumas semanas depois, Lucas também me ligou. Depois de Thayne ter nos colocado em contato, conversamos algumas vezes.

— Devia mesmo ir a Mammoth — disse ele.

— Bem, eu não sei. Posso não estar pronta.

— Apenas vá — pediu ele. — Não vai se arrepender.

Mammoth Mountain, no norte da Califórnia, fica a apenas cinco horas de carro de Las Vegas, então, comecei a pensar. *Talvez eu possa encontrá-los lá. Pode ser divertido. Não preciso competir. Podia apenas ir e experimentar a perna nova.*

— Mãe, pode me levar? — perguntei uma tarde.

— Claro — disse ela. Então, no fim de semana seguinte, colocamos nossas coisas na SUV e partimos para Mammoth. Uma vez lá, nos hospedamos em um hotel.

Eu imediatamente me senti em casa com esses caras. Não apenas conheci Thayne e Lucas pessoalmente; mas também conheci outros cinco *snowboarders* que tinham viajado para a competição. Esse era o meu tipo de gente: todos tão apaixonados pelo esporte quanto eu, bastante interessados em comparar observações sobre o que dava certo com suas pernas e o que não dava. Nenhum tinha duas pernas protéticas como eu, mas todos tinham o mesmo espírito de aventura.

— Amy, que bom que você veio — disse Lucas, cumprimentando-me com um "toca aqui". — Isso vai ser divertido.

E foi. Durante os três dias seguintes na minha nova perna atlética, pratiquei sem parar — quase sem nenhuma das dificuldades que eu tivera em Lee Canyon. Entre corridas, troquei ideias com os outros *snowboarders* sobre tudo, desde encontrar as botas certas até a melhor maneira de fincar e como ficar na ponta dos pés. Quanto às novas pernas atléticas, elas acabaram não sendo as melhores. Balançavam muito e toda vez que eu batia em uma elevação, elas respondiam demais. Ainda assim, eram melhores que aquelas pernas do começo. E, ao menos, essas novas pernas tinham um pouco mais de flexão nos pés, o que fazia as manobras serem bem mais fáceis. Então, foi uma melhora. Nenhuma perfeição, mas progresso.

No terceiro dia, surpreendi a mim mesma quando fiz o inesperado: inscrevi-me para correr na competição amadora da USASA. Praticar aqueles dias antes da competição — e melhorando a cada vez — havia aumentado minha autoconfiança e me mostrado quão fisicamente capaz eu era. Eu me subestimara.

— Devia entrar na competição, Amy — disse minha mãe o fim de semana inteiro, encorajando-me. — Você pode estar melhor do que pensa.

Minha mãe estava certa: na minha primeira competição de *snowboard* depois de perder minhas pernas, ganhei três medalhas de bronze. E mais importante ainda, enviei uma clara e poderosa mensagem para mim mesma de que os sonhos que eu visualizara podiam realmente se tornar reais. Três meses antes, eu estava deitada em uma mesa de cirurgia, e graças ao encorajamento de alguns novos amigos, eu havia saído daquela mesa e subido até o topo de uma montanha cheia de neve. Se aquilo era possível, qualquer coisa era — e é.

* * *

Poucos meses depois de meu transplante, voltei a trabalhar — mesmo emprego, mesmos incríveis gerentes do Canyon Ranch que mais uma vez guardaram minha vaga para mim. Trabalhava meio período no *spa* e arranjei um trabalho extra no consultório de um quiroprático. Naquele verão, também me inscrevi em um programa de estética. Eu sempre adorara maquiar (é como pintar, daí o apelo para a artista em mim) e queria aprender mais sobre cuidados com a pele. Também percebi que, por mais que amasse meu emprego como massagista, estava ficando cada vez mais difícil para mim ficar em pé tantas horas seguidas. Se, além de massagem, eu também pudesse fazer limpezas de pele e maquiagem, seria mais tranquilo para minhas pernas. Inscrevi-me, e em novembro de 2001 completei o curso.

Cerca de um ano depois da competição em Mammoth, voltei a ter contato com Lucas.

— Alguns de nós vão para Crested Butte, Colorado praticar *snowboard* — disse ele. — Devia vir. Vamos encontrar umas pessoas que também estão voltando a praticar. — Quando entrei no Google e digitei "Crested Butte", o que vi foi uma singular cidade linda de tirar o fôlego com uma ótima comunidade local. A rua principal era cheia de prédios coloridos; bares e restaurantes lotavam as ruas estreitas; havia festivais de música ao vivo. Era o tipo de lugar que eu sonhava em chamar de lar, uma cidade onde pudesse desfrutar do ar fresco das montanhas e fazer *snowboard* com a frequência que quisesse.

— Está bem, encontro vocês lá — falei ao Lucas e, algumas semanas depois, cumpri o prometido. Nosso plano era arranjar um apartamento que vários de nós pudéssemos dividir e, então, praticar *snowboard* durante alguns dias.

Uma noite, nosso grupo foi a um bar chamado Black Whale. Do outro lado do bar, notei um cara muito lindo — pele bronzeada, cabelos escuros, maçãs do rosto esculpidas e o sorriso mais lindo que eu já vira. Ele estava jogando sinuca. Pude notar pela maneira com que estava vestido que sem dúvida era skatista: jeans, camiseta de skate, tênis iate. A noite toda ele ficou sorrindo para mim. Trocávamos olhares algumas vezes, então, ele desviava o olhar e, em seguida, olhava-me de novo. Ele era tão bonito que imaginei que também estivesse sorrindo para outras garotas além de mim. Então, resisti a olhar para ele de novo ou a falar com ele; além disso, estava só de passagem pela cidade.

No dia seguinte era domingo de Super Bowl. Então, para assistir ao grande jogo, meus amigos e eu fomos ao Rafters, um enorme bar de esportes com mesas de sinuca e tevês de tela grande. O lugar estava lotado. Dividi uma mesa com meu grupo e outras pessoas que encontramos lá; havia um garoto em uma cadeira de rodas e uma mulher cega. A certa altura, levantei para ir ao banheiro e quando saí, vi o mesmo cara bonito do dia anterior. Ele sorriu. Parecia que tinha se posicionado para poder me ver de onde estava sentado. Entre os gritos do pessoal vendo o jogo, esse cara levantou-se e veio até nossa mesa.

— Oi — disse ele, estendendo uma das mãos para o garoto na cadeira de rodas. — Sou Daniel. — Em seguida, ele se virou para o círculo todo e apresentou-se para cada um à mesa. Fiquei impressionada, porque não é fácil simplesmente ir até uma mesa e falar com um grupo de estranhos. Quando ele chegou até mim, eu disse meu nome. Ele sorriu.

— Quer jogar uma partida de sinuca? — perguntou.

— Claro — respondi, corando um pouco. — Adoraria jogar.

Durante o restante da noite jogamos sinuca, tomamos alguns drinques e conversamos sobre *snowboard*. Ele estava estudando para se formar e trabalhar com gerência de resorts e recreação.

— Aqui é muito bom — contou. — Sempre que posso, estou andando de *snowboard*. — Mesmo depois de apenas alguns minutos com ele, percebi o quanto era pé no chão. Era um cara verdadeiramente legal, que provavelmente não fazia ideia que eu tinha duas pernas protéticas. Notei que ele tinha no boné o logo da mesma marca de calçados de skate que eu tinha nas minhas pernas. Apenas de brincadeira, uma noite eu colara os adesivos nas pernas. Vi aquilo como uma oportunidade de deixar Daniel ciente da verdade desde o começo.

— Olha, somos gêmeos — falei, levantando a barra da calça para ele ver o adesivo. Ele não piscou nem teve uma reação louca. Ele apenas sorriu.

— Uau, que maneiro — falou.

— Bem — continuei —, tenho duas. — Então levantei a outra barra da calça.

— Ok, isso é maneiríssimo — disse ele. Então, sem perder um segundo, ele perguntou: — Quer andar de *snowboard* amanhã?

— Claro — respondi.

Na tarde seguinte, à uma hora, nos encontramos no *half-pipe*. Quando chegamos, vi um cara fazendo manobras de 360 e 540 graus na rampa e, então, percebi que era ele. Não apenas ele era sexy — mas claramente também era um *snowboarder* brilhante. Quando ele me viu, veio correndo.

— Isso foi incrível — falei. Ele sorriu abertamente, aquele mesmo sorriso reluzente que dera no bar.

— Bom, obrigado — disse. — Quer tentar?

— Claro.

Durante a hora seguinte, não consegui exatamente me igualar a Daniel, mas nos divertimos muito. Eu aprendera a fincar montanha abaixo tão bem àquela altura que se você não soubesse que eu tinha próteses nas pernas, nem dava para desconfiar.

— Você é boa! — exclamou Daniel. Considerando que ele era um *snowboarder* experiente, sabia que estava sendo gentil, mas aceitei o elogio. Eu melhorara desde Mammoth.

Naquela noite, Daniel voltou para o apartamento comigo. O pessoal estava lá, assim como um dos garotos na cadeira de rodas. Sua roda estava se soltando.

— Posso dar uma olhada rápida? — pediu Daniel. O garoto assentiu e Daniel sentou-se ao lado da cadeira. Fiquei impressionada com ele pela segunda vez. *Esse cara não tem medo de chegar e ajudar as pessoas.* Ele consertou a cadeira e parecia totalmente à vontade.

Aquela noite, ficamos até tarde conversando e descobrindo mais um sobre o outro. Contei a ele tudo sobre minha família, sobre crescer em Vegas e todas as aventuras que eu ainda queria ter. Ele escutou atentamente e também contou mais sobre sua história e suas viagens: ele estudara na Espanha, morara no Havaí durante um tempo e passara vários meses acampado com sua mãe em Puerto Vallarta, México. *Que cara viajado.* Ele também trabalhara como guia de tours de aventura para uma

Sempre amei essa foto porque me lembra como eu era despreocupada quando criança. Mal sabia eu o que estava reservado para minha vida. Nasci com cabelos loiros, depois eles tornaram-se avermelhados, e então, finalmente, castanhos.

Aos três anos de idade, usando meu macacão favorito, na traseira da caminhonete do meu pai. Eu amava estar fora de casa, e brincar no carro do meu pai é uma de minhas lembranças mais vívidas de quando era criança.

Minha irmã Crystal e eu em nossos vestidos de vaqueiras, prontas para ir para o rodeio Helldorado. Ir anualmente ao rodeio era tradição da minha família, antes mesmo do meu pai trabalhar lá.

Pescando com meu avô e minha mãe. Até hoje ainda vamos a Utah todo verão e não deixamos de pescar com meu avô.

Indo acampar com minha avó e meu avô Campbell, minha irmã e meus primos. Nós adorávamos acampar em Utah! Era um dos meus programas preferidos no verão.

Sempre gostei da neve, mas nunca fui uma boa esquiadora de fato. Eu andava com a frente dos esquis colada ao chão, para poder parar na maior parte do tempo, e não suportava sentir frio nos pés. No entanto, eu amava ficar ao ar livre e sempre esperava nossas viagens em família.

Com minha primeira prancha de *snowboard*, uma Gnu skidder. Foi amor à primeira vista!

Aos quinze anos de idade, com minha primeira prancha de *snowboard*. Estava usando as calças do meu amigo Josh e um moletom grande com capuz. Eu ainda não havia comprado nenhuma roupa de *snowboard* para mim!

Nessa foto, tirada em uma manhã antes de minha irmã, Crystal, e eu irmos para a escola no Chevrolet vermelho detonado que dividíamos. Eu estava no primeiro ano do ensino médio e ela no último. Crystal não só era a capitã das líderes de torcida, como era, e ainda é, minha maior fã, um incrível exemplo e a melhor irmã que eu poderia ter.

Em 1998, toda arrumada, indo à minha formatura do último ano.

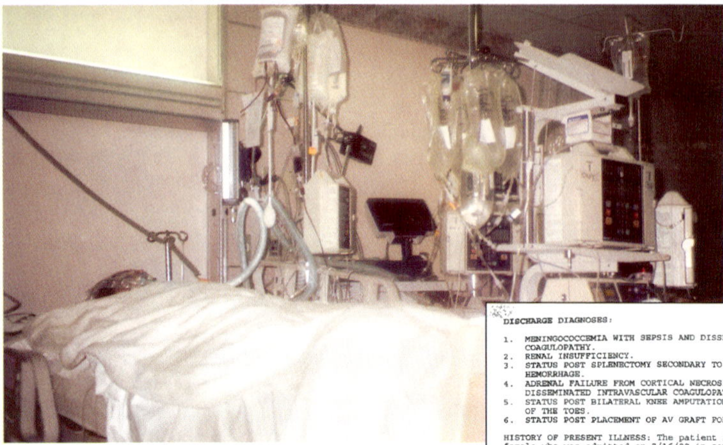

DISCHARGE DIAGNOSES:

1. MENINGOCOCCEMIA WITH SEPSIS AND DISSEMINATED INTRAVASCULAR COAGULOPATHY.
2. RENAL INSUFFICIENCY.
3. STATUS POST SPLENECTOMY SECONDARY TO SPLENIC INFARCT WITH HEMORRHAGE.
4. ADRENAL FAILURE FROM CORTICAL NECROSIS SECONDARY TO THE DISSEMINATED INTRAVASCULAR COAGULOPATHY.
5. STATUS POST BILATERAL KNEE AMPUTATIONS SECONDARY TO GANGRENE OF THE TOES.
6. STATUS POST PLACEMENT OF AV GRAFT FOR HEMODIALYSIS.

HISTORY OF PRESENT ILLNESS: The patient is a 19-year-old white female who was admitted on 7/16/99 in septic shock, disseminated intravascular coagulopathy, renal failure, and elevated liver enzymes. She was intubated because of the acidosis and respiratory distress. She had severe lactic acidosis from her sepsis and it was noted, too, that her toes and fingers were cyanotic. She was very hypotensive and was initially put on high doses of dopamine and Levophed. She was anticoagulated with low does heparin for her disseminated intravascular coagulopathy. IV anti were started empirically; on vancomycin, Claforan, Levaquin, oxacillin, Vibramycin.

Initial blood cultures were done, but on further incubation was renamed as meningococcus. She was then started on high doses of IV penicillin. She was also noted to have Candida non-albicans, peritonitis, and given amphotericin B.

A few days after her admission she was noted to have a very rigid abdomen and the CT of the abdomen showed splenic hemorrhage and infarcted kidneys. Herdisseminated intravascular coagulopathy was managed with multiple transfusions of fibrinogen, platelets, and blood. She was put on dialysis for her kidney failure. A splenectomy was done by Dr. Lambert Abeyatunge on July 21, 1999.

She was also noted to have adrenal insufficiency and given doses of hydrocortisone IV pre and postoperatively. The toes remained gangrenous looking. The vascular service recommended nitro paste and Procardia 10 mg for vaso dilatation, provided that her blood pressure was stable. Nutrition was applied through TPN. A J-tube was also inserted by a general surgeon for supplemental feeding.

The hemodynamics improved post splenectomy. Her white count dropped from the 100,000's to a normal count on the day of discharge.

PURDY, AMY
G00001646112/G000095386
Rosemary Nowins, M.D.
ADMITTED: 07/16/99
DISCHARGED: 08/31/99

MOUNTAINVIEW
HOSPITAL AND MEDICAL CENTER
3100 North Tenaya Way
Las Vegas, NV 89133
DISCHARGE SUMMARY

Apenas 24 horas depois de eu dar entrada no hospital. Minha mãe tirou essa foto depois que fui induzida ao coma. Ela pensou: *Se Amy sobreviver, ela nunca vai acreditar pelo que passou.*

Aqui está um resumo de meu médico sobre minha estada no hospital. Ele explica o estado crítico em que eu estava quando dei entrada, assim como o que enfrentei durante aquele tempo lá.

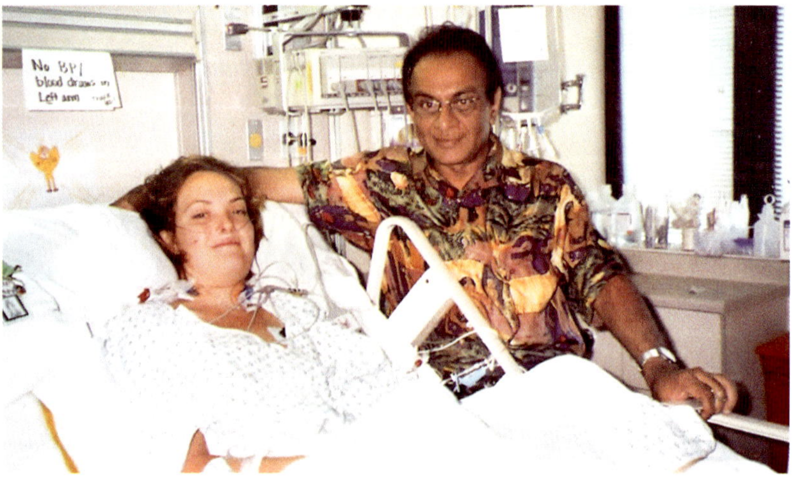

Com Dr. Abby depois de acordar do meu coma. Ele me visitou todos os dias enquanto fiquei no hospital. Ainda somos grandes amigos, e credito a ele e à sua intuição muito da minha sobrevivência.

Poucos dias depois de receber minhas pernas novas, levantei-me e dancei com meu pai. É interessante pensar que minha vida deu voltas. Neste momento, quem imaginaria que um dia eu iria competir no *Dancing with the Stars*?

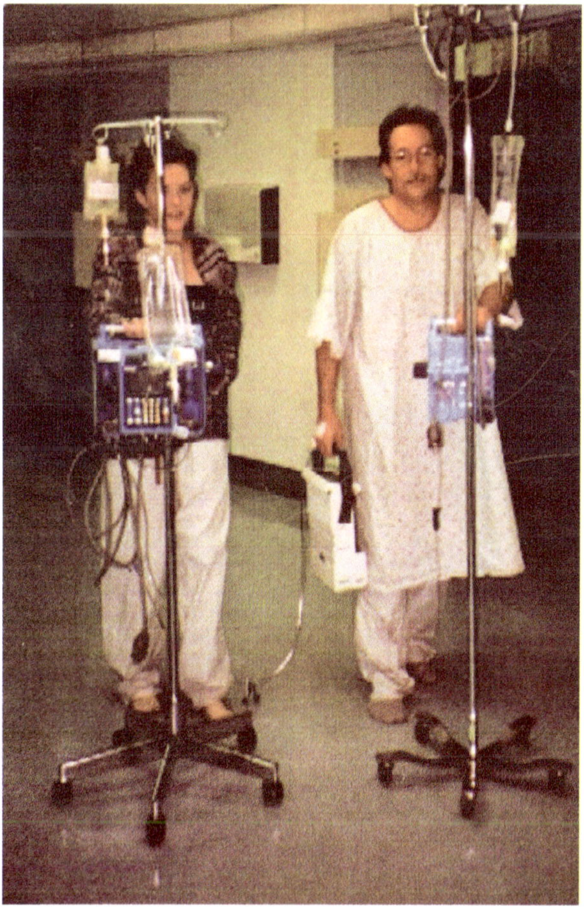

Meu pai e eu andando pelos corredores do hospital na manhã seguinte ao nosso transplante de rim. Conseguiram que ficássemos bem e de pé muito rápido! Eu não poderia ser mais grata por esse presente.

Meu amigo Johnny entrou comigo no casamento de minha irmã. Foi quando percebi o quanto podemos alcançar se tivermos determinação suficiente. Eu dava meus primeiros passos em direção a uma nova vida.

Apenas alguns meses depois de sair do hospital, eu estava pesando cerca de quarenta quilos. Aqui estou com meu bebezinho Roxy, meu anjinho de quatro patas. Por mais difícil que fosse o fato dela sair correndo e fugir diariamente, ela foi a melhor fisioterapia que eu poderia ter tido. Ela esteve ao meu lado durante um dos capítulos mais difíceis da minha vida.

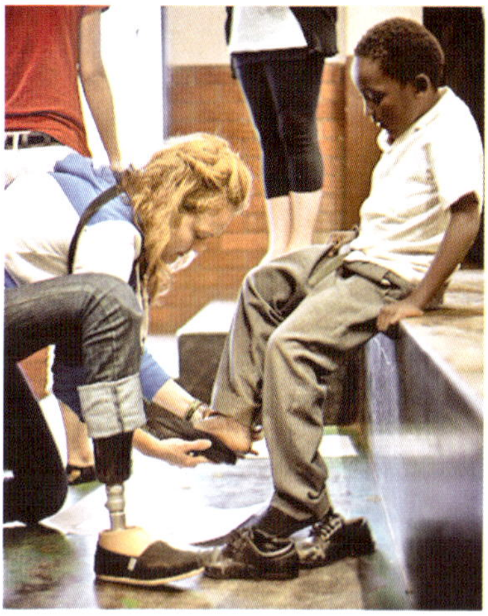

Pondo sapatos nos pés de crianças sul-africanas durante o Toms/Element Skateboards Shoe Drop. Essa foi uma das experiências mais realizadoras da minha vida. As crianças tinham muito pouco e, no entanto, eram tão cheias de amor e gratidão. (Imagem cortesia de Marc Falkenstein.)

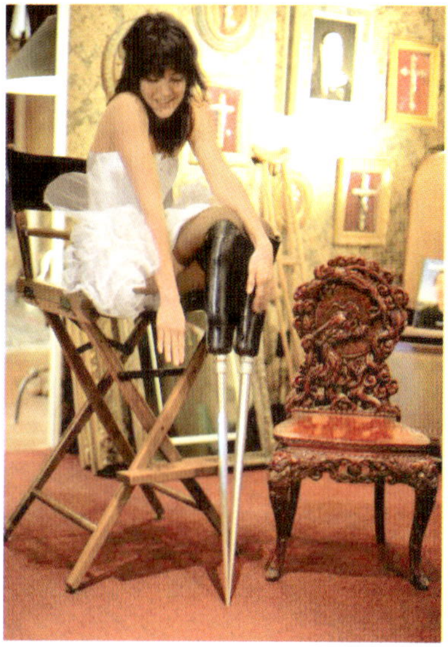

Aqui estou experimentando as pernas que Nikki Sixx mandou fazer para nossa sessão de fotos. Essas pernas fizeram eu me sentir extremamente feminina — amei como eram longas, finas e pontudas, como o salto alto definitivo! Acreditem se quiser, eu conseguia me equilibrar e andar com elas.

Testando meus novos pés de *snowboard* no Colorado. Estou sempre buscando melhorar!

Daniel e eu na frente de nossa casa em Lake Tahoe, Califórnia. Foi incrível dividir uma paixão e trabalhar com ele em esportes radicais adaptados. "Viva além dos limites" tornou-se o lema da nossa organização e também meu mantra pessoal.

Falando no TED Talk da TEDx Orange Coast. Este foi um dos momentos mais assustadores e, no entanto, mais poderosos da minha vida. Falar no TED abriu o caminho da profissão de palestrante internacional para mim, e aprendi o quanto você pode crescer quando sai da sua zona de conforto. (Imagem: cortesia de Barbara S. Giordano)

Em 2012, minha irmã casou-se novamente (seu segundo marido é Troy Norris), e esta é nossa linda família. Da esquerda para a direita, na parte superior: tia Debbie, tia Cindy, vovô e vovó Campbell, mamãe, papai, eu e Daniel. Da esquerda para a direita, na parte inferior: Troy, Danny (filho da minha prima Michelle), minha irmã Crystal, seus filhos, Bryten e Jonas, e as filhas de Troy, Bree e Acey. (Imagem: cortesia de Deena Antonucci Photography.)

Nesta foto, eu estava testando meus pés em Copper Mountain. Meu objetivo sempre foi ser capaz de flexionar os tornozelos e curvar os joelhos o máximo possível para conseguir movimentos precisos e ágeis, necessários para competições do tipo *boardercross*.

A visão a partir da largada do circuito dos Jogos Olímpicos de Sochi. A neve estava tão instável e irregular que meu objetivo era apenas continuar firme em meus pés.

Ganhando a medalha de bronze nos Jogos Paraolímpicos de 2014 em Sochi! Eu estava grata só de estar no pódio. É difícil explicar o sentimento de ter meu trabalho reconhecido. Eu estava tão agradecida que poderia levar uma medalha para o meu país, além de para cada um que me apoiou. Ainda fico emocionada de pensar nisso. Se algo não existe, nós temos o poder de criá-lo! (Foto: cortesia de The Hartford Financial Services Group, Inc. Fotógrafo: Joe Kusumoto)

Apenas dez horas após chegar em Los Angeles de Sóchi, Rússia, meu parceiro de dança, Derek Hough, e eu fizemos nossa sessão de fotos oficial para a décima oitava temporada de *Dancing with the Stars*. Toda a experiência foi tão surreal — eu não conseguia acreditar que estava realmente no programa!

Passei por uma porta do estúdio de ensaio, e ela me levou a esse reino mágico e brilhante de figurinos do *DWTS* — o guarda-roupa dos sonhos de toda garota tornou-se realidade!

Derek e eu trabalhando em meus pés, uma necessidade diária durante nossos ensaios. Experimentávamos diferentes pés para ver quais movimentos poderíamos conseguir com cada um. Não importa o quanto as coisas ficassem difíceis, sempre achávamos uma maneira de fazer a dança dar certo.

Aqui, Derek e eu estamos tendo ideias para nossa dança final, em estilo livre, que eu fiz na ponta dos pés nesse par de pés especial para natação. Depois de equilibrar-me na ponta dos pés durante toda a temporada do programa, meu equilíbrio estava superforte!

OPRAH

May 13, 2014

Amy,

Congratulations on making it to the finals!
Looking forward to our dinner.

Oprah

O bilhete que Oprah enviou-me (junto com as flores mais lindas!) quando Derek e eu chegamos à final de *DWTS*:

"Amy, parabéns por chegar às finais! Aguardando ansiosa por nosso jantar. Oprah"

Derek e eu experimentando movimentos aéreos para nossa última dança. Graças a Deus eu estava em forma! Segurar todo o peso de seu corpo com apenas uma das mãos, enquanto você gira, não é tarefa fácil! Aquele passo acabou sendo um lindo toque final. Derek é brilhante!

Nunca me considerei uma atleta até alguns anos atrás. No entanto, sempre pratiquei esportes com facilidade. Cresci fazendo esqui aquático e *wakeboard* com minha família no lago e ainda amo os dois até hoje. Basicamente, posiciono meus pés da mesma maneira que faço quando ando de *snowboard*.

Eu e mamãe em seu sexagésimo aniversário! Mamãe é um bebê de Natal — ela nasceu na véspera de Natal, eu rezo para ter seus genes e estar tão bem quanto ela quando tiver sua idade! Para mim, ela sempre foi a mulher mais linda, amável e carinhosa que já conheci. Ainda espero ser como minha mãe quando crescer.

Eu e Oprah, em Atlanta, durante a turnê "Life You Want". Foi tão surreal entrar no palco com ela! Eu costumava ouvir as histórias dela em busca de inspiração, e lá estava eu ao lado dela, compartilhando minha própria história com o mundo. Incrível. (Copyright © Harpo Studios, Inc., fotógrafo: George Burns)

No tapete vermelho do ESPY Awards 2014! Minha inspiração para essa roupa foi brincar com a aparência biônica da minha perna. Essa foto foi tirada exatamente quinze anos depois do dia em que dei entrada no hospital, o aniversário de quinze anos de quando minha vida mudou para sempre. Que momento incrível, como um ciclo que se completou.

agência de viagens, o que significava que guiara turistas pelos Estados Unidos e Canadá, e ele já visitara cada um dos estados norte-americanos.

— A gente pulava de avião, escalava, mergulhava... fizemos de tudo — contou. — Conhecer gente do mundo inteiro foi demais.

Seus pais, que o adotaram, o haviam educado para amar viajar e juntos visitavam países do mundo todo. Seu pai tinha trabalhado a maior parte da vida no governo (Daniel cresceu na região de Washington D.C.), e, nas horas vagas, pilotava seu próprio avião; já sua mãe foi a primeira bombeira de Montana. Ela também trabalhava como escrivã, tentando angariar fundos para tribos nativo-americanas. Quando Daniel tinha apenas 11 anos de idade, perdeu o pai em um desastre de avião. Diante daquela devastação, sua mãe bravamente continuou criando Daniel e seu irmão mais velho, que também era adotado, apesar de Daniel e o irmão serem de pais diferentes.

Fiquei simplesmente fascinada pelo fato da família dele ser tão distinta da minha. Todo seu estilo de vida era guiado para a exploração de diferentes culturas, enquanto eu cresci no que parecia uma bolha tipicamente americana. E não apenas Daniel e o irmão eram adotados (Daniel era uma mistura de espanhol com nativo americano, que é de onde vinha sua linda pele morena), como alguns de seus primos também.

— Eu adoraria ir morar em algum lugar diferente de novo — confessou ele, quando a noite chegava ao fim. Como eu, ele sonhava em morar em todo tipo de lugar; e queria ver ainda mais do mundo.

No dia seguinte, Daniel tinha aula e eu fui andar de *snowboard* de novo — então não nos vimos. Mas, definitivamente, ele estava na minha cabeça. Era o tipo de cara que já estivera em muitos lugares, quatro anos mais velho que eu, que podia me ensinar tanta coisa — nada como os caras com quem eu já saíra, que nunca tinham sequer saído de Las Vegas. Eu estava faminta por conhecer mais do mundo lá fora, e Daniel era alguém que podia compartilhar isso comigo.

Naquela noite, minha última em Crested Butte, ele encontrou meus amigos e eu no mesmo bar em que havíamos ido na noite anterior. Mais tarde, de volta ao apartamento, ele ligou:

— Queria te ver de novo antes de ir embora — disse.

— Vou embora bem cedo — falei.

— Posso te levar no aeroporto de manhã? — perguntou.

— É bastante cedo. Meu voo é às sete, então tenho que sair daqui às cinco.

— Tudo bem — respondeu ele. — Gostaria de levar você.

— Bem, está legal — falei. — Então, vejo você bem cedo.

Pouco antes das cinco, ele parou seu Bronco na frente do apartamento. Quando vi o carro, lembrei dos meus dias de escola, subindo para as montanhas no Bronco do Aaron.

— Como está hoje? — perguntou.

— Bem — respondi. Durante os quarenta e cinco minutos seguintes, ele dirigiu pelas montanhas sinuosas da montanha e vimos o lindo nascer do sol, enquanto conversávamos. Eu estava no paraíso.

— Adoraria manter contato com você — disse ele quando paramos no aeroporto.

— Definitivamente — respondi com um sorriso, mas não exagerando, considerando que ainda não tinha certeza de até onde isso poderia ir.

— Está bem. Deste modo, como tenho seu telefone, vou te dar uma ligada — disse ele. Nós nos abraçamos e corri para pegar meu voo.

Alguns meses depois, tendo continuado a nos falarmos, definitivamente havíamos nos apaixonado um pelo outro. Comecei a visitar Daniel em Creste Butte de algumas em algumas semanas. Eu amava estar nas montanhas, e também adorava o grupo de amigos dele, todos aparentemente tão relaxados quanto Daniel. Em Vegas, minha vida era trabalho e consultórios médicos; apesar de estar me sentindo bem, eu ainda tinha diversas consultas. Naqueles fins de semanas com Daniel em Crested Butte, eu podia fugir daquilo tudo e esvaziar a cabeça. Pareciam miniférias das responsabilidades da vida em casa. E entre as visitas, Daniel e eu nos falávamos diariamente. Podíamos não estar chamando aquilo de um romance sério naquele ponto, mas era. E apesar de eu preferir não dar detalhes de nossa intimidade, havia muitos fogos de artifício, confiem em mim. O que tornava tudo tão mais especial era o fato dele deixar-me totalmente à vontade. Nenhuma vez senti-me desconfortável em revelar meu corpo, minhas cicatrizes ou minhas pernas. Daniel sempre disse que minhas pernas não o incomodavam. No dia em que ele me viu naquele bar, diz que simplesmente viu uma gata com um bumbum bonito, e isso foi tudo que ele viu!

Alguns meses depois de nos conhecermos, Daniel e eu viajamos juntos para Washington D.C. para que eu conhecesse a família dele. Imediatamente, apaixonei-me por sua mãe — tão calorosa, amigável e interessada nas vidas de todos ao seu redor. Sua porta estava sempre aberta para qualquer um que precisasse de um lugar para ficar.

Quando voltei a Vegas e Daniel ao Colorado, continuamos a nos ver, apenas não tão frequentemente porque eu estava mais ocupada com o trabalho. Ainda nos falávamos o tempo todo e visitávamos um ao outro o máximo possível, mas podia se passar um mês e meio ou mais entre nossas visitas. Mesmo com a distância, tínhamos nos tornado melhores amigos. Até então, eu voara de relacionamento em relacionamento, nunca ficando muito tempo, mas quando conheci Daniel, esta borboleta quis pousar e ficar.

Quando completei os estudos para ser uma esteticista profissional, já estava pensando em deixar Vegas mais uma vez. Sentia-me forte o bastante. Minhas pernas estavam ótimas e bem adaptadas. Eu estava me tornando mais independente. E estava pronta para dar o próximo passo na direção de mais liberdade, de explorar mais itens da minha lista de sonhos. Eu estava sempre ciente de que recebera uma segunda chance — e que escolhera ficar — então, eu pretendia ter o máximo de aventura que pudesse na minha jornada. E continuava ouvindo aquela voz, aquela intuição, que me compelia a fazer algo diferente.

Eu tinha uma ideia nova a cada minuto do dia. Queria algum tipo de escape criativo, alguma forma de expressão artística. Pensei em mudar-me para Los Angeles e tentar atuar. Minha amiga Beth havia mesmo deixado Vegas e se mudado para L.A. para tentar uma carreira como atriz lá. Eu também amava moda e pensei: *Não seria legal abrir uma revista e ver uma modelo linda, e depois descobrir que ela tinha uma perna protética?* E quando se tratava de mudar de cidade, eu sonhava em morar perto do oceano.

— Eu adoraria me mudar para uma cidade praiana — contei a Daniel uma noite. — Como San Diego.

Na época, Daniel ainda estava terminando os estudos no Colorado, mas ele estava considerando dar uma pausa na faculdade.

— Podíamos nos mudar juntos para lá — sugeriu. — Podíamos arranjar uma casa na praia.

— Mesmo? — perguntei.

— Claro — confirmou. — Vai ser legal. — Algumas semanas depois dessa conversa, havíamos resolvido nos mudar.

Daniel foi primeiro para San Diego, em 2003. Ele achou um apartamento bem na praia, com um amigo, e começou a trabalhar como professor de surfe. Por mais que eu estivesse louca para ir embora de Vegas, não queria me precipitar. Meu trabalho tinha horários tão flexíveis e eu ganhava tão bem, que pensei: Por que não morar entre as duas cidades por um tempo e ter o melhor de dois mundos? Então, cerca de um mês depois de Daniel mudar-se, fui encontrá-lo em San Diego. Passava duas semanas lá com ele, e então, duas semanas de novo em Vegas. Sempre amei dirigir e realmente gostava das viagens de carro de cinco horas e meia. Durante vários meses, vivi assim.

Na primavera de 2003, sentia-me pronta para ir morar em tempo integral com Daniel, em San Diego. Quando estava planejando a mudança, recebi um tipo de ligação que não se recebe todo dia. Era da empresária de Madonna.

— Alô, é Amy Purdy falando?

— Sim, é ela. — Sentei-me no sofá.

— Oi Amy — começou ela. — Sou empresária da Madonna. Vamos filmar um videoclipe em Los Angeles, e Madonna quer nele uma jovem que possa interpretar uma modelo de passarela e que também tenha pernas protéticas. Ouvimos falar de você, e queria saber se pode vir para cá fazer o videoclipe.

Eu quase larguei o telefone.

— É... sim — respondi, minha voz trêmula. — Quando vai ser?

— Em dois dias.

Enquanto eu tentava colocar no lugar meu queixo, que caíra até o chão, a mulher continuou explicando que conseguira meu número através de um ator com quem ela já trabalhara, um homem que eu conhecera no verão anterior através de uma organização de San Diego chamada Challenged Athletes Foundation (CAF). Mal sabia eu que por conhecê-lo, um dia estaria recebendo uma ligação de um de meus ídolos da música.

— Podemos colocá-la em um voo para L.A. esta quarta? — pressionou a empresária, tentando me tirar do meu estado de mudez.

— Ah meu Deus, sim — respondi. — Posso!

— O vídeo é a para a música "American Life" — contou ela.

Esse era exatamente o tipo de coisa que eu queria fazer. E só mesmo Madonna, a artista de mente para frente que uma vez inspirara-me a cortar o cabelo da minha boneca Barbie, para criar um vídeo tão diferente. Não seria incrível o mundo ver um clipe que fizesse pernas protéticas parecerem legais? Assim que desliguei o telefone, minha mente foi inundada de dúvidas quanto ao quc precisava fazer para aprontar-me: *Como vou usar o cabelo? O que vou vestir? Quais pés devo levar? E será que vou conhecer a Material Girl em pessoa?*

Dirigi até Los Angeles e fiquei com Beth e seu namorado — nessa época, ela estava namorando o ator Jason Lee. Da linda casa deles, dirigi sozinha até o estúdio. Quando cheguei, o edifício estava cheio. Elenco e equipe estavam pelo *set*, ocupados, preparando-se para a gravação. Fui levada para o *backstage* para ver o pessoal do figurino.

— Não temos certeza de como vestir você — confessou a figurinista. Ela se virou e começou a mexer nas enormes araras de roupas. Ela voltou alguns minutos mais tarde segurando um vestido bege e simples; era uma das roupas mais sem graça que eu já vira na vida. — Vamos vestir você nesse — disse ela, levantando-o. Fui até um camarim, tirei meu jeans e camiseta, e vesti a roupa. O vestido ia até o chão, cobrindo minhas pernas, e fiquei pensando: Se a ideia era que eu mostrasse minhas pernas, por que me contrataram se vão me cobrir toda?

Alguns minutos depois, alguém me apressou até a sala de cabelo e maquiagem — e a cabeleireira prendeu meu cabelo nessas duas grandes tranças. Não era o que eu estava esperando: eu parecia a Princesa Leia órfã! Antes de algumas garotas e eu sermos apressadas até o set, uma diretora de palco recolheu nossos telefones.

— Não podem tirar fotos do set — explicou ela. Ela finalmente nos levou até o estúdio, esse cavernoso armazém onde uma comprida passarela e montes de holofotes estavam montados. A música "American Life", de repente, começou a tocar alto dos alto falantes.

— Está bem — disse a diretora —, em alguns minutos, quero que subam ali e desfilem pela passarela, virem no final dela e, então, andem de volta. Sabem como se anda em uma passarela?

— Mais ou menos — respondi. Na verdade eu não sabia, mas vira modelos o suficiente nas revistas que lia para ter uma ideia de como fazer.

Fiz a melhor expressão de modelo que podia (focada, corajosa e confiante) e desfilei com a incrível batida da música. Quando cheguei ao final da passarela, lá estava Madonna sentada em uma cadeira de diretor. Naquele instante, tive uma ideia: levantei a barra do meu vestido para que ela visse as minhas pernas. Imaginei que como tinha sido contratada justamente por causa delas, ela devia ao menos vê-las. Então, fiz um movimento de dança atrevido, virei-me e — cheia de atitude — desfilei de volta. No minuto em que cheguei ao *backstage*, escutei ela gritar:

— Corta! — A música parou.

Madonna veio correndo até o *backstage*.

— Olá, sou Madonna — disse, olhando diretamente para mim. Eu estava pensando: *Eu sei!* Ela parecia tão menor pessoalmente do que imaginei que seria. — Você é simplesmente linda! — falou.

— Obrigada — respondi, corando. Eu não esperava realmente conhecê-la aquele dia, então não estava nervosa, mas quando me percebi no *backstage*, de pé conversando com ela, senti um frio no estômago. Ela tinha exatamente a aura natural de autoconfiança e poder que eu esperava que tivesse.

— Importa-se de eu deixá-la mais sexy?

Balancei a cabeça, sem muita certeza do que viria a seguir — mas querendo descobrir.

— Você é a Madonna — falei. — Pode fazer o que quiser comigo. — Ela riu um pouco.

— Está bem, tire esse vestido — mandou ela. Bem ali na frente de todo mundo, levantei meu vestido e fiquei parada só de lingerie e pernas de metal. Ela pegou um short com estampa camuflada.

— Importa-se de ficar um pouco exposta? Porque adorei essa cicatriz no seu estômago. — Ela olhou para meu umbigo.

— Não — respondi.

— Tudo bem, então coloque isso — disse ela, entregando-me o short. Abaixei-me para vesti-los. Adorava o jeito que ela falava. Parecia ter uma ideia tão clara do que queria.

Em seguida, Madonna mandou um dos *stylists* colocarem fita isolante em um formato de X em cada um de meus seios. Um casaco de pele completou meu novo *look*. Eu não podia usar saltos superaltos, mas tinha levado plataformas pretas que combinavam com a roupa. Antes de deixar o *backstage*, Madonna levou-me até o *designer* Jeremy Scott, e eu sabia exatamente quem ele era de todas as revistas de moda que eu lia. Ele passou a hora seguinte mostrando-me como andar corretamente na passarela (e, a propósito, o segredo é manter o queixo para o alto, jogar os ombros para trás e para baixo, empurrar os quadris ligeiramente para a frente, colocar um pé na frente do outro e equilibrar a maior parte do seu peso nos seus dedos em vez de no calcanhar — difícil de conseguir, ainda mais usando próteses e plataformas). Foi sorte que, quando peguei as pernas novas, fui praticar meu equilíbrio e caminhar nas calçadas da minha rua, com um pé na frente do outro.

— Apenas visualize Giselle descendo a passarela da Victoria's Secret cheia de atitude — orientou Jeremy. — Lembre-se de acompanhar a música! — Então, quando cheguei ao final da passarela, ele me disse para abrir o casaco de pele e sacudir um pouco os quadris. Pratiquei cinco ou seis vezes, e no final já estava muito bem.

Quando terminamos, Jeremy levou-me de volta para a sala de cabelo e maquiagem. Meia hora depois, reemergi, bronzeada dos pés a cabeça. Meu cabelo estava completamente doido, para todo lado. Minha maquiagem era escura e moderna.

Antes de voltar ao *set*, um gerente explicou-me a ideia do vídeo — que seria, entre outras coisas, o depoimento artístico de Madonna a respeito das atrocidades da guerra, junto com temas da limitada noção de beleza da indústria da moda. O videoclipe era a visão de Madonna sobre o que a vida na América, por isso o título, havia se tornado. Em uma parte do vídeo (o segmento em que eu aparecia), um desfile onde modelos aparentemente parecidas eram mostradas da cintura para cima, mas quando a câmera se afastasse, revelaria que eu, diferentemente das outras modelos, tinha pernas de metal.

— Dê tudo de si quando gravar — pediu ela, e alguns minutos mais tarde, fiz exatamente aquilo. Desfilei confiante, mantive a cabeça ereta e quando cheguei ao final da passarela, fiz uma versão ainda melhor do rebolado do que fizera nos ensaios. Jeremy, que estava assistindo das laterais, ergueu o polegar para mim. *Consegui.*

Depois da minha parte do vídeo terminar, pedi para sentar-me ao lado de Madonna, que estava de volta na sua cadeira de diretor. Fiquei com ela pelo resto do dia. Não falamos muito, mas era emocionante apenas estar sentada ali e absorver aquilo tudo. Eu adorei toda a energia daquele ambiente: o *set* de milhões de dólares, as modelos seminuas por todo lugar, a música contagiante, as luzes piscando, câmeras por toda parte. Achei tudo aquilo estimulante! Que sonho fazer parte de uma produção daquelas — ser apresentada a um outro mundo sobre o qual eu nada sabia. E pensar que apenas alguns anos antes, eu estava internada em uma UTI, batalhando por cada respiração. Antes de eu ir embora, um dos câmeras com quem conversara no *backstage* veio me dar uma foto instantânea em preto e branco de mim na passarela.

— Você nunca vai esquecer esse momento — disse ele. E tinha razão: vou guardar aquela foto para sempre; junto com a lembrança daquele dia.

O vídeo nunca foi ao ar. Na época da data agendada para ir ser lançado mundialmente, o presidente George W. Bush declarou oficialmente guerra ao Iraque, e Madonna lançou um comunicado explicando que devido à invasão do país ao Iraque, ela não queria lançar um vídeo que poderia ser visto como antimilitar ou antiamericano. Mesmo nunca tendo visto o vídeo, toda a experiência foi completamente estimulante para mim. Fiquei ainda mais interessada em trabalhar em Hollywood um dia, quer fosse por trás de uma câmera ou na frente dela.

Eu estava pronta para a mudança definitiva para San Diego. Queria estar com Daniel o tempo todo. Então, algumas semanas depois do vídeo de Madonna, dei o aviso no meu emprego em Vegas. Eu já achara uma nova posição em um *spa* de San Diego, um lugar onde eu poderia fazer maquiagem, tratamentos de pele e massagem. Perfeito.

Minha mudança foi um grande acontecimento para minha família, especialmente para minha mãe, que cuidara de mim todo esse tempo após as duas cirurgias.

— Tem certeza de que vai ficar bem? — perguntava ela toda hora. Mamãe não estava tentando me segurar. Ela só estava expressando sua preocupação maternal pelo meu bem estar. Acho que ajudou ter feito a mudança aos poucos. Nessa época, minha família já estava acostumada comigo longe durante semanas seguidas. Eles também gostavam de Daniel, especialmente porque viam como gostávamos um do outro e como ele era carinhoso e cuidadoso comigo.

— Vou ficar bem — reassegurei a meus pais. E eu sabia que se precisasse voltar, estava a menos de um dia de viagem de carro de Vegas.

Meu pai ajudou a colocar meus móveis no carro, e ele e minha mãe foram comigo até San Diego. Minha doce Roxy teve que ficar, porque onde íamos morar não eram permitidos cachorros. Acho que a mudança foi mais difícil para meus pais do que para mim. Eles tinham se dedicado totalmente a mim e organizado suas vidas de modo que pudessem cuidar de mim, e quando você faz isso, deixar essa pessoa ir é compreensivelmente difícil. E, afinal, meu pai não estava só deixando uma filha qualquer; ele estava deixando a que carregava agora seu rim. Daniel e eu arranjamos um lugar, um pequeno bangalô de 38 metros quadrados em Ocean Beach, por oitocentos dólares por mês. Meus pais levaram-me e nos despedimos.

Por mais que eu gostasse de San Diego e de estar lá com Daniel, a mudança teve seus desafios. San Diego é uma cidade de festa, especialmente na praia, e Daniel e seus amigos eram parte delas. Eu também gostava, mas a realidade era que não podia ficar muito louca. Tinha esse novo órgão dentro de mim no qual eu sempre tinha que pensar, do mesmo modo que uma grávida teria que pensar em seu filho ainda não nascido. Aquilo me forçou a crescer mais rápido do que o normal, porque tinha a responsabilidade de manter-me saudável.

Era difícil. Íamos a um bar, e de repente, alguém pedia uma rodada de doses para todo mundo e era tipo: "Uhu! Festa!". Mas eu, frequentemente, tinha que privar-me. Sentia-me como a motorista oficial. Todo mundo podia ficar na rua até três da manhã sem nenhuma preocupação. Mas eu não podia. Tinha grandes responsabilidades, e meu rim era uma delas. Às vezes, eu fazia uma indulgência bebendo e ficando fora a noite toda, mas nunca me sentia bem de manhã. Aqui estava eu, com esse incrível rim, esse presente, e sentia-me culpada quando não cuidava dele. E quando se tratava de socializar, não ajudava eu ser alérgica a crustáceos, e San Diego é *cheia* de crustáceos! Não posso nem contar nas mãos as vezes em que saía com amigos e tinha de recusar tudo com camarão. Tentava levar tudo na boa, lembrando a mim mesma de como eu era grata pela minha vida e saúde, mas, para ser sincera, era difícil ser tão jovem e não poder aproveitar totalmente, porque eu realmente *queria*.

Daniel apoiava-me muito, mas ele amava se divertir tanto quanto eu, e eu odiava cortar seu barato. E, além disso, sempre admirei o quão sociável Daniel é, como ele é bom em juntar as pessoas. Queria que ele aproveitasse isso.

— Desculpe não ser uma dessas garotas que podem sair e beber com você toda noite — dizia às vezes a ele.

— Tudo bem — respondia ele. — Não me importo. — Mas eu me importava. Essa garota de Vegas gosta de uma festa.

Também havia toda a cena de festas na praia com a qual acostumar-se — garotas deslumbrantes em toda parte, andando só de biquíni, algumas flertando com Daniel. Eu evoluíra muito aceitando meu corpo, mas às vezes, lutava com inseguranças. Muitas de minhas cicatrizes ainda eram bastante visíveis. Quando eu me vestia de manhã, não podia simplesmente jogar um vestido e chinelos de dedo e sair porta afora. Eu sempre precisava pensar em como ficariam minhas pernas no que eu estava usando. Os dias de vestir-se despreocupadamente haviam ficado para trás.

Por mais que eu batalhasse comigo mesma sobre essa questão, tive um pequeno avanço uma noite. Estava deitada na cama, totalmente nua e sem pernas. Olhei meu corpo todo em um espelho próximo — e naquele momento, tornei-me bastante ciente de que este corpo, com as cicatrizes e tudo, tinha, na verdade, me salvado. Tinha me ajudado a passar por merdas muito feias. Ele era forte. Eu o tinha exercitado como louca, então, eu estava saudável e em ótima forma. Naquele sentido, ele era lindo. Eu só precisava me forçar a lembrar daquilo naqueles momentos de insegurança.

San Diego não era só alergia, questões corporais e abstinência de tequila: definitivamente havia coisas lá durante minha moradia que eu amava, como o clima, o cheiro do oceano e acordar com o barulho das ondas batendo na areia, e eu percebia o quanto sentia a falta dessa areia entre meus dedos e a brisa fresca do oceano nas minhas pernas. Mas assim que esse pensamento começava, eu lembrava a mim mesma de que provavelmente nem estaria lá se não tivesse perdido minhas pernas. Também adorava meu trabalho. Como sempre, dedicava-me a ele cem por cento, e depois de uma massagem ou limpeza de pele, ficava feliz em ouvir um de meus clientes dizer: "Foi o melhor tratamento que já tive". Eu vivia para ouvir aquilo. Era uma sensação boa poder oferecer um ótimo serviço e as pessoas realmente apreciarem.

Quando não estávamos trabalhando, Daniel e eu passávamos muitas noites simplesmente caminhando pela praia, andando de bicicleta ou assistindo a bandas ao vivo que estavam de passagem pela cidade. Eu não entrava muito no oceano. Mas ainda adorava estar ao ar livre e manter-me ativa, e alguns meses depois de chegar a San Diego, decidi reaprender a andar de skate, e como Daniel era um grande skatista, queria que pudéssemos andar juntos. Mas toda vez que eu subia na prancha, cambaleava para todo lado. No *snowboard* seus pés ficam presos na prancha, então, quando você se mexe, a prancha se mexe. Esse não é o caso, naturalmente, no skate.

— E se você me deixar fazer um buraco no seu skate — sugeriu Daniel. Mais tarde, ele voltou da loja de ferramentas e furou a frente do skate e anexou nele um mastro no qual eu podia segurar para equilibrar-me. Eu amava como ele sempre parecia ter uma solução criativa. Aquela era uma das muitas coisas que sempre me atraíram em Daniel. Muitas noites íamos de skate pela rua principal para jantar no nosso lugar de tacos de peixe favorito. Esse era o tipo de existência simples que eu e Daniel tínhamos em San Diego: o prazer de assistir o sol se pôr sobre o oceano, o cheiro de água salgada no ar, o som das ondas do oceano. Eu passara a maior parte da minha vida no deserto, a meros 482 quilômetros ao norte dali — apenas cinco horas de carro de distância, e ainda assim era um mundo totalmente diferente.

CAPÍTULO 12

Plano de ação

Nenhum de nós jamais realizará nada excelente ou importante, exceto quando escuta o sussurro que só se ouve sozinho.

— RALPH WALDO EMERSON

Tem uma coisa que sempre amei no meu relacionamento com Daniel: ambos somos criativos. Constantemente, temos ideias um com o outro. Conforme cresceu nossa conexão ao longo de nossos dois primeiros anos em San Diego, também cresceu nosso desejo de ajudar os outros. Eu estava escutando aquele sussurro de novo, aquela sensação de que havia recebido uma segunda chance de viver para fazer algo com um propósito maior. Não sabíamos exatamente o que faríamos, apenas que uma vez que tivéssemos a ideia certa, iríamos de alguma maneira dar um jeito. Uma noite, no final de 2004, Daniel e eu tivemos uma conversa, a versão de uma conversa que já havíamos tido diversas vezes.

— Depois de adoecer, aprendi a andar de *snowboard* e skate de novo por conta própria — comecei. — Mas o que existe lá fora para outros com pernas protéticas que querem praticar esportes radicais? Quais recursos eles têm?

— Nenhum — respondeu Daniel, lembrando-me de toda a pesquisa que eu tinha feito. — Mas e se *criarmos* algo, uma maneira para que atletas adaptados ao menos entrem em contato uns com os outros?

— Podemos começar algum tipo de fórum on-line — sugeri.

— Ou um site — acrescentou ele.

— Ou podemos abrir algum tipo de negócio — nós dois assentimos.

Daniel tinha razão: quando eu pesquisara na internet, não encontrara nenhum recurso. Havia muita informação a respeito de como aqueles com desafios físicos poderiam praticar esportes clássicos, como nadar, pedalar e correr; a Challenged Athletes Foundation (CAF) dominava esse assunto. Mas não havia nada para aqueles que, como eu, queriam praticar esportes radicais; ou que simplesmente queriam se conectar e compartilhar ideias a respeito de certas coisas, como encontrar as melhores pernas para *snowboarding*. No Google, eu digitara termos como "*snowboarder* amputado", "*snowboarder* deficiente", e "*snowboarder* protético". Nunca consegui encontrar uma comunidade. Então, um dia, quando estávamos falando sobre nossa ideia com a mãe de Daniel, Nancy, cuja carreira é a filantropia, ela falou:

— Deviam tentar algo sem fins lucrativos. — Daniel e eu ficamos muito animados com aquela ideia, o suficiente para nos inscrevermos em um curso sobre como abrir uma organização sem fins lucrativos.

A aula era lotada.

— Quero passar por toda a sala e que cada um de vocês divida conosco sua ideia para uma organização — disse a instrutora.

Um de cada vez, os alunos apresentaram suas ideias, e alguns disseram coisas como "Eu quero salvar o mundo".

— Bem, mas como? — perguntou a professora. — Precisa ser específico.

Quando ela chegou em Daniel e eu, pronunciei-me.

— Tenho duas pernas protéticas e sou *snowboarder* — comecei. — Quero ajudar jovens e adultos com deficiências a aprender a praticar *snowboard* e a andar de skate.

Os olhos dela se acenderam.

— Foi a ideia mais concreta que escutei esta noite — declarou. — Acho que podem fazer isso dar certo.

A professora amou tanto nossa ideia que concordou em trabalhar conosco após a aula; a mãe de Daniel também nos ajudou. Elas nos guiaram por cada passo que precisávamos tomar para criar esse tipo de organização, como escolher um nome, montar um conselho administrativo, lidar com estatutos sociais e contratos sociais, e dar entrada nas documentações estaduais e federais. Escolher o nome certo era muito importante para mim. Minha história havia saído em alguns jornais de domingo locais, e muitas organizações com termos como *inválidos* e *deficientes* nos nomes tinham me procurado em busca de uma parceria. Eu sempre detestei esses termos. Queria focar nas capacidades, não nas deficiências, e queria que nossa organização atraísse pessoas com aquela mesma mentalidade.

Depois de dias pensando, Daniel e eu finalmente escolhemos um nome: Adaptive Action Sports (AAS), ou Esportes Radicais Adaptados. Eu amava a palavra *adaptados*, porque ela sugere uma atitude de "você vai dar um jeito", custe o que custar. E a parte "esportes radicais" do nome englobaria não apenas *snowboard* e skate, mas também esportes como escalada, ralis, motocross, entre outros.

Minha amiga Beth, que volta e meia arranjava papéis em Hollywood, ainda estava namorando o ator Jason Lee quando tivemos nossa ideia, e além de ser ator, Jason também é skatista profissional. Quando Beth contou a Jason sobre a nossa ideia da organização, ele amou; ele até concordou em dar o primeiro evento para arrecadação de fundos: uma exposição de arte em Los Angeles e uma em Nova York. Entre esses dois eventos, ele arrecadou trinta mil dólares, o suficiente para abrirmos a organização. No verão de 2005, a Adaptive Action Sports estava oficialmente estruturada e pronta para ser lançada.

O primeiro projeto patrocinado pela AAS foi um acampamento de escaladas. Um amigo nosso andava tentando organizar o acampamento em Lake Tahoe, porque conhecia alguns atletas lá que queriam aprender, então demos a ele um fundo para financiá-lo. Dessa forma, conforme nosso trabalho na organização foi ficando ainda mais intenso naquele primeiro ano, demos fundos para um grupo de skatistas com próteses que queriam entrar em uma competição. Desde o começo, resolvemos que queríamos que a AAS fosse nacional; queríamos que ela florescesse o suficiente para que Daniel e eu pudéssemos trabalhar naquilo em tempo integral como codiretores executivos. Até chegarmos naquele nível, no entanto, continuamos com nossos empregos fixos, e trabalhávamos na AAS juntos às noites e fins de semana.

Um de nossos primeiros grandes objetivos com a AAS: Daniel e eu queríamos que o *snowboard* adaptado entrasse no X Games, uma competição esportiva anual da ESPN que, na época, era como as Olimpíadas dos esportes radicais. Aos 19 anos, quando estava presa naquela cama de hospital, passando pelos canais da tevê, lembro-me de assistir aos X Games de verão — e se tivesse visto apenas um atleta com uma perna protética, teria sido tão encorajador para mim. Nossa outra grande meta era incluir *snowboarding* adaptado nos Jogos Paraolímpicos. *Snowboard* já era um esporte olímpico, então, por que não ser também um paraolímpico?

Assim, nos meses e anos que se seguiram, perseguimos aquela missão. Começamos a organizar e realizar acampamentos de *snowboard* e clínicas de treinamento, um lugar onde nossos atletas pudessem ir e progredir em seu esporte, e também pudessem ter uma sensação de comunidade. Em nossos eventos, *snowboarders* podiam ter aulas e praticar para competir em um nível de elite. Também colaborávamos com outras organizações, como a CAF, para levar atletas a nossos acampamentos. Além disso, organizamos competições de *snowboard* adaptado com a USASA (Associação de Snowboard dos Estados Unidos da América), para que nossos atletas tivessem um lugar para competir.

Eu amava trabalhar na nossa organização. Antes de nos mudarmos para San Diego, achei que íamos viajar para o resort Big Bear nas montanhas de San Bernardino, sul da Califórnia, e fazer *snowboard* por diversão, mas, quando os negócios decolaram, a gente, na verdade, não viajava nunca. Às vezes eu ficava a noite toda acordada trabalhando, procurando instalações, encontrando patrocinadores, organizando as clínicas. Graças a meus pais, sou muito empreendedora, portanto, gostei de tomar as rédeas e criar uma coisa significativa para outras pessoas. Daniel e eu formávamos um ótimo time. Ele é mais visionário, eu sou mais de colocar a mão na massa. Não víamos nossa organização como apenas mais uma organização sem fins lucrativos: a víamos como um poderoso movimento — uma maneira de juntar atletas para fazer o aparentemente impossível, para diminuir a distância entre validez e invalidez. Ainda a vemos dessa maneira.

Aprendi que quando você tem qualquer tipo de desejo, é importante falar sobre ele e expressá-lo para o universo. Sempre quis atuar. Então, a todo lugar que ia, dizia às pessoas: "Adoraria ir para Los Angeles e tentar ser atriz". Disse isso para meu especialista em próteses, Kevin, muitas vezes, e um dia em 2005, Kevin recebeu um e-mail de um produtor de filmes independentes que estava procurando um personagem: uma mulher na faixa dos vinte anos de idade, com cabelos castanhos avermelhados, um estilo artístico meio *vintage* e uma perna protética. Como Kevin sabia de meu desejo de atuar, ele me colocou em contato com o produtor.

Liguei para ele imediatamente.

— Aqui é Amy Purdy — falei. — Meu especialista em próteses contou-me que está procurando uma atriz com uma das pernas protéticas. Eu tenho duas, mas ainda assim adoraria fazer um teste para o papel. — Deixei de lado o fato de que não tinha experiência com atuação. Nenhuma.

— Está bem — respondeu ele. — Vou enviar o roteiro para você. — Ele enviou, e eu imediatamente liguei para Beth em busca de algumas dicas quanto à melhor maneira de preparar-me. A personagem que eu ia interpretar era Alma, uma garota doce que não sabia ao certo o que estava fazendo, o que o tornou o primeiro papel perfeito para mim, porque eu também não sabia!

Cerca de uma semana depois da ligação para o produtor, dirigi até Los Angeles para o teste. Quando entrei na recepção, vi inúmeras outras jovens, que claramente estavam tentando conseguir o papel. Todas da sala de espera tinham cabelos castanho avermelhados, apesar de eu ser a única com pernas protéticas. Se o diretor não encontrasse uma atriz com uma prótese, me disseram, ele teria que contratar outra pessoa e fingir que ela não tinha uma das pernas.

Fiz meu teste, e apesar de estar nervosa, achei que fui bem. Depois, tive uma chance de conversar brevemente com o diretor Eli Steele.

— Sei que está procurando por alguém com uma perna protética — falei —, e tenho duas. Mas não existe um motivo válido para que essa personagem tenha apenas uma prótese. — Ele assentiu e sorriu, mas não falou muita coisa. No entanto, devo ter causado alguma impressão nele, porque logo depois recebi a grande novidade: eu conseguira o papel. O filme, que é sobre um jovem surdo (o ator Ross Thomas) que se vê no meio de um triângulo amoroso entre uma garota dos sonhos (Nora Kirkpatrick) e uma garota de verdade (eu), é chamado *What's Bugging Seth*.

Eu estava mais do que feliz. Tirei uma licença do meu trabalho no *spa*, e Daniel concordou em continuar o trabalho na AAS, enquanto eu estivesse longe. Durante os dois meses seguintes, dirigi entre San Diego e Los Angeles para os ensaios. Na cidade, ficava com Beth e Jason. Quando terminaram os ensaios, mudei-me para Carmel, no norte da Califórnia, para as filmagens. Morava nesse charmoso chalé com uma maquiadora e uma das outras atrizes, Nora; ela e Ross eram atores sérios e já haviam tido outros papéis. Como a novata do grupo, eu definitivamente estava fora de minha zona de conforto, mas geralmente é onde você deve estar para evoluir. Sou mestra em me colocar em situações desconfortáveis. Tenho uma mentalidade "pule antes, olhe depois". Em breve, descobriria que pulara rápido demais.

Eu era tão inexperiente que pensei que precisava memorizar o roteiro inteiro, que foi o que fiz durante toda a noite antes do primeiro dia de filmagens. Uma vez que havia terminado meu cabelo e maquiagem naquela tarde, fui para o set. Eu estaria na primeira cena, em um café durante a madrugada, em uma rua principal de Monterey. A equipe fechara a rua inteira só para as filmagens. Ao longo dela, havia trailers, luzes, a parafernália toda. Minhas mãos estavam tremendo, enquanto aguardava as instruções do diretor. Alguns minutos mais tarde, escutei a temida palavra "Ação!" e, subitamente, tive vontade de morrer.

Tentando esconder meu nervosismo, andei confiantemente até meu lugar no *set* e comecei a dizer minha fala. Estava tão nervosa que escutava meu coração batendo. Não fui muito longe e o diretor gritou "Corta!" e chamou-me de lado.

— Está bem, você está um pouco nervosa — disse ele. — Respire fundo algumas vezes e vamos fazer isso de novo. — Tudo em que conseguia pensar era em quantos outros atores, que de fato saberiam o que estavam fazendo, poderiam ter ganho esse papel. Ah, que pressão.

Minha segunda tentativa não foi muito melhor, mas eu ao menos consegui terminar a cena sem maiores danos. Meu nervosismo era tão evidente que eu não conseguia realmente focar em fazer meu personagem parecer tão caloroso e confortável quanto devia parecer naquela cena. Paciência. Era afundar ou nadar, e apesar de eu ter nadado, foi mais estilo cachorrinho.

Mais tarde naquela noite, liguei para Daniel.

— Não quero estar aqui — confessei entre lágrimas. — Acredito tanto que consigo fazer as coisas, mas quando tenho a chance de fazê-las, percebo que não sei que diabos estou fazendo!

Daniel tentou me acalmar.

— Eu acredito em você, querida — disse. — Vai conseguir fazer isso. Sei que consegue, e eles também. O diretor não teria contratado você se não achasse que conseguiria.

O discurso encorajador de Daniel foi o bastante para fazer-me ir ao *set* no segundo dia, que foi mais tranquilo. Em primeiro lugar, eu não estava tentando lembrar de um roteiro inteiro: desisti de toda aquela memorização e apenas foquei no que eu precisaria para o dia. Naquela segunda tarde, parada no *set* com Ross, perguntei a ele:

— Você não fica nervoso?

Nunca vou me esquecer do que ele disse:

— Sim, eu fico nervoso... mas nervos são energia. Você pode usar essa energia de forma negativa ou positiva. Se estou em uma cena emocional e preciso chorar, uso a energia nervosa como emoção. Se preciso rir, uso a energia como felicidade. Só precisa canalizar sua energia na direção certa. — Palavras sábias que aprendi a usar, tanto no palco quanto na vida.

Durante as semanas seguintes, fui de sentir-me completamente massacrada a sentir-me ligeiramente confiante em minhas habilidades. Quando consegui relaxar, gostei de desenvolver aquela personagem. Eu tinha mesmo algumas coisas em comum com Alma, mas uma grande diferença tinha a ver com nossas pernas: Alma sempre queria esconder suas próteses; na minha vida pessoal, eu chegara ao ponto em que realmente sentia orgulho em mostrá-las. Eu era a segunda pessoa do elenco com mais cenas (depois de Ross), e todo dia acordava e colocava minhas pernas com orgulho. Eu virara aquela página: minhas pernas não eram simplesmente algo preso a meu corpo. Elas eram extensões minhas.

Filmamos durante seis semanas. No final, eu podia ainda não estar no mesmo nível dos outros atores daquele filme, mas definitivamente provara a mim mesma que podia melhorar, e assim cumprira mais uma meta na minha lista de realizações na vida. Quando o filme estreou em Newport Beach, Califórnia, em abril de 2005, saiu-se muito bem no circuito independente do mundo todo. Ganhou primeiro lugar no Fargo Film Festival. Ele também ganhou prêmios no San Fernando Valley Film Festival, no Santa Cruz Film Festival e diversos outros. Minha família e Daniel foram comigo na estreia, e achei uma coisa muito estranha me ver na tela grande. Havia momentos em que tinha vontade de me encolher, cenas em que pensara: *Bem, espero que tenha ficado melhor do que estou achando*; mas também havia momentos em que reconheci o quanto crescera em seis curtas, enervantes e emocionantes semanas.

— Quero mudar para L.A. — Foi esse o anúncio que fiz a Daniel em uma noite de primavera de 2006. Depois de conseguir aquele papel principal no ano anterior, eu queria manter vivo meu momento como atriz. Tinha vontade de interpretar todo tipo de personagem, e também sonhava em estrelar um filme grande. Além disso, eu realmente me apegara a Beth, Jason e muitos de seus amigos atores e artistas, e frequentemente ia de carro para Los Angeles nos finais de semana. Era exatamente o tipo de comunidade da qual eu queria estar perto. Daniel e eu já havíamos conversado sobre uma possível mudança. Mas cerca de um ano após voltar de Carmel, decidi que era realmente hora de ir para Hollywood.

Daniel estava aberto à ideia. Sua única exigência era que morássemos perto da praia; ele não só amava a cultura relaxada e o clima de festa, mas também queria continuar trabalhando como instrutor de surfe. Então, depois de concordarmos naquele ponto, tudo que faltava fazer era arrumar as malas, dar os avisos prévios no trabalho, e dirigir duas horas para o norte. No outono de 2006, nos mudamos para um pequeno apartamento escondido em um bairro perto de Venice Beach. Tínhamos tido sorte de achar um apartamento relativamente barato em San Diego, mas o de Venice não era tão barato — mil e quinhentos dólares por mês por um lugar de um quarto com um forno do tamanho de um forninho de brinquedo.

Fui procurar emprego imediatamente. Consegui dois trabalhos de meio período em *spas*. Um era em um lugar novo chamado Lounge Spa, e o outro era no hotel Beverly Hilton. Também me matriculei para aulas de teatro à noite. Meu objetivo era me desafiar e realmente melhorar minha técnica. Então, entre o trabalho durante o dia, o curso e o tempo gasto com nossa organização, restava muito pouco tempo para qualquer outra coisa que não dormir, e em alguns dias não havia tempo nem mesmo para isso.

Só ficamos em Los Angeles durante um ano e meio, e o stress do trabalho e a pressão financeira fizeram deste um dos capítulos mais difíceis de nosso relacionamento. No final de nosso período lá, a economia começou a entrar em recessão; as pessoas simplesmente não estavam mais gastando com coisas desnecessárias, como massagens e limpezas de pele, como gastavam antes, então, minha renda caiu. Às vezes, eu ficava esperando um dia inteiro e só conseguia fazer uma depilação de sobrancelha de 15 dólares e, em vez de gastar com massagens caras em um hotel chique como o Beverly Hilton, muitos clientes estavam procurando alternativas mais baratas em seus próprios bairros. Eu amava a qualidade do nosso serviço no Beverly, mas simplesmente não tínhamos clientela suficiente para manter-me ocupada naquele período.

Daniel queria voltar a estudar e terminar algumas matérias, e como a maioria de seus créditos não poderia ser transferida para outro lugar, ele queria voltar a Gunnison, Colorado, logo depois de Crested Butte. Como Daniel estava perto de se formar, só ficaríamos um ano — e por mais que ele não se arrependesse de ter feito uma pausa nos estudos, ele realmente queria o diploma. Então, no final de 2007, nos mudamos para as montanhas do Colorado. Francamente, por mais desapontada que eu estivesse por não ter continuado atuando, estava pronta para ir embora. Estava tão cansada de viver com o dinheiro na conta. E queria pegar Roxy de volta. Não apenas estava louca de vontade de reencontrá-la, como também sabia o quanto ela amaria as montanhas.

Quando encontramos um lugar para morar no Colorado, algumas de nossas pressões financeiras diminuíram imediatamente. Pagávamos oitocentos dólares por mês por uma deslumbrante casa de dois andares, três quartos e bancadas de mármore por todo lado. A casa ficava perto de um rio e um pasto de cavalos; o lindo Crested Butte Mountain Resort ficava a apenas quarenta minutos de distância. O cheiro ao ar livre era maravilhoso. Eu amava o cheiro da grama fresca. Andávamos de bicicleta, e Roxy ia correndo ao nosso lado, suas orelhas molengas voando contra o vento. Todo o ambiente era saudável, e era ótimo estar de volta em um lugar onde podíamos respirar de verdade, especialmente depois de toda aquela poluição e engarrafamentos. Enquanto Daniel estudava, eu trabalhava na organização em tempo integral. Foi o plano com o qual tínhamos concordado durante nosso ano lá. Quando voltamos ao Colorado, Daniel já havia feito um trabalho sólido para o *snowboard* entrar nos X Games. Estávamos ambos determinados a ver aquilo acontecer — de um jeito ou de outro.

CAPÍTULO 13

Transição

Todas as grandes mudanças são precedidas pelo caos.

— DEEPAK CHOPRA

NOSSO ANO NO COLORADO PASSOU rápido. Enquanto eu seguia em frente com o trabalho na nossa organização, Daniel completou parte de seus estudos; estar de volta à faculdade deixou claro para ele que gerência de resorts não era sua verdadeira paixão. Em vez disso, ele queria dedicar toda sua energia para nossa organização. Então, em 2008, quando ele terminou a última matéria que queria fazer, resolvemos nos mudar de novo. Fomos morar no lugar com o qual eu sonhara pela maior parte da minha vida: Lake Tahoe.

Tahoe era tudo que eu tinha imaginado, e ainda mais bonito. Pinheiros em volta da nossa casa deixavam um incrível cheiro em todo o lugar. O lago em si era deslumbrante: águas cristalinas que ficavam ainda mais bonitas quando a luz atingia sua superfície. Em diversas noites de verão, Daniel e eu caminhávamos até o lago com uma garrafa de vinho, alguns queijos e torradinhas e fazíamos nosso próprio piquenique. Eu ficava sentada ali, olhando a água, perguntando-me se minha mãe e meu pai teriam um dia sentado naquele mesmo lugar, admirando o mesmo pôr do sol alaranjado. Outras vezes, acendíamos uma fogueira, fazíamos um churrasco, e sentávamos do lado de fora de casa, absorvendo toda aquela beleza ao nosso redor.

Consegui um trabalho sob demanda em um pequeno *spa*, e continuamos a insistir em conseguir que o *snowboard* adaptado entrasse nos X Games. Quando ainda estávamos em Los Angeles, Daniel tinha contatado os chefões da ESPN. Ele apresentou nossa ideia, mas eles escolheram deixar passar.

— Que outros esportes fazem parte da sua organização? — um dos executivos perguntou. Daniel deu a lista a eles, que pareceram gostar do motocross adaptado. Ficamos desapontados por eles não quererem investir no *snowboard* adaptado, mas rapidamente mudamos de estratégia e focamos em conseguir ao menos o motocross nos X Games de verão. Nossa persistência deu certo. Na primavera de 2008, os executivos resolveram acrescentar motocross adaptado para a lista de esportes de verão daquele ano; nós também conseguimos uma exibição de skate adaptado nos X Games. Quando os atletas ouviram falar da competição de motocross, voaram de toda parte do mundo, apenas pela chance de competir. Daniel e eu estávamos felicíssimos. Depois de colocar tanta energia em um projeto, é muito satisfatório vê-lo dar certo. Poucas experiências comparam-se a isso.

Por volta dessa época, mais algumas oportunidadcs na mídia apareceram. A revista *Women's Health* fez uma reportagem sobre minha vida, e logo depois fui convidada para palestrar em uma conferência para mulheres. Era um evento corporativo, e quando perguntaram qual era o meu cachê, não fazia ideia de quanto cobrar. Então dei um número aleatório: oito mil dólares. Eles concordaram com o valor e comecei a preparar meu discurso. Quase fiquei louca tentando decidir quais histórias contar e a melhor maneira de estruturar a palestra. Por onde começar? Eu estava em pânico. Parei de comer. Começava um rascunho e segundos depois amassava a página em uma bolinha e a jogava no lixo. Mal conseguia dormir. Quase fiquei doente de preocupação. Como você resume quase trinta anos de vida em quarenta minutos? Fico chocada por Daniel não ter me abandonado, porque por um curto espaço de tempo, perdi a cabeça.

Senti tanta pressão tentando preparar um discurso digno de oito mil dólares que desisti — a primeira e última vez que desisti de um grande compromisso. Sim, durante anos quis falar, mas querer falar versus *conseguir* fazer um grande discurso motivacional são duas coisas diferentes. Queria ter dito que daria o discurso de graça, porque oito mil dólares tornou a pressão grande demais para uma primeira vez. Então, comecei a discursar voluntariamente; só para ganhar alguma experiência. Também fiz uma aula de oratória, e por mais que o que tenha aprendido lá não tenha sido exatamente revelador, ao menos me fez pensar na melhor maneira de contar minha história. Cada vez que eu fazia aquilo, tornava-me ligeiramente mais confortável — um pouco mais tranquila em abrir-me sem medo.

Gosto de quadros de visualização. Então, no verão de 2009, pendurei uma pequena cortiça na parede de nosso quarto em Tahoe. O quadro era uma das primeiras coisas que eu via quando me levantava de manhã. Enchi o quadro com palavras e imagens relacionadas a experiências que eu queria ter. Tocar piano. Viajar. Ter uma casa própria. Tinha até uma foto de Chris Farley, do *Saturday Night Live*, como palestrante motivacional. Uma vez, arranquei um anúncio da Element Eden, uma companhia de skate e roupas que encoraja o ativismo social. Eu respeitava o trabalho da Element Skateboards (a companhia dona da Element Eden) e havia conhecido a diretora de marketing em um de nossos eventos.

Bem, uma manhã, alguns meses depois de colocar aquele anúncio no meu quadro, recebi uma ligação.

— Aqui é Jardine Hammond, da Element Eden. Não sei se lembra de mim, mas vamos fazer uma sessão de fotos em Newport Beach amanhã, e achamos que você seria perfeita para o trabalho. Nem sei se você ainda está na Califórnia ou por perto, mas adoraria que viesse. — A sessão de fotos, chamada de *Power to the Planet*, era parte de uma campanha com pessoas superando seus limites e fazendo coisas interessantes com suas vidas; ela incluía skatistas profissionais, artistas e músicos. Não apenas eu tinha tempo e interesse, mas estava em Los Angeles, fazendo um trabalho como freelancer, quando recebi a ligação.

— Sim, adoraria participar — respondi. Parecia que era para ser.

Quando cheguei lá, quem diria, a garota do anúncio no meu quadro estava sendo fotografada! Naquele dia, conheci Johnny Schillereff, fundador da Element. Johnny, ex-skatista profissional e, em grande parte, responsável pelo esporte se tornar o que é hoje. Ele convidou a mim e a alguns outros skatistas para jantar com ele aquela noite, e também pediu para que eu me sentasse à sua mesa.

— Assim que vi você hoje — contou —, percebi uma pessoa incrível! Contei tudo sobre você à minha esposa. — Naquela noite, acabamos tendo uma conversa ótima, e no dia seguinte, visitei os escritórios da Element. Ele me pediu para ser uma representante; uma de vários skatistas, artistas e humanitários que estão fazendo diferença no mundo e que representam a Element. Concordei e prometi manter contato.

Um mês depois, Johnny me ligou:

— Surgiu uma chance de discursar — disse ele. — Fui convidado a dividir minha história com mil e duzentos estudantes da Newport Beach High School. Seria ótimo se pudesse vir e falar também durante alguns minutos.

— Com certeza — respondi imediatamente. Aquilo não somente me daria mais uma rodada de prática discursando, mas dez minutos falando com jovens estudantes é bem menos intimidador do que uma hora falando com executivos do mundo corporativo. Eu estava realmente animada com isso.

Assim, Johnny falou primeiro e, em seguida, me olhou com uma expressão que dizia: "Está bem, está pronta para sua parte agora?". Eu estava. Tive quarenta minutos para ficar sentada ali e me sentir confortável no ginásio, enquanto Johnny falava. Portanto, andei até o pódio. Minhas mãos tremiam um pouco. Mas então, comecei a falar exatamente como ensaiara:

— Meu nome é Amy Purdy, e essa é minha história. — Durante os 15 minutos seguintes, não se ouvia o barulho de um alfinete cair enquanto eu falava. Depois, dúzias de estudantes vieram até a frente para falar comigo pessoalmente. Alguns queriam me abraçar ou tirar uma foto comigo; outros estavam à beira das lágrimas enquanto dividiam algumas das dificuldades que eles mesmos já haviam superado. Nos meses seguintes, fiz mais um discurso com Johnny, e então, fui convidada para ser oradora em uma conferência juvenil para estudantes do colegial de toda a região de Newport Beach. A cada vez que subia no palco, sentia-me mais confiante, e aquela confiança aumentava a força de minha história.

Em setembro de 2009, ouvi Johnny falando com a diretora de marketing sobre uma viagem que estavam planejando.

— Estamos fazendo uma parceria com os sapatos Toms para levar centenas de pranchas de skate e sapatos para crianças da África do Sul — explicou ele. Ele não ia pessoalmente, mas enviaria algumas pessoas de sua companhia para a viagem de duas semanas. Aquela parecia uma daquelas oportunidades que só aparece uma vez na vida. Então, no dia seguinte, mandei um e-mail ao Johnny. "Se estiver procurando mais uma pessoa para ir à África", escrevi, "eu adoraria ir". Em menos de dez minutos, ele respondeu com um "Você está dentro". Nossa! Às vezes tudo que você precisa fazer é pedir.

Dali, o plano tomou forma. Naquele outubro, um grupo nosso ia voar junto de Los Angeles para um projeto chamado "The South African Shoe Drop". Eu estava na Lua! Andava precisando de alguns reparos na perna, então, antes de partir para um lugar tão longe, sabia que primeiro precisaria ir a Vegas ver Kevin. Esta seria minha primeira grande viagem internacional, e eu queria estar em perfeita forma.

Enquanto esperava pela grande aventura na África do Sul, tornei-me cada vez mais frustrada com nossa situação financeira. Vivíamos no limite. Só para pagar o aluguel, trabalhava como freelancer, mas mesmo com aquela renda, ainda precisava pedir dinheiro emprestado para meus pais às vezes. Eles não tinham problemas com isso; mas eu tinha. Queria ter meu próprio dinheiro. Pagar minhas próprias contas. Trabalhar para concretizar meu plano de ter segurança financeira.

Os anos de dificuldades financeiras pesaram muito em meu relacionamento com Daniel. As coisas estavam ainda mais tensas entre nós dois do que haviam estado quando moramos em Venice. Frequentemente, tínhamos grandes discussões. Eu sabia que em algum momento, poderia precisar de mais um transplante de rim — sempre existe esse risco, mesmo depois de anos — e de onde tiraria dinheiro? Quanto mais eu me preocupava, mais falava de nosso futuro financeiro. Queria que ele tivesse a mesma sensação de urgência que eu tinha de organizar nossas vidas, para termos alguma estabilidade monetária. Comecei a perceber que estava sendo egoísta confiando só nele para prover aquela segurança, e que precisava provê-la por mim mesma.

Nossa parceria profissional também sofreu. Eu queria que tudo corresse bem, que os detalhes de nossa organização sem fins lucrativos estivessem completamente sob nosso controle, então, me vi esmiuçando questões como: "Conseguiu finalmente mandar aquele e-mail hoje?". Aquilo não era bom para nenhum de nós dois, e é claro que irritava Daniel. Nossa comunicação sofreu.

Quando refleti sobre todos os anos que passamos juntos, pude ver que estávamos presos em alguns padrões nada saudáveis. Também pude ver que estávamos crescendo em direções diferentes. E apesar de ainda amá-lo com todo o meu coração e considerá-lo meu melhor amigo, sentia que precisávamos passar um tempo separados. Ainda estaríamos conectados de certa forma, é claro, porque tínhamos a organização para cuidar. Mas mesmo mantendo a AAS em funcionamento, sabia que precisávamos de espaço.

— Nós dois precisamos dar um passo para trás, fazer algumas mudanças em nossas vidas, e ficarmos de pé em nossos próprios pés — expliquei, em uma conversa cheia de lágrimas. — E então, se resolvermos voltar a ficar juntos, vamos voltar inteiros. — Daniel não via as coisas daquela maneira, ele queria que trabalhássemos nas nossas diferenças mantendo o relacionamento. Mas eu estava resolvida de que precisava da liberdade de trilhar meu próprio caminho por um tempo. Então, logo depois de ser convidada a viajar para a África do Sul, Daniel e eu nos separamos. Ele ficou em Tahoe. E em vez de simplesmente dar um pulo em Las Vegas para reparar minhas pernas, fiz planos de me mudar de volta para lá, indefinidamente.

CAPÍTULO 14

Horizontes

Eu não estive em todo lugar, mas isso
está na minha lista.
— SUSAN SONTAG

Eu estava atrasada. Minha amiga de Vegas, a ex-colega de turma com quem fui morar quando voltei à minha cidade natal, correu comigo até o aeroporto para eu pegar meu voo para o Aeroporto Internacional de Los Angeles; era lá que eu iria encontrar o restante da equipe para nossa viagem à África do Sul. Quando cheguei ao balcão no aeroporto de Vegas, mostrei minha carteira de motorista para o atendente.

— Estou no próximo voo para Los Angeles — anunciei sem fôlego.

— Srta. Purdy? — disse ela, olhando minha carteira enquanto digitava no computador. — Sinto muito, mas não vai conseguir pegar esse voo.

— Como assim não posso entrar nesse voo?

— Precisa estar aqui uma hora antes do voo para garantir seu lugar — explicou ela. — Se não tiver feito check-in a tempo, seu assento vai para a próxima pessoa na lista de espera. Vou ter que colocá-la no próximo voo.

Olhei para meu relógio. Eu perdera a hora por exatamente dois minutos; *dois*.

— Não pode, por favor, simplesmente me deixar entrar?
— Desculpe, senhora, mas são as regras da companhia.

— Olha, irei para a África do Sul mais tarde, e vamos fazer uma enorme doação de sapatos para crianças pobres de lá — falei alto, esperando que alguém da fila comprida atrás de mim escutasse minha história e tivesse pena de mim. Ninguém nem piscou. — Se eu perder esse voo, também vou perder meu voo de L.A. para a África do Sul. Existe alguma coisa que você possa fazer para ajudar-me a chegar na África?

— Não — respondeu ela, mal levantando o olhar de seu teclado. Ela devolveu minha carteira de motorista e a nova passagem. — Já coloquei você no voo seguinte. Ele sai daqui a três horas. — Perdi o controle. Depois de olhar o monitor de partidas e chegadas no alto por um segundo, fui diretamente até o portão do meu voo original, o que eu aparentemente ia perder.

— Com licença, senhoras e senhores — falei para as cerca de quarenta pessoas esperando o voo. — Meu nome é Amy Purdy, e como podem ver tenho duas pernas protéticas. — Tive que usar esse trunfo. As pessoas encararam minhas pernas de metal. — Estou indo para a África do Sul para doar sapatos a crianças carentes de vilas, e eu nem tenho pés. Se eu não pegar este voo para Los Angeles, não poderei ajudar essas crianças. Alguém aqui poderia fazer a gentileza de pegar o próximo voo e me deixar ficar com seu lugar? — Silêncio total. Podia ler nas expressões no rosto de todos o que estavam pensando: *Essa garota é louca*. Então, comecei a argumentar com a atendente no balcão do portão de embarque. Ela não cedeu.

Alguns minutos depois, todos os passageiros daquela área de espera entraram no avião e a porta foi batida. Eu perdera minha chance. Foi quando houve uma mudança de curso e um outro atendente, um homem alto e negro, ocupou o lugar atrás do balcão de embarque. Ele me notou aos prantos na minha cadeira.

— O que está acontecendo? — perguntou. Levantei e andei até o balcão.

— Perdi este último voo para L.A. — respondi, secando uma lágrima —, e agora não vou conseguir pegar meu voo para a África do Sul. — Contei a ele toda a história da doação de sapatos. Ele olhou diretamente para mim.

— Bem — começou ele em uma voz grossa —, ninguém vai negar uma viagem até meu país natal por causa de um voo perdido! — Em seguida, sem dizer mais nada, ele correu até a porta de entrada do corredor até o avião, pediu pelo rádio para que uma comissária de bordo a abrisse para ele, e marchou corredor abaixo. Quando voltou, estava com um passageiro a seu lado, alguém que se oferecera para pegar um voo mais tarde. — Vá sentar no seu lugar — ordenou ele, com um sorriso enorme no rosto. Levantei-me em um salto, agradeci profusamente o homem que me deu seu lugar e corri para pegar meu voo. Não acreditava que tinha conseguido! Encontrar esse homem incrível que calhou de ser do exato país para onde eu estava indo é apenas mais uma prova de que tudo acontece por um motivo.

Cheguei em Los Angeles, encontrei com a equipe e embarquei naquele voo para a África. Por mais ansiosa que estivesse nos dias anteriores à viagem, de repente, tive medo. Minha mente estava cheia de perguntas: *Como vai ser essa viagem sem Daniel, a pessoa com quem estive a maior parte da minha vida adulta? Como será viajar com pessoas que mal conheço? E se eu ficar enjoada?* Em breve descobriria.

Quando Johnny me ofereceu a viagem, eu imaginara vilarejos com cabanas cobertas de grama. Quando chegamos em Durban, logo descobri como estava errada. No caminho do aeroporto até a cidade, fiquei surpresa em ver como o lugar parecia desenvolvido. Parecia o tipo de cidade que se vê em diversas partes dos Estados Unidos. Passamos por bairros cheios de jardins verdes e crianças jogando futebol em lindos parques. As mercearias pareciam limpas e modernas. As pessoas estavam bem vestidas. Nós nos hospedamos em um hotel aconchegante com chalés administrado por um simpático casal local.

— Precisa tomar cuidado com babuínos — avisou a esposa com um sorriso. — Eles são bem atrevidos! Mantenham as janelas fechadas.

Depois de uma curta estadia em Durban, finamente fomos às vilas para começar a doação. Elas não se pareciam em nada com o que eu imaginara. Eram bem cuidadas, e muitos de seus habitantes estavam ao ar livre cuidando de jardins pitorescos quando chegamos. No entanto, aparências à parte, a realidade da vida naquelas vilas é algo difícil de imaginar.

— Nesta região — disse nosso guia na viagem de ônibus de Durban —, um a cada quatro bebês morre de desnutrição. — E muitas crianças sucumbem ao HIV também, porque, ou não sabem que são portadoras, ou têm medo de pedir ajuda médica devido ao estigma que a doença tem naquelas comunidades, ou porque não podem receber ajuda médica.

E a quantidade de crianças adoráveis era enorme. Deviam ter visto suas carinhas lindas! Quando pegamos os sapatos e os colocamos em seus pés, algumas delas choraram. Outras dançaram e cantaram. Muitas sussurraram envergonhadas: "Obrigada". O estado de seus sapatos velhos entristeceu-me. Muitas usavam sapatos três números menores. Tive vontade de voltar correndo para a América, juntar minhas dúzias de pares de sapatos e voltar para acrescentá-los aos vinte mil pares que estávamos dando. Ironicamente, eu não tinha pés, mas tinha mais sapatos do que o necessário. Essas crianças tinham os dois pés, mas nunca sapatos suficientes para andar por aí.

Antes de eu viajar, mamãe ficava dizendo: "Vai ser a viagem da sua vida". E foi. Voltei para casa com lembranças inesquecíveis. Como observar o prazer simples das crianças ao brincar com as caixas de sapato vazias que deixamos para trás. Conhecer um grupo de mulheres da vila que nos serviram uma deliciosa refeição de carne de cabra, beterrabas e batata doce, diretamente de seus próprios jardins. Ver um deslumbrante leopardo caminhando ao longo do horizonte um dia — e mais tarde ver outro chegar a um metro e meio de mim, na nossa excursão de jipe por uma reserva natural. Ver a manada de enormes elefantes que chegaram perto de nosso abrigo no último dia, enrolando suas trombas nos aloés para pegar suas folhas e, em seguida, bebendo água da jacuzzi e cuspindo-a por todo lado, como se estivessem nos dando adeus antes de nossa volta para casa.

"A parte mais sombria da África sempre foi nossa ignorância a respeito dela", disse George Kimball, um geógrafo. Em uma jornada maravilhosa — não indiretamente, vendo as páginas da *National Geographic*, mas de perto, vendo com meus próprios olhos — descobri tanta luz em um continente que frequentemente é temido e raramente compreendido. Não apenas voltei para casa com o desejo de sempre fazer parte de caridades; como também percebi que recebera um presente incrível: uma revelação. Por mais diferente e distante que o povo da África do Sul possa parecer a alguns, eles não são tão diferentes assim de nenhum de nós. Podemos estar separados por oceanos e continentes, mas todos ainda temos esperanças, paixões, objetivos e sonhos. Mães querem o melhor para os filhos. Crianças querem ser nutridas. E pessoas de todo o planeta — da África do Sul até a América e além — simplesmente querem ser afirmadas. Validadas. Amadas.

A onda de animação que senti após minha grande aventura durou cerca de três semanas. Conforme a vida retomou seu ritmo normal, senti meu humor piorando. Eu estava em Vegas. De novo. E desta vez, não tinha pais nem irmã por perto. Eles todos haviam se mudado para Boise, Idaho, pois acharam que seria um bom lugar para os filhos de minha irmã crescerem; podiam brincar em colinas e rios e conhecer seus vizinhos de verdade. Minhas tias e primos ainda estavam por perto, e eu me sentia próxima deles. Mas quando ligava para os velhos amigos de Vegas para sair, estavam sempre ocupados com suas famílias. Tinham seguido em frente com suas vidas.

Mantive-me ocupada com o trabalho. Coloquei mais um item na minha cortiça de sonhos: uma foto de 35 mil dólares. Era esse o dinheiro adicional que eu queria ganhar até o final do ano, através de meus discursos, meu trabalho com a Element, ou qualquer outro tipo de trabalho que eu pudesse arranjar. Em um dos meus livros favoritos, *Your thoughts can change your life*, li uma frase que amei: "Para trazer algo à sua vida, imagine que este algo já está nela". E foi exatamente o que comecei a fazer.

Em uma noite de fevereiro de 2011, abri meu e-mail e passei o olho pelas mensagens. Parei quando li uma com o assunto "Evento de palestra". O e-mail era de Linda, a mulher que organizara aquele evento em Newport Beach, em que eu discursara, em 2009. Cliquei no e-mail e, sem ler a mensagem principal, fui direto abrir o anexo. Era uma bem feita apresentação de PowerPoint. No primeiro slide, vi a frase "TED". "Convidamos você... a dar o discurso da sua vida... em 18 minutos ou menos... em 18 de maio de 2011". Eu quase desmaiei.

Eu amava o TED. Daniel mostrara-me tudo a respeito alguns anos antes, e eu assistira diversos discursos inspiradores. Então, estava bastante ciente de que falar no TED poderia lançar uma carreira. Eu até fantasiara sobre um dia falar nele, talvez quando já tivesse uns 45 anos e experiência suficiente. O pessoal do TED havia enviado o e-mail à Linda, e ela o estava encaminhando a mim. Havia um número de telefone e um nome para o TEDx Orange Coast. Liguei imediatamente.

— Alô, sim, aqui é Amy Purdy — falei, tentando pronunciar bem cada palavra e usar minha melhor voz de discurso. — Acabei de receber um convite para falar na sua organização. Eu realmente adoraria participar.

— Sim, oi Amy! — respondeu a mulher. — Isso é maravilhoso. Ficamos animados com a possibilidade de um discurso seu.

— Como ouviram falar de mim?

— Bem, o panfleto de um evento em Newport Beach veio parar na minha mesa e o pouco que li realmente me deixou fascinada — explicou ela. Ela entrara em contato com a organizadora daquele evento, Linda, para entrar em contato comigo. Eu mal podia acreditar.

Quando me dei conta de que isso estava *realmente* acontecendo, comecei a surtar. E, então, fiz o melhor para canalizar aquela energia toda para ter foco. "Eu posso usar isso para criar uma enorme plataforma", contei a Daniel mais tarde, "ou dar apenas o discurso. A escolha é minha, na verdade". A organizadora do TEDx tinha me contado que o tema do evento era ultrapassar limites. Minha mente começou a se encher de ideias sobre as diferentes partes da minha história que eu poderia compartilhar.

A responsabilidade para esse discurso era grande, então, me pressionei seriamente. Pensava: *Se esse fosse o único discurso que eu iria dar, o que gostaria de dizer?* Escrevi um monte de histórias minhas que não sabia como juntar em um discurso coerente. Isso durou semanas, e ainda assim não conseguia me organizar. E a cada dia que passava, me deixando cada vez mais perto de 18 de maio, ficava mais lunática.

Duas semanas antes do evento, TEDx marcou um encontro entre uma de suas treinadoras, uma mulher chamada Barbara, e eu. Marcamos uma chamada por Skype para que eu lesse meu discurso para ela.

— Eu adorei — ela me disse depois. — Você claramente já fez um ótimo trabalho. Mas quero que se aprofunde mais. — Aprofundar-me? Argumentei com ela a princípio, mas, em seguida, percebi que tinha razão. Eu estivera apenas passando superficialmente pelos tópicos mais difíceis, como perder minhas pernas e o transplante, sem realmente compartilhar *todos* os meus sentimentos sobre aquelas experiências. — Quero que traga à tona a mesma sensação que teve quando estava passando por essas coisas.

Então, criei um segundo rascunho, que ela gostou. Mas nos dias seguintes, ele foi cortado. E cortado. E cortado mais uma vez. Dois dias antes da palestra, tinham me passado dos prometidos 18 minutos para oito. Diversas outras pessoas dariam discursos ao vivo naquele dia para um público de mais de 1500 pessoas, e o tempo teve de ser redistribuído. Eu estava um caco, mas consegui fazer os cortes.

— Agora precisa decorá-lo — orientou ela.

O dia do discurso chegou. Dirigi até o deslumbrante auditório em Orange County; que parecia uma casa de ópera. Imediatamente, senti-me intimidada: Quando passei os olhos pela programação, notei que os outros palestrantes eram *experts* nas suas áreas, algumas das mentes mais brilhantes do país. Quem era eu para estar lá?

— Vamos fazer um ensaio rápido — sugeriu Barbara. Então, repeti o discurso completo; e estraguei tudo. Minha mente se embaralhou tanto que não consegui me lembrar da maior parte do que decorara.

— Não sei se consigo fazer isso! — exclamei aos prantos. Também estava chorando por causa de todo o estresse acumulado durante esses últimos três meses. Comecei a andar de um lado para o outro tentando recitar. — E se eu começar a chorar?

Barbara fez o seu melhor para me acalmar.

— Neste momento — disse —, precisa ter fé em Deus de que, se chorar, será na hora certa.

Fiquei nos bastidores, esperando meu nome ser anunciado. Enquanto esperava, pensei: *Tudo bem, Barbara tem razão. Preciso me acalmar e fazer o que puder. O trabalho já está feito. Agora é só subir no palco e aproveitar.* Sentia-me tonta, e meu coração palpitava dentro do peito. Finalmente, escutei meu nome.

— Senhoras e senhores, por favor, deem as boas-vindas a Amy Purdy. — Aplausos. Entrei no palco, pigarreei e comecei:

— Se sua vida fosse um livro, e você fosse o autor — comecei —, como gostaria que fosse a história? — Dei uma pausa e respirei fundo, como se estivesse me energizando para as próximas palavras. — Essa é a pergunta que mudou minha vida para sempre.

A sala, que já estava bastante quieta, ficou totalmente em silêncio. Durante os oito minutos seguintes, enquanto eu falava, minhas mãos tremiam, minha voz desafinou um pouco, e, no entanto, minha história fluiu do lugar mais cru e honesto do qual eu jamais havia falado.

— Talvez em vez de olhar para nossos desafios e limitações como coisas negativas ou ruins — disse no final —, possamos começar a olhar para eles como bênçãos, presentes magníficos que podem ser usados para estimular nossas imaginações e nos ajudar a ir mais longe do que jamais pensamos que poderíamos ir. Não se trata de ultrapassar limites, trata-se de pulá-los e ver que lugares incríveis eles podem trazer para nós. — Quando olhei para a plateia, todas as pessoas sentadas na frente estavam chorando. Até alguns senhores estavam tirando seus óculos bifocais para secar as lágrimas. Soube que havia conseguido. Dera um discurso perfeito por causa de suas imperfeições. Foi isso que fez dele o discurso da minha vida.

Menos de um mês depois de meu discurso, minha doce Roxy — meu anjo canino — faleceu; dois meses antes, o veterinário a diagnosticara com câncer na bexiga. Ela sobreviveu tempo o bastante para me acompanhar na preparação para o TED. Passou longas tardes a meu lado, farejando, perseguindo outros cachorros e me trazendo a mesma alegria que sempre trouxera. Acredito que cães, como humanos, às vezes sobrevivem apenas para cuidar da gente durante um período. Quando Roxy finalmente fez sua passagem, em 10 de junho de 2011, o fez em um momento crítico da minha história. Eu não sabia na época, mas minha vida e minha carreira estavam prestes a decolar.

Daniel e eu voltamos. Nossa separação não durou muito, mas não precisava durar. Aprendemos o que tínhamos de aprender. Eu provara a mim mesma que poderia alcançar meus sonhos financeiros sem colocar a expectativa toda em cima dele. Quanto a ele, Daniel crescera o equivalente a uma década em um ano. Ele se tornara extremamente focado na organização. Estava claro que ele não só poderia ser o poderoso visionário que sempre fora, como também desenvolvera disciplina suficiente para cuidar dos detalhes. Enquanto crescíamos cada um na nossa direção, também passamos a nos amar cada vez mais. Às vezes, você precisa deixar alguém ir, para lembrar-se do que mais gostava naquela pessoa no começo. Queríamos ficar juntos, mas Daniel não queria se mudar para

Boise, e eu não queria voltar para Tahoe. Então, fizemos planos de nos juntarmos em Crested Butte, no inverno de 2011.

O número no meu quadro de visualizações acabou sendo profético. No final de 2010, eu ganhara quase os exatos 35 mil dólares a mais, com uma diferença de centavos. Pensei, *Por que não coloquei duzentos mil no quadro?* Pode acreditar que aumentei o valor para pelo menos cem mil depois daquilo! Mostrara a mim mesma que podia sobreviver fazendo o que amava. Achei que convites viriam aos montes depois do discurso na TEDx Orange Coast, mas inicialmente, não houve muito movimento. Quando meu discurso foi postado na internet, ele teve menos de mil visualizações.

Mas no outono de 2011, recebi um e-mail do time nacional do TED: "De centenas de discursos analisados", dizia o e-mail, "o seu foi escolhido para ir ao vivo na página da TED.com amanhã". Quando entrei na página na manhã seguinte, já tinha mais de quarenta mil visualizações! Desde então, meu discurso foi traduzido para diversos idiomas, e foi visto e compartilhado milhões de vezes. E pensar que quase desisti dele por ter sido tão difícil de preparar. Depois da postagem na *homepage* oficial, convites para palestras choveram de toda parte do mundo, e eu comecei a me tornar uma palestrante motivacional altamente requisitada. Meus cachês aumentavam conforme eu pesquisava e tinha coragem suficiente para pedir um valor competitivo. Aquilo significava que eu tinha mais renda para minha segurança financeira, assim como fundos para nossa organização.

Daniel e eu começamos a organizar ainda mais acampamentos e competições de *snowboard*, o que foi a melhor maneira de fazer crescer o esporte. Em 2011, eu mesma competi na França e vim para casa com duas medalhas de ouro; também competi na Nova Zelândia e ganhei um ouro. Na época, companhias não nos patrocinavam ainda porque não éramos reconhecidos como um esporte oficial, motivo pelo qual nossos atletas geralmente viajavam para esses eventos com dinheiro do próprio bolso, como eu mesma fiz para a competição na Nova Zelândia. Promover e participar daquelas competições era nossa estratégia para provar que o *snowboard* adaptado *deveria* ser um esporte oficial.

Tivemos uma grande vitória como resultado dessa estratégia. Em 2011, finalmente conseguimos fazer *snowboard* adaptado entrar nos X Games de inverno. Daniel e eu estávamos em êxtase. Tentamos usar essa vitória para mostrar ao comitê paraolímpico do que éramos capazes. Conforme o número de atletas que treinávamos e a frequência de nossas competições mundiais aumentava, também fazíamos parceria com algumas organizações de *snowboarding* internacionais, visando fazer ainda mais pressão para que nosso esporte fosse incluído nos Jogos Paraolímpicos de Inverno de 2014, em Sóchi. Ficamos bastante esperançosos sobre nossas chances quando um integrante do comitê paraolímpico russo foi à nossa Copa Mundial, na Nova Zelândia. Na verdade, quando subi ao pódio para receber meu prêmio, foi esse mesmo integrante do comitê que pendurou a medalha de ouro no meu pescoço. Eu já conseguia me ver em Sóchi. Todos nós conseguíamos.

CAPÍTULO 15

A corrida

A vida é uma grande aventura, ou então, não é nada.
— HELEN KELLER

EXATAMENTE UMA HORA DEPOIS DE nossa cerimônia de encerramento da Copa de 2011, na Nova Zelândia, soubemos pela imprensa: O comitê Paraolímpico de 2014 não iria incluir nosso esporte nas Paraolimpíadas de Sóchi.

— Está falando sério? — perguntei, jogando as mãos para o alto depois de ler o e-mail. Daniel estava tão surpreso quanto eu.

— Puxa, eu tinha quase cem por cento de certeza de que estava garantido — disse ele. Desde o dia em que começamos a AAS, essa havia sido nossa grande meta para o único esporte que sempre me fez sentir totalmente viva. E agora, nossos sonhos não iam se realizar. Estávamos arrasados.

Voltamos para Crested Butte de cara amarrada.

— O que eu *faço* a essa altura? — perguntei a Daniel. Estávamos tão animados com a possibilidade de Sóchi que eu já tinha até traçado um plano: treinaria durante os três anos que antecederiam as Paraolimpíadas de 2014. Mas quando a vida não sai conforme planejado — e não é que entendo bem disso? —, aprendi que você simplesmente tem que se reorganizar. Fiz isso mergulhando de cabeça no mundo das palestras. Se eu não conseguia colocar nosso esporte nos jogos de Sóchi, eu poderia ao menos ter uma carreira compartilhando minhas histórias e as lições que aprendi. Ainda organizávamos nossos acampamentos, mas um pouco da animação em torno do nosso trabalho havia se dissipado após tamanha decepção.

Nosso desapontamento não durou muito, porque logo depois recebemos grandes notícias. Daniel e eu fomos escolhidos para estar na 21ª temporada de *The Amazing Race*, o reality show em que duplas tentam vencer umas às outras em diferentes partes do globo. Os produtores da CBS já tinham entrado em contato conosco anteriormente, através de um amigo meu, um atleta paraolímpico; quando meu amigo e sua namorada perceberam que não poderiam participar, eles sugeriram Daniel e eu como substitutos. No final, não fomos escolhidos para aquela rodada, mas, da segunda vez, entramos.

Daniel e eu entramos para ganhar. Éramos habilidosos e viajados. Havíamos passados anos suficientes juntos, trabalhando em nossas diferenças, para que pudéssemos deixar de lado as discussões bobas que geralmente surgem entre os casais do programa. Ficaríamos focados na jornada à nossa frente. Levaríamos nossa corrida como levávamos nossas vidas e nossa organização: Corajosamente. Intensamente. Eficientemente. E, ao mesmo tempo, nos divertindo o máximo possível. Além disso, eu já decidira que minhas pernas não seriam um empecilho. Daniel e eu planejávamos tornar as coisas difíceis para os outros competidores.

Na linha de partida, em uma ponte em Pasadena, Califórnia, com as dez outras equipes (entre elas, dois gêmeos do Sri Lanka, lenhadores noivos, dois strippers masculinos e um casal de caminhoneiros), as apostas foram imediatamente aumentadas. Phil Koghan, apresentador do programa, anunciou:

— Pela primeira vez na história de *The Amazing Race*, terão a chance de dobrar seu prêmio! Funciona assim: se sua equipe ganhar a primeira e a última parte da corrida, vocês vão ganhar... dois milhões de dólares! — Todo mundo comemorou, e Daniel e eu trocamos um olhar que dizia: "Ah amigo, a gente vai ganhar essa parada".

Mas não ganhamos. Nem chegamos perto. Tivemos um bom começo (fizemos rapel de uma ponte e fomos um dos primeiros times a chegar lá embaixo), e recebemos nossa primeira pista, que nos enviou a Xangai. Dali, a versão resumida de nossa corrida foi que Daniel foi massacrado em uma partida de tênis de mesa contra um campeão nacional chinês de dez anos de idade; comemos o que achávamos ser miojo em uma tigela feita de mamão papaia vazio (que, na verdade, eram trompas de falópio de sapo, uma tradicional sobremesa chinesa), paramos em Bund (uma deslumbrante região de Xangai, à beira d'água), onde tivemos que achar uma mulher com um ábaco, um antigo instrumento de contagem, e depois de começar em segundo na Indonésia, perdemos quatro horas porque o motorista de nosso táxi não conseguia achar um "Wijaya Motors" (há diversos deles, e nosso motorista deve ter nos levado a cada um da região, menos ao *certo*). Fomos eliminados na segunda parada, em Surabaia, Indonésia.

Perder foi decepcionante, principalmente porque nosso objetivo principal era ver o máximo possível do mundo. Mesmo assim, havia muito a agradecer. Não apenas experimentei a Ásia pela primeira vez, mas recebemos tratamento de realeza ao sermos eliminados. Os produtores da CBS nos hospedaram em um luxuoso *resort* privado na Tailândia (com direito a uma grande piscina, massagistas e chefs particulares), onde festejamos, literalmente, todos os dias, durante um mês, até a corrida acabar. Por mais maravilhoso que fosse, ainda queríamos estar na competição. Por isso que a chamo de "as incríveis férias que nunca pedimos".

No final, os fazendeiros de cabras, Josh Kilmer-Purcell e Brent Ridge, famosos pelo *The Fabulous Beekman Boys*, ganharam o prêmio milionário. Mesmo depois de voltar para casa, não podíamos contar a nossos amigos onde havíamos estado. Era tão difícil não soltar: "Oh meu Deus, a gente teve essa incrível aventura!" Tínhamos que manter nossas bocas caladas até o programa estrear, em trinta de setembro de 2012. Nossos amigos, familiares e fãs do Facebook nos apoiaram desde o primeiro episódio. "Tomara que vocês ganhem!", muitos disseram. Quando assistimos os dois primeiros episódios com eles, mordemos a língua e nos encolhemos de vergonha por dentro, considerando que já sabíamos o resultado.

Um dia, no meio de tudo isso, tivemos mais notícias. Entrei no Facebook e vi um comunicado de imprensa que dizia: "*Snowboard* Adaptado será parte dos Jogos Paraolímpicos de 2014". O quê? Tive que reler a notícia para mostrá-la a Daniel.

— Será que isso é verdade? — perguntei, minha voz aumentando uma oitava. Esse anúncio tinha vindo do nada; nenhuma das organizações com as quais fizemos parceria tinha ouvido falar naquilo também. Até hoje, não sabemos por que o comitê mudou de ideia, mas mudou.

Quando voltamos da Tailândia, Daniel e eu nos mudamos para Summit County, Colorado, a Meca dos esportes na neve. Alugamos uma casa grande na base da montanha Copper e abrimos as portas para outros atletas adaptados e veteranos feridos que quisessem treinar com a gente naquela estação. Era hora de mudar meu foco de *The Amazing Race* para a corrida real: me preparar para entrar na equipe americana de *snowboarding* e conseguir minha vaga na delegação paraolímpica americana.

* * *

Atletas não nascem prontos. Eles são criados. Claro que alguns têm um biotipo, altura ou alcance que os ajuda, mas muito do que faz de alguém um atleta vem de hábitos que podem ser criados. Como disciplina nos exercícios. A habilidade de ultrapassar limites. E proteína — muita proteína.

Eu não me considerava realmente uma "atleta" até ter trinta e três anos de idade. Sim, ganhara algumas competições, mas na temporada de *snowboarding* de 2012, aumentei meu nível de competitividade e atletismo de forma radical. Para ganhar uma das cinco vagas no time de *snowboarding* americano, precisava ir bem em ao menos quarto torneios. Então, quando me mudei para o lugar que dividíamos em Copper Mountain, esforçava-me ao máximo. Praticava todo dia. Ajustava minhas pernas para a melhor performance possível. Entrei na melhor forma física da minha vida. E tentei triunfar na maior parte das competições que conseguisse.

Eu já ganhara aquelas duas medalhas de ouro na França, e também na Nova Zelândia. Mas nessas duas copas mundiais, eu estava pouco à frente da minha concorrência. Muitos *para-snowboarders* profissionais com quem eu competia eram atletas que haviam treinado na nossa organização. Estávamos competindo uns contra os outros há anos, em parte para chamar atenção para o esporte. Essas mulheres — a maioria mais jovem do que eu, e todas com amputação de uma perna — sempre estiveram bem na minha cola. E na estação de 2012, às vezes ganhava por apenas um décimo de segundo. Na verdade, perdi nossa competição anual. Essas mulheres eram determinadas.

Mesmo quando se está competindo em um torneio internacional, você recebe pontos que contam para uma vaga no time americano. Então, com minhas vitórias no exterior, eu já era considerada uma *snowboarder* no topo do *ranking*. No entanto, para entrar no time americano, eu precisava acrescentar competições no Canadá e Eslovênia, e consegui medalha de prata nas duas. Nessas competições, fiquei em segundo lugar, atrás de uma *snowboarder* que era uma verdadeira força da natureza, Bibian Mentel, da Holanda. Essa mulher elevou o nível do *snowboarding* paraolímpico; ela é melhor até mesmo do que alguns dos atletas homens, e tenho grande respeito por ela. Ela tinha sido *snowboarder* profissional durante muitos anos, mas depois de quebrar uma perna, descobriu que tinha um tumor no osso, que poderia se espalhar pelo resto do corpo através de seu sangue. Então, teve de ter a perna amputada. Em seguida, ela conquistou exatamente a mesma posição que tinha antes no *ranking* dos *snowboarders* sem deficiências. Mesmo depois de uma amputação, você pode escolher se quer competir contra atletas sem deficiências ou *para-snowboarders*. Bibian triunfou nos dois.

Consegui entrar no time americano, e meu objetivo seguinte era entrar no paraolímpico. Depois de nós, integrantes do time americano, irmos a um acampamento de treinamento de duas semanas em Mount Hood, Oregon (onde a neve estava molhada e escorregadia da chuva torrencial, uma boa preparação para aprender a competir em condições difíceis), treinamos no Olympic Training Center, em Colorado Springs. Foi quando realmente me joguei de cabeça. Além de trabalhar com os treinadores do centro, também contratei meu próprio treinador, David, em Summit County. Para mim, seu sobrenome é "Carrasco", e é como tenho seu número gravado no meu telefone. Ele também era treinador da *CrossFit International.*

Minhas sessões eram intensas. David, que tinha tatuagens por todos os braços, me disse:

— Pode vir e treinar comigo todo santo dia no mesmo horário. — A essa altura, eu estava com cinquenta quilos, e a maioria das atletas femininas com quem eu iria competir tinha cinquenta e seis ou mais, o que funcionava a favor delas, considerando que o impulso daquele peso extra as levava para baixo mais rápido. Se eu quisesse subir naquele pódio, precisava ganhar peso e massa muscular. Desse modo, entre julho de 2013 e janeiro de 2014, fiz tudo que David me orientou a fazer. Tudo.

Primeira refeição do dia: um shake de proteína com carboidratos e algumas colheradas de manteiga de amêndoas. Em seguida, treinamento com direito a remo rápido por mil metros na máquina de remo, em uma intensidade alta; logo depois, vinte flexões, e empurrar um trenó com 50 quilos de peso sobre ele; em seguida, agachamentos com uma corrente de vinte quilos presa em mim, para trabalhar minhas pernas e quadris. Eu repetia essa série cinco ou mais vezes por sessão. Quando superei a dor, percebi que tinha mais força do que jamais pensara. Nossas mentes desistem mais rápido que nossos corpos.

A filosofia de David era que se você treinar com velocidade e intensidade (e além disso, construir fibras musculares de contração rápida), você competirá com velocidade e intensidade. Por isso, a maior parte de nossos exercícios consistia de trinta segundos de esforço, trinta segundos de descanso, seguidos por mais trinta segundos de intensidade. Também fazíamos o seguinte: eu ficava pendurada em um aro de ginasta, mantinha o corpo reto, e em seguida, passava os dedos dos pés através dos aros. Fazia séries de 15. Mudávamos os exercícios diariamente. No final, estava exausta. Toda semana eu tirava dois dias de folga de David para que meus músculos se recuperassem, e pedalava em vez disso.

Depois de trinta minutos de exercícios com peso, é bom comer proteína para alimentar seus músculos. Então, depois de minha sessão, eu ia para casa e comia seis claras de ovo com batatas doces. Como estava tentando ganhar peso, acrescentava bastante gordura ao que comia. Por exemplo, colocava óleo de coco em cima das batatas. À tarde, bebia mais um shake de proteína e um pouco de leite de cabra, que contém muitos aminoácidos. Em seguida, para jantar, comia mais frango ou peixe e bastante verdura, ou às vezes, terminava o dia com outro shake de proteína. Ia para a cama sonhando com o café da manhã do dia seguinte. Era faminta assim que esses exercícios me deixavam. Toda manhã eu acordava, colocava minhas pernas e praticamente corria até a cozinha. Estava sempre comendo. Em diversos momentos ao longo do dia, ficava tentada a abrir a geladeira, pegar um frango inteiro e comê-lo com a mão.

Engordei cinco quilos em seis meses. E não eram apenas quilos; eram puro músculo. Meu corpo nunca estivera tão tonificado. Pela primeira vez na vida, tive uma barriga tanquinho. Como todo meu peso extra era músculo, eu nem aumentei de manequim. Apenas vestia melhor as calças que já tinha. Isso foi incrível para mim, porque quando era mais nova, sempre tivera medo de treinar com peso. Não queria ficar grande demais. Mas não fiquei nada grande. Na verdade, nunca me senti melhor com meu corpo. Eu estava forte. Capaz. Em forma. E toda noite, pouco antes de adormecer, podia me ver claramente naquele pódio.

CAPÍTULO 16

Novos papéis

Um dos segredos da vida é fazer degraus
com as pedras em que tropeçamos.
— JACK PENN

EM OUTUBRO DE 2012, RECEBI um e-mail de Matthew Vaughn, o célebre diretor britânico que filmou *X-Men*. Ele estava procurando um ator para seu próximo filme de ação e comédia, *Kingsman – Serviço Secreto*, que pudesse interpretar Gazelle, uma assassina experiente de pernas biônicas. A pesquisa de Matthew o levou até a mim. Muito excitante.

Eu já aparecera o suficiente na mídia para que as pessoas começassem a reparar em mim e sentia-me grata por isso. Além de *What's Bugging Seth* e do clipe da Madonna, também fiz um projeto em 2008 com o roqueiro que virou fotógrafo, Nikki Sixx, da banda Mötley Crüe. Ele me fotografou usando pernas customizadas que pareciam picadores metálicos de gelo; a série intitulada "Amy in Wonderland", acabou saindo no seu livro, best-seller de *The New York Times*, *This Is Gonna Hurt*. Então, quando Matthew me abordou, vi aquilo como mais uma chance de crescer na minha carreira de atriz, assim como apresentar minhas pernas, não como pedaços de aço a esconder, mas como acessórios sofisticados que uso com orgulho.

A essa altura eu já contratara um agente; Patrick Quinn, de Chicago. Dessa forma, Patrick escreveu de volta para Matthew, em meu nome: "Amy adoraria fazer um teste para o papel", explicou ele, "mas preciso saber as datas das filmagens. Ela está treinando para as Paraolimpíadas, e não faz sentido fazer o teste se as datas coincidirem. Aguardo seu retorno." Felizmente, as filmagens seriam naquele outono, em Londres, o que significava que eu poderia espremer meu horário e participar, ou pelo menos tentar. Então, enviei um vídeo com meu teste. Eles adoraram e me ofereceram uma viagem para Londres, durante três dias, para fazer um teste no estúdio e treinar um pouco com a equipe de artes marciais. Se existiria no mundo uma mulher duplamente amputada que conseguia chutar equilibrada em duas lâminas, eu queria ser essa mulher.

Eles me enviaram uma passagem de primeira classe. Bebi champanhe e comi filé mignon. Senti-me muito especial sendo enviada para o outro lado do Atlântico, em minha primeira viagem a Londres, para tentar um papel com um dos mais respeitados estúdios do mundo. Impossível não me lembrar dos tempos em que me sentava em volta de fogueiras com meus amigos no deserto, esperando, sonhando e imaginando que um dia fosse explorar terras distantes.

Por volta das dez da manhã, no dia do encontro, um carro preto buscou-me e me levou para um estúdio de oitenta hectares em Leavesden. Da janela, pude ver "Warner Bros. Studios" em grandes letras prateadas na frente do prédio. *Não acredito que estou aqui*. Matthew veio me receber pessoalmente.

— Olá, Amy — disse ele, estendendo uma das mãos. Ele foi muito simpático. — Que bom que pôde vir. — Depois de conversar um pouco, Matthew deixou-me com um dos produtores para uma "entrevista", apesar da coisa toda ter sido bem casual. Ele puxou uma cadeira para nós dois e nos sentamos para conversar.

— Adoramos o que vimos no vídeo que enviou — começou o produtor. — Só precisamos ter certeza de que pode fazer o que é fisicamente necessário para esse papel. Tem bastante arte marcial. —

Pode vir, pensei. O produtor explicou que nessa adaptação para o cinema da série de quadrinhos de espião de Mark Millar e David Gibbons, pernas de lâminas se tornariam espadas de samurai. — Ela vai dar giros completos e decepar cabeças de pessoas — explicou. Fiz uma pausa.

— Bem, sou uma *snowboarder* — falei —, e honestamente, meu equilíbrio provavelmente é melhor do que o de qualquer pessoa duplamente amputada do mundo. Acho que posso fazer isso. — Ele assentiu e sorriu, como se dizendo: "Veremos". Em seguida, ele me falou do elenco. Para o papel do assassino principal, um ator de primeiro time já havia sido contratado: Samuel L. Jackson.

Então, ele me entregou o roteiro.

— Leia isto hoje — disse. — À tarde, passaremos todas as cenas. — O roteiro era grosso e pesado.

— *Hoje?* — perguntei.

— Sim, hoje — afirmou ele. — Por que não vai almoçar, dá uma lida em tudo, e vemos você de volta aqui em algumas horas?

Antes de eu sair, Matthew voltou e me levou para conhecer sua esposa, a supermodelo Claudia Schiffer. Ela estava sem um pingo de maquiagem e ainda assim parecia impecável. Estava usando macacão e sapatos altos. Ela era ainda mais deslumbrante e graciosa em pessoa do que nas páginas da *Vogue*.

— Estou desenvolvendo o visual dessa personagem e já tenho algumas ideias — explicou ela, depois de conversarmos por alguns minutos. — Deixe-me acompanhá-la até o departamento de figurino para tirarem suas medidas. — Pensei: *Eu ainda não preciso fazer o teste para o papel?* Mas, naturalmente, fui com ela.

De volta no hotel para um chá e sobremesa, passei duas horas folheando o roteiro e fazendo algumas anotações sobre os tipos de escolhas que meu personagem faria. Francamente, é tudo que tive tempo de fazer. Quando voltei ao estúdio, o produtor levou-me à sala de audição. Matthew já estava lá.

— Vou fazer Valentine, o vilão principal e inimigo de Gazelle — explicou ele. *Eu devia ter estudado o roteiro melhor*. Momentos depois, começamos a primeira cena.

Errei uma fala. Minha voz tremeu um pouco. Estava enferrujada. Tinham se passado anos desde que eu atuara, mas graças a Deus ao menos eu tinha alguma experiência. Terminei o teste e me senti bem a respeito dele, ao contrário da minha primeira cena do filme *Seth*.

— Vamos começar de novo. — Repetimos a cena e foi bem melhor. — Muito bom — disse Matthew. — Agora, só precisamos ver se consegue praticar artes marciais.

O produtor levou-me a um grande galpão. Lá, conheci uma equipe de incríveis professores de artes marciais; um deles até já dera aulas a Jackie Chan.

— Vamos ver o que sabe fazer — disse ele. Bem ali na frente deles, troquei minhas pernas de andar pelas de corrida, afiadas como lâminas. Um dos caras entregou-me uma arma de mentira. — Veja o que quero que você faça. — Então, ele me mostrou uma coreografia na qual eu daria uma cambalhota, levantaria em um joelho só, rolaria para o outro joelho, e apontaria a arma para um dos caras. Consegui fazer. — Isso foi espetacular — disse ele. Aquilo foi bom de ouvir.

Depois, Matthew pediu-me para ficar mais tempo lá.

— Que tal ficar mais uma semana para te arranjarmos um professor de teatro para ajudá-la a trabalhar no personagem? — Concordei. Durante os dias seguintes, encontrei-me com essa brilhante professora chamada Katie. As técnicas que aprendi ajudaram-me a trazer o personagem à vida. Eu amei. Então, no final da semana adicional, Matthew pediu que eu ficasse mais três semanas.

— Tenho 99,9 % de certeza de que o papel é seu — disse ele. — Só precisamos que o estúdio concorde, então, pode continuar desenvolvendo a personagem com Katie e treinando, e também resolvendo como vai conciliar seu treinamento de *snowboard* com as filmagens. — Parecia um bom plano.

Quando terminei o treinamento, fiz uma última audição.

— Perfeito! Lindo! — exclamou Matthew depois da minha última fala. Katie, que ficara observando, veio até mim e sussurrou:

— Foi o máximo.

Eu já começara a planejar um possível calendário na minha cabeça. Patrick havia me dito que se eu conseguisse o papel, filmaria durante diversas semanas entre novembro de 2013 e 16 de janeiro de 2014. De Londres, teria que achar uma maneira de entrar em alguns torneios para juntar pontos suficientes para entrar no time paraolímpico, o que incluía um evento mundial obrigatório dia 18 de janeiro. E durante qualquer tempo livre em meio às filmagens, eu pegaria um voo rápido até a Áustria para treinar mais. *Feito.*

Logo depois daquele último teste, pretendia voar para casa, mas Matthew me ligou com mais um pedido.

— Acabei de saber que Sam Jackson estará aqui em dois dias — contou. — Pode ficar? Quero que passem o roteiro juntos.

— Claro — falei. Eu já estava lá há um mês. O que eram mais dois dias? Sabia que chegaria quase na véspera do começo de meu acampamento seguinte, mas queria muito esse papel. E definitivamente queria conhecer Sam.

Sam chegou no dia seguinte. Os produtores, Matthew e eu nos encontramos no saguão do hotel dele e fomos até sua suíte. O quarto era chique, e o pessoal da Warner Bros. já o enchera de araras de figurinos para que Sam pudesse ir olhando suas opções. Segundos após entrarmos, Sam apareceu e cumprimentou calorosamente Matthew e os outros.

— Oi, cara! — disse. — Bom te ver. — Em seguida, ele se virou para mim, e estendi minha mão para ele. — A gente não se cumprimenta assim aqui! — disse Sam com aquela voz grossa e risada contagiante. — A gente se abraça! — E em seguida, sentamos-nos.

Àquela altura, eu já conhecia minha personagem de trás para frente, e basicamente fui naquele dia já *como* Gazelle. Sam, por outro lado, tinha pouca noção de quem era seu personagem. Ele ainda não tinha tido chance de estudar o roteiro e trabalhar no seu papel. Ele folheou o roteiro enquanto esperávamos.

— Está bem — disse ele para Matthew —, então, com que cena vamos começar?

— Vamos começar na cena em que estão juntos no computador — respondeu Matthew.

— E que cena é essa? — indagou Sam.

Eu mesma respondi:

— Cena 53, na página 58.

Sam sorriu.

— Uau, você já sabe tudo, hein! — disse ele, virando as páginas até a que eu indicara.

Nós nos levantamos e montamos a cena, e de cara ficou claro que Sam fizera uma escolha de como interpretaria Valentine, um personagem que, quando criança, foi recrutado da vida nas ruas para se tornar parte de uma organização secreta de espiões. Sam tinha a primeira fala, e ele a disse balbuciando de um jeito meio bobo.

— Não esperava isso, esperava? — perguntou, saindo do personagem por um momento. Eu sorri. Em seguida, disse minha primeira fala e trouxe toda a força e presença para ela de quando Katie e eu ensaiamos.
— Uau, eu não esperava isso da *sua* personagem! — exclamou Sam. No papel, Gazelle, assistente de Valentine, poderia ser vista como a menos poderosa da dupla. Mas depois de estudar a personagem, a interpretei da maneira como a via; uma mulher com total controle. — Está bem, está bem — disse Sam. — Estou vendo o que está fazendo. — Fizemos a cena mais uma vez, e depois ele disse: — Nossa, garota! Você é boa! — Sam abraçou-me mais uma vez e fomos embora.

Na saída, Matthew disse-me:

— Isso não podia ter corrido melhor. Agora, só precisamos definir o calendário exato de filmagens e resolver os detalhes do contrato com seu agente. Mas pode começar a arrumar suas coisas. Vamos precisar de você de volta aqui em duas semanas. — No caminho até o aeroporto, eu me sentia nas nuvens. *Acabei de trabalhar com Sam Jackson e de conseguir um papel incrível num grande filme!*, pensei. Embarquei em mais um voo de primeira classe e olhei pela janela com cara de sonhadora, conforme as rodas do avião levantavam da pista.

De volta em casa, passei dois dias inteiros com Daniel — algo de que precisávamos muito. Em seguida, comecei meu treinamento e tive um dia para arrumar as malas depois dele. O que *levar*? Eu não sabia bem, mas ainda assim, rapidamente enchi três malas. Quando você tem vários pares de perna para levar, geralmente é assim mesmo, além disso, eu estava levando todo meu equipamento de *snowboard*.

— Adoraria se você pudesse ir a Londres em algum momento — confessei para Daniel.

— Seria incrível — concordou ele. — Nessa sua última viagem, parece que você ficou fora *uma eternidade*. Adoraria ver você ao menos uma vez na próxima.

Enquanto isso, os produtores do filme tinham arranjado de eu ir até a Flórida para alguns ajustes nas minhas pernas. Na verdade, na minha volta para Londres, duas semanas depois, eu ia direto de Orlando. O estúdio marcou minha passagem para um sábado, e na sexta eu estava totalmente pronta.

Aquela noite, meu celular tocou.

— Tenho más notícias — falou Patrick.

— O quê? — perguntei. Podia sentir o sangue gelando.

— Você foi cortada do filme — desabafou ele.

Fiquei muda.

— O que quer dizer com fui cortada? — perguntei finalmente, mal conseguindo enunciar as palavras.

— Bem — começou ele —, alguém do estúdio, uma pessoa com quem jamais falei, ligou e disse que decidiram tirá-la.

Eu estava em choque.

— Mas por quê? — insisti.

— Ele mencionou algum conflito com seu treinamento de *snowboard* e o seguro. Se você se machucasse, não teriam nem um dublê.

— Mas falei com um dos produtores ontem à noite! — exclamei. — Como isso apareceu assim do nada?

Patrick suspirou.

— Realmente não sei.

Mais tarde, recebi uma ligação de um dos produtores. Ele me contou que tinha brigado com o estúdio a semana toda, mas que eles ganharam no final.

Na tarde seguinte conversei com Stan, meu técnico protésico. Contei-lhe as más notícias. E, naturalmente, como ele tinha trabalhado tanto para deixar minhas pernas prontas para o filme, ficou tão decepcionado quanto eu.

— Bem, Amy — disse —, só pode haver algo melhor esperando por você. Vai ter de esperar e descobrir.

Pensei: *O que pode ser maior que estrelar um filme com Sam Jackson? Um filme com uma personagem que parece ter sido feita para mim? Essa era minha oportunidade de misturar minhas habilidades atléticas com as de atuação. O que vai vir em seguida não pode ser mais incrível que isso.*

Mas em seguida, disse a mim mesma que talvez Stan tivesse razão. Talvez suas palavras tivessem a ver com aquela sensação que tive durante anos. Não conseguia imaginar o que poderia ser "maior" que um grande filme da Warner Bros. Mas talvez aquilo pudesse ser um degrau para algo mais.

Mergulhei de cabeça de volta nos treinos de *snowboard*. Cerca de um mês depois daquilo, Patrick me encaminhou um e-mail de Deena Katz, produtora de talentos do *Dancing with the Stars* — a competição de dança entre celebridades do canal ABC. "Gostaríamos de convidar você para estar na temporada 18 do programa", dizia o e-mail. "Se esta oportunidade for de seu interesse, por favor, ligue-nos". Ela colocou seu número de telefone. Um dia depois, eu estava em uma ligação com Deena e mais dois produtores.

— Tem experiência com dança? — perguntou Deena.

— Não muita — admiti —, mas realmente gosto de dançar. — Poucas semanas antes dessa ligação, eu havia contado a Daniel que queria fazer aulas de dança de salão, e que talvez pudéssemos fazer aulas de salsa ou tango depois das Paraolimpíadas. — Ao menos tenho ritmo — argumentei a Deena. — Seria divertido.

— Se isto der certo — disse ela —, acha que poderia vir a L.A. por alguns dias e conhecer seu parceiro de dança? — Ela sugeriu uma data.

— Isto é bem no auge de meus treinos para as Paraolimpíadas — respondi. — Mas eu conseguiria se meu parceiro viesse até o Colorado me conhecer.

— Veremos o que podemos fazer — respondeu Deena. — Entramos em contato quando resolvermos o que fazer. — E com isso desligamos.

Uma pequena confissão: Apesar de eu já ter ouvido falar bastante de *Dancing with the Stars*, eu só havia visto um ou outro episódio. Francamente, estive um pouco ocupada desde que o programa começou em 2005, o mesmo ano em que Daniel e eu começamos a AAS. Então, depois da ligação de Deena, assisti a diversos episódios pela internet. Em apenas algumas horas, fui do estado "seria divertido" a um estado ao mesmo tempo apavorado e animado.

Aquela sensação não durou. Alguns dias depois de falar com Deena, Patrick soube que o primeiro episódio da décima-oitava temporada iria ao ar em 17 de março de 2014, apenas dias depois dos eventos de *snowboard* das Paraolimpíadas. Como os ensaios precisariam começar semanas antes da estreia, não estava parecendo que ia dar para conciliar. Eu mal tivera tempo de absorver as boas novas e elas já estavam desaparecendo.

— Podemos recusar agora e dizer que eu conseguiria fazer no outono? — perguntei a Patrick. — Vai ser quase impossível encaixar isso agora. — E assim, Patrick deu esse recado para Deena e eu segui com minha vida.

Novembro de 2013: Hora de voltar a focar em entrar na equipe paraolímplica americana. Para ganhar pontos e garantir uma vaga, eu me inscrevera em diversas competições na Holanda, em Copper Mountain, no Canadá e na Espanha. A essa altura eu já tinha diversos patrocinadores grandes pagando minhas competições. Antes mesmo dos times estarem completos, patrocinadores podem comparecer a uma cúpula para decidir em quem vão investir seus dólares. Felizmente, Patrick tinha arranjado minha ida à cúpula, e eu era uma dos muitos poucos com aspirações olímpicas ali. Por causa da minha exposição graças ao TED, do fato de que sabia falar bem, e da curiosidade em torno desse novo esporte paraolímpico, vários patrocinadores quiseram apoiar-me. A Toyota já havia me apoiado muito antes das paraolimpíadas serem sequer uma possibilidade. Outras companhias, como Kellogg's, Coca-Cola, Procter and Gamble e The Hartford também embarcaram nessa para me patrocinar. Isso era grande, porque muitos destes patrocinadores não tinham se oferecido antes para apoiar atletas paraolímpicos da mesma forma com que tinham feito com atletas olímpicos. Que benção. Desta forma, eu estava resolvida em relação a patrocínio — só precisava agora ir bem o bastante nas competições restantes para ir de fato a Sóchi.

Antes das últimas corridas eu passara meses pesquisando sobre as pernas de *snowboarding* certas. Naquele outono, tive uma ideia. Ela veio na forma de um telefonema de um amigo que construíra seu próprio pé para *snowboarding* ao não conseguir achar um de que gostasse.

— Quero muito que experimente este pé — disse ele. — Pode ser incrível para o que está fazendo com o *snowboarding* porque tem uma mola ajustável. Mantém seu pé reto, mas ao mesmo tempo tem uma curvatura, de modo que você realmente consegue usar o joelho. — Falei a ele que experimentaria. É isso que amo nessa comunidade: Fazemos as coisas. Se algo não foi feito, nós mesmos fazemos.

Assim que coloquei aquele pé pensei: *Isso vai mudar tudo*. O pé parecia funcionar melhor se eu usasse apenas um, na perna que fica atrás. Isso acontece porque você dobra mais essa perna quando está fazendo *snowboard*. Então, mantive meu pé original na frente, que era do meu patrocinador Freedom Innovations; e troquei o de trás pelo novo. Imediatamente, notei uma diferença na minha performance como um todo. Meu *toe edge*, o pisar com as pontas dos dedos na borda da prancha, tornou-se muito mais preciso; na verdade, parecia estar ainda melhor do que quando eu tinha pernas de verdade. Resolvi experimentar aquilo na copa do mundo na Holanda, mas não contei a meu treinador que fizera a mudança. Não queria que ele me convencesse a desistir de fazê-la. Eu sabia o que funcionava para mim

No final, estava certa. Naquela copa, ainda fiquei em segundo atrás de Bibian — mas cheguei mais perto dela do que jamais chegara! Naquela corrida, também notei que algumas das mulheres com quem eu competira antes tinham ficado melhores, mais fortes e mais rápidas. Eu posso ter melhorado, mas elas também, e por mais que eu tenha conquistado a prata, elas estavam logo atrás. Isso me fez ainda mais animada por ter conseguido aquele pé. Todas elas tinham uma das pernas boas. E eu agora tinha um ótimo pé para ajudar a equilibrar isso.

De volta em casa, tornei-me quase obcecada em aperfeiçoar meus pés. Sim, o pé novo era ótimo, mas ainda assim eu passava horas fazendo micro-ajustes nos dois pés, só para ver se funcionavam bem em diversas circunstâncias, da neve fina à lama e ao gelo. Na época em que duas copas mundiais seguidas aconteceram em Copper Mountain, em janeiro de 2014, sentia-me mais pronta do que nunca. A corrida ia acontecer na montanha bem no quintal da minha casa. Realmente queria o ouro nessa.

Tomei meu lugar na linha de partida para praticar um dia antes da corrida. Saí um corpo à frente dos outros. *É exatamente para isso que tenho treinado. Bom.* Este percurso, em particular, era bem rápido, íngreme e escorregadio. Pulei por cima de três montes íngremes e finquei bem numa beirada afiada. *Minhas pernas e meus treinos valeram a pena.* Pegando bastante velocidade, as forças G entraram em ação e meu pé se desmontou. Enquanto os outros participantes passavam, de alguma maneira consegui completar o percurso. Em pânico, peguei minhas ferramentas para ver se conseguia ajustar aquele pé de trás. Em seguida, tentei praticar mais uma vez, e não foi muito melhor. *Merda.*

Passei o resto do dia e a manhã seguinte tentando consertar aquele pé. Se acham que eu estava obcecada antes, havia me tornado completamente louca a essa altura.

— Vai conseguir dar um jeito — disse Daniel, tentando me encorajar. Frustrada ao tentar consertá-lo sozinha, finalmente admiti a meu treinador que trocara meu pé. Ele ficou irritado, tanto por eu ter escondido o fato quanto por estar mexendo em meu equipamento tão perto da temporada de competições. Ele não falou muito quando lhe contei, mas sua expressão facial dizia tudo.

— Tem 24 horas para dar um jeito. — As outras participantes; muitas delas aparentemente intimidadas por mim antes, tinham me visto sofrendo nos treinos, então, a pressão era forte. Elas viram uma brecha para ganhar de mim.

No dia seguinte, assumi minha posição na linha de partida. Comecei com um Wu Tang, um salto vertical com o formato de meia lua. *Bom.* Mas quando usava as pontas dos pés na borda da prancha perdia velocidade. Parecia que estava pisando em manteiga derretida. Desapontada, sofri para terminar a corrida. Cheguei em quinto lugar. Sim, quinto. Foi a primeira copa em quatro anos em que eu não subira ao pódio. Quando atravessei a linha de chegada, algumas das outras competidoras estavam se cumprimentando.

— Vocês foram *rápidas* — falei, parabenizando-as. — Muito bom. — Mas nenhuma delas havia ganhado a corrida. Bibian, como sempre, fora imbatível e ganhara o ouro. Porém, para as outras, simplesmente ganhar de mim era motivo bastante para comemorar.

— Boa! — Ouvi uma delas exclamar. — Finalmente alcançamos ela!

Não apenas elas tinham ganhado de mim, como agora eu tinha um grande alvo nas costas. Elas haviam provado que eu podia ser derrubada, até mesmo na montanha no meu quintal de casa. Também não ajudou alguns de meus grandes patrocinadores, das Paraolimpíadas que estavam por vir, estarem lá para testemunhar minha humilhante falha mecânica. Nada bom para os negócios. Eu fora derrotada por atletas que nunca nem tinham ganhado medalhas. Aquela noite, fiquei acordada durante horas mexendo naquele pé.

Minha corrida no dia seguinte foi um pouco melhor, mas não muito. Esforcei-me um pouco mais e cheguei em quarto lugar em vez de quinto. Então, dois dias depois, partimos para a Big White Mountain, no Canadá, para mais uma prova. Cheguei à conclusão de que por mais potencial que tivesse aquele pé novo, eu não tinha tempo suficiente para fazê-lo funcionar e não podia arriscar. Então, voltei a usar meus pés originais. Apensar de não terem o mesmo movimento nos tornozelos que aqueles pés novos, ao menos tinham me ajudado a chegar em segundo lugar consistentemente. Devia ter algum sentido na minha teoria, porque melhorei e cheguei em terceiro. Foi como se eu tivesse dito: "Tudo bem, senhoritas. Estou voltando ao topo!". Então, na segunda corrida, voltei ao meu segundo lugar no pódio. Depois daquele torneio no Canadá, consegui pontos suficientes para alcançar meu objetivo — consegui entrar na equipe paraolímpica de 2014. *Boa*.

Nem precisava competir na final da copa em La Molina, Espanha, mas o fiz assim mesmo, apenas para treinar. O percurso era divertido, cheio de curvas e montes e uma virada bem íngreme. Fiz o primeiro treino. Fui muito bem. Então, no segundo, deixei-me levar. Fiz uma curva, pulei sobre um monte baixo, fiz mais uma curva, mas meu *toe edge* falhou, o nariz da prancha agarrou na rede de proteção e... dei três cambalhotas no ar, batendo com a testa contra os postes segurando a rede! Meu corpo inteiro despencou como o de uma boneca de pano, e terminei de cara na neve.

Travis McClain, ex-*snowboarder* profissional e nosso treinador assistente, correu para onde eu estava caída.

— Ah Deus, pode me ouvir, Amy?! — gritou ele, inclinado sobre mim. Não consegui pegar fôlego suficiente para responder.

— São meus malditos dedos dos pés — balbuciei finalmente com um gemido. — É esse *toe edge* estúpido. — Ele me ajudou a ficar de pé. Estava abalada, mas uma vez que me endireitei, parecia estar tudo bem.

— Não vou nem te mostrar o vídeo dessa queda — disse meu treinador naquele dia. — Por favor, apenas esqueça que aconteceu.

Na manhã seguinte, acordei com muita dor. Minha testa estava roxa. Minhas costas doíam em três partes diferentes. Quando você se torna um *snowboarder* de competições, é nisso que está se metendo. Não dá para se sentir seguro em uma corrida. Ou você se compromete e vai com tudo, ou é melhor ir para casa. Geralmente, é quando você se segura — quando hesita e pensa demais em cada movimento — que acaba se machucando. Assim, mesmo com toda a dor que estava sentindo, não me arrependi de ir com tudo. Fiz uma tentativa. Já havia aprendido que sem risco não há recompensa.

Mais tarde naquele dia, em La Molina, apareci para competir, apesar das dores. Coloquei tudo de mim em cada curva e fincada, e ganhei mais uma prata. Mas quando cheguei à linha de largada para a segunda corrida, meu corpo inteiro ficou dormente. De repente, não conseguia mais mexer a cabeça. Meu pescoço latejava. Meu treinador correu comigo até os médicos.

— Talvez tenha quebrado algo ontem e não saiba — disse. O médico tirou algumas radiografias e alguns minutos mais tarde chegou com os resultados.

— Nada parece estar quebrado — declarou. — O que está sentindo é um espasmo muscular da sua queda. Vai ficar bem quando os espasmos pararem. — Ou assim ele pensou.

CAPÍTULO 17

Sóchi

Cada um de nós tem um fogo no coração para alguma coisa. É nossa meta na vida encontrá-lo e mantê-lo aceso.

— MARY LOU RETTON

TRÊS SEMANAS ANTES DOS JOGOS de Sóchi, recebi outro e-mail da Deena, de *Dancing with the Stars*. Desta vez, o convite era oficial. Ela dera uma maneira de encaixar os ensaios com meu calendário.

— Podemos ir até você — disse-me ela por telefone, explicando que o programa daria um jeito de meu parceiro de dança e um produtor virem me encontrar no Colorado; meu parceiro também poderia voar até Sóchi depois para preparamos nossa primeira dança. — Realmente gostaríamos ter você nessa temporada.

O cronograma estaria apertado. Haveria apenas três dias entre minha corrida paraolímpica e o episódio de estreia, mas pensei: *Por que não? Vai ser bom ter algo no que mergulhar depois das Paraolimpíadas*. E eu estava na melhor forma da minha vida. Então, aceitei. Mais tarde, liguei para minha irmã para dar as boas notícias.

— Ah meu Deus, tomara que seu parceiro seja o Derek Hough! — gritou ela. Eu já ouvira falar de Derek, mas sinceramente, como não tinha realmente assistido direito ao programa, não conseguia lembrar exatamente quem ele era. — Ele é *tão* bonitinho — continuou Crystal —, e foi quem mais ganhou troféus na competição. Ele é um gênio! — Anotado.

Nos dias antes de Sóchi, as outras equipes americanas e eu fomos a Aspen para uma última rodada de treinos. Em uma manhã, bem cedo, sentei-me na cama e o quarto começou a rodar horrivelmente.

— Meu Deus, tem alguma coisa errada! — gritei.

Minha companheira de quarto entrou correndo.

— O que foi, Amy!?

— Estou rodando! — falei, apertando as palmas das mãos nas têmporas. Então, menos de dois segundos depois, aquilo parou. E quando nos reunimos para o café da manhã, já me sentia bem. Mas naquele mesmo dia, mais tarde, enquanto treinava, aconteceu de novo.

Meu treinador mandou-me a um médico, que me diagnosticou com vertigem posicional paroxística benigna.

— A VPPB se desenvolve quando os cristais da orelha interna que ajudam seu corpo a determinar a direção da gravidade se soltam — explicou ele. — Quando você mexe a cabeça em uma certa direção, ou senta-se ou levanta, um breve episódio de tontura subitamente começa. A condição frequentemente é causada por trauma craniano. — Como o da queda que eu sofrera na Espanha. O médico continuou dizendo que mesmo com tratamento, a condição podia levar de alguns dias a diversos meses para ser tratada. Em outras palavras, eu poderia ficar tonta na Rússia e nas gravações de *Dancing with the Stars*. Ótimo.

Não terminei os treinos. Em vez disso, pesquisei freneticamente na internet até encontrar um médico que conseguisse colocar aqueles cristais loucos de volta no lugar. Achei uma pessoa. Assim, naquela mesma noite, dirigi de volta para casa em Summit County, Colorado, para ver um fisioterapeuta que girou minha cabeça de um lado para o outro e ao redor, de um jeito que deveria aliviar a tontura. Não funcionou. Um dia depois, o produtor de *Dancing with the Stars* (DWTS) apareceu para começarmos. Meu agente contara-me que íamos nos encontrar aquele dia pela primeira vez, mas eu estava tão focada nos meus treinos e nessa crise de tontura que não lembrava. Além disso, já aprendera a não me animar demais com as oportunidades até ter certeza de que iam mesmo acontecer. Uma parte de mim nunca acreditou que DWTS fosse realmente acontecer, assim como o vídeo da Madonna e o filme com Sam Jackson.

A equipe de DWTS alugara um estúdio de dança local onde eu iria conhecer o produtor e ser apresentada a meu parceiro de dança. Naquela manhã, apareci no estúdio me sentindo meio atordoada. Eu estava com um gorro amarelo (estava nevando e meu cabelo estava meio rebelde naquela manhã), uma camisa de flanela, *leggings* e minhas botas de neve. Quando cheguei, já havia um câmera posicionado. Ele apontou a câmera para mim; não deu tempo nem de passar um *gloss*.

— Olá, Amy! — exclamou o produtor, caminhando na minha direção. — Animada para estar em *Dancing with the Stars*?

Dei uma pausa.

— Bem, estou animada... é — respondi. *Isso está mesmo acontecendo?*, pensei.

— Se pudesse escolher seu parceiro de dança, quem seria? — perguntou ele.

Lembrei-me das palavras de Crystal.

— Derek — respondi. Só falei seu primeiro nome porque ainda nem sabia como pronunciar o sobrenome. Que vergonha.

— Bem, vou entrar de volta no estúdio — disse ele —, e quando gritar seu nome, por favor, entre e conheça seu parceiro.

O produtor chamou meu nome e fui até a porta e a empurrei. O câmera estava me filmando. Quando entrei no pequeno estúdio espelhado, havia esse cara loiro e adorável com um sorriso enorme no rosto na minha frente. Ele estava usando uma camiseta térmica justa e jeans. *Puta merda — fiquei mesmo com Derek.*

— Oi! — disse ele, me abraçando entusiasmadamente. Ele tinha muita energia. — Sou Derek Hough.

Anotei mentalmente como se pronunciava seu sobrenome.

— Que bom finalmente conhecer você! — exclamei, minha voz trêmula. *Ah meu Deus, isso está realmente acontecendo.* Naquele instante, senti uma ponta de tontura e balancei um pouco.

— Está bem? — perguntou ele.

— Sim, estou bem — menti. — Estou me recuperando de uma leve concussão. — Eu não dissera nada a ninguém do DWTS sobre minhas tonturas; a última coisa de que precisava era alguém se perguntando se eu poderia mesmo participar do show.

Antes de começarmos, Derek e eu conversamos um pouco.

— O que fez você querer participar? — perguntou ele.

— Acho que é uma grande novidade em relação ao que tenho feito — respondi. — Queria um novo desafio. E queria ver o que é possível fazer. — Apontei para minhas pernas. — Para ser sincera, não faço ideia do que sou capaz de fazer em relação à dança. Nunca fiz nada como isso antes.

Naquele instante, ele pegou minhas mãos e olhou diretamente para mim.

— Olha — começou —, eu nem estava planejando voltar ao programa essa temporada. Já ganhei o globo espelhado diversas vezes e estou em um momento diferente da vida. Quero ser parte de algo maior, algo mais significativo e realizador. Mas quando os produtores contaram-me sua história, respondi: "Preciso voltar de qualquer maneira para isso". Então, vamos descobrir as coisas juntos, gata. Estamos aqui para desafiar as probabilidades. Está pronta?

Eu sorri e demos um "toca aqui".

— Vamos começar tirando essas coisas — continuou ele, apontando para minhas botas de neve. Ele se abaixou e começou a ajudar-me a tirá-las. Que cavalheiro. Adorava a energia assertiva dele, de assumir o comando.

Derek levara meus sapatos de dança, um par básico e bege com saltos de cinco centímetros que os produtores compraram quando souberam quanto eu calçava. Sentei-me, e Derek colocou meus sapatos um de cada vez, vendo pela primeira vez minhas pernas de metal de perto.

— Uau, elas são *legais* — comentou, enquanto afivelava os sapatos. — Mal posso esperar para ver o que podemos fazer.

Levantei-me.

— Vamos só brincar um pouco — disse ele. — Coloque uma das mãos no meu quadril. — Obedeci, nada confiante com minha capacidade de fazer o que viria em seguida. — Tudo bem, está ótimo — disse Derek, observando minha postura, como se estivesse fazendo algumas anotações mentais. — Vamos apenas relaxar e nos divertir. Vamos tentar alguns passos de chá-chá-chá — sugeriu. Ele os mostrou para mim, e tentei acompanhar, mas meus movimentos eram duros e incertos. Na verdade, em nosso primeiro ensaio juntos, senti-me tímida. Sentia-me mais um peixe fora d'água do que esperava. — Está indo bem — disse Derek, tentando me tranquilizar, mas pude notar que ele estava pensando em alguma coisa. — Lembre-se que estamos apenas brincando agora. Tem alguma experiência com dança?

— Bem — falei —, eu sabia a dança dos tamancos quando tinha 12 anos. — Nós rimos.

— Fantástico. Mostre-me! — Comecei a dançar e até soltei um gritinho quando levei meu joelho até o peito. Rimos mais uma vez. Ele parecia impressionado com como eu conseguia me movimentar bem.

— Podemos tentar incorporar isso em algum momento — sugeriu ele. — Que outros tipos de dança sabe fazer?

Comecei a balançar a cabeça como a atriz de *Flashdance*, uma coreografia que eu aprendera recentemente na festa temática anos 80 de um amigo.

— Está bem, nunca mais repita *isso*! — disse ele, rindo. — Você sabe fazer o *grapevine*? — Assenti e mostrei a ele. Eu sabia porque costumávamos fazer aquilo nas nossas danças de tamanco quando eu era criança.

— Meu Deus — disse ele —, foi tão bom que acho que eu poderia te beijar agora! — Ele abriu os braços para me abraçar.

Durante nossas duas horas juntos dançando, soltei-me. *Gostei desse cara*, pensei. *Ele é divertido e tem a mesma atitude de quem dá sempre um jeito, como eu.* Minha tontura deu sinais algumas vezes, mas assegurei Derek de que estava bem.

— Não é nada demais — falei, secretamente preocupada. Ele prometeu que íamos dar um jeito naquilo também.

— As outras duplas vão ter quase três semanas para aprender sua primeira dança — contou-me ele enquanto terminávamos a primeira sessão. — Vamos praticar mais duas horas amanhã, e então, pegarei um avião de volta. Depois disso, acho que a verei em Sóchi, certo? — Assenti. Eu ainda estava me acostumando à ideia daquela coisa toda estar mesmo acontecendo.

Em casa, pesquisei mais sobre Derek. Vi alguns vídeos no YouTube de suas danças da temporada 16 com a estrela da música country, Kellie Pickler, e não podia acreditar em como alguns passos eram rápidos! Ela também fazia poses lindas e ficava na ponta dos pés em diversas danças. Senti-me insegura. Posso mesmo fazer isso? Liguei para Patrick.

— E se minhas pernas não funcionarem com isso? E se eu fizer papel de boba? E se não conseguir movimentar os pés rápido o suficiente para acompanhar Derek?

— Você só precisa se preocupar em não ser a primeira eliminada — disse ele. — Então, ao menos vai estar no programa durante duas semanas, e só isso já é uma grande realização. — Fazia sentido, e aquilo ajudou a aliviar um pouco a pressão. Eu não precisava ganhar; só precisava passar pela primeira semana. Depois do segundo dia de ensaios com Derek, parti para a Rússia.

Nosso voo para Sóchi foi fretado. No caminho, nossa equipe parou no centro de processamento olímpico em Munique, para pegar nossos equipamentos oficiais do time americano. Quando chegamos em Sóchi, fiquei olhando pela janela durante toda a viagem de ônibus do aeroporto até a vila olímpica. Na verdade, eu visitara Sóchi no ano anterior; tinha feito parte de uma delegação de atletas enviados para testar as corridas e condições da neve. Desta vez, fiquei chocada em ver como o lugar estava diferente. Em menos de 12 meses, tinha passado de uma "cidade em construção" para uma região de resorts totalmente equipados com grandes prédios por todo lado.

Entrar na vila olímpica foi tão surreal. *Não acredito que estou mesmo aqui*. Depois de anos de trabalho para fazer isso acontecer, parecia incrível apenas o fato de estar na Rússia. No momento em que chegamos, foi noticiado que eu estaria no próximo elenco de *Dancing with the Stars*. Meu telefone, que estava mudo no meu colo, de repente começou a apitar de mensagens no Twitter. O coloquei no silencioso. Quando fui olhá-lo de novo mais tarde, todas as minhas mídias sociais estavam em polvorosa! Duas das maiores e mais excitantes oportunidades da minha vida estavam acontecendo exatamente ao mesmo tempo, e o nível de gratidão que eu sentia era esmagador. Quando saltei do ônibus, olhei para o céu e sussurrei: "Obrigada." Entremos em nossos quartos, que eram simples — apenas duas camas e um armário como os da Ikea. Esta seria nossa casa durante duas semanas.

A vila olímpica realmente é como uma cidadezinha. Os atletas de cada país ficavam no seu próprio prédio. No centro da vila, havia uma fila inteira com as bandeiras de cada país no alto — era lindo. No campus, tínhamos uma cafeteria 24 horas com todo tipo de comida que um atleta poderia querer. Também tínhamos um dentista. Um banco. Um cinema. Um salão. Até uma loja de próteses. Estava tudo junto no térreo do *resort* perto da montanha. Da vila, já podíamos ver que as condições de neve não estavam muito boas. Na verdade, já sabíamos antes daquilo, porque do Colorado assistimos de perto as Olimpíadas de Inverno pela televisão em fevereiro. Apesar de nossos receios a respeito da neve, estávamos todos encantados por estar lá, não apenas por nós mesmos, mas por nosso esporte. Nesta viagem faríamos história: O *para-snowboarding* seria representado nos jogos pela primeira vez, e aquilo era um grande marco.

Todas as manhãs, pulávamos em uma van que nos levava à montanha, onde praticávamos durante horas. A neve estava ainda pior do que pensáramos. Parecia quase areia movediça em alguns trechos, dura e gelada em outros, e como uma mistura de neve natural e artificial. No geral, descreveria aquela neve como um purê de batata, e aquilo tinha muito a ver com a umidade: a temperatura média durante o dia era de 13 graus, graças à baixa altitude de Sóchi e sua posição bem perto do mar Negro. Depois de algumas corridas, percebemos que íamos ter de lidar com condições climáticas instáveis. De uma corrida a outra, a neve ia de escorregadia para lamacenta, tornando quase impossível se apoiar em um *toe edge*.

— Tudo que ensinei a você sobre *snowboarding* durante os dois últimos anos pode ser jogado pela janela — disse Miah, meu treinador, quando ele viu como mudavam as condições da neve. — Isso não é *snowboarding*. É mais como surfe.

Nosso circuito não havia sido montado com antecedência, então, todo dia nos aquecíamos em manobras e técnicas para fincar eficientemente na árdua neve. Naquele primeiro dia, cada um de nós, literalmente, terminou de cara no chão! Com uma neve tão ruim, tivemos que praticar nosso jogo de peso de modo diferente, apenas para não afundar na neve. Naquela tarde, voltei para a vila com manchas roxas nas pernas, o que raramente me acontecia quando treinava em casa. Mas estava grata por ao menos minhas vertigens não terem parecido me incomodar na montanha. Quanto às minhas pernas machucadas, havia uma sala de fisioterapia onde podíamos ficar e colocar compressas de gelo para tirar as manchas. Eu ia lá quase toda tarde. Precisava me certificar de que minhas pernas permaneceriam fortes, tanto para dançar quanto para competir.

Nos dias anteriores à corrida, nosso circuito foi tomando forma bem diante de nossos olhos, e não parecia muito bom. Era extremamente íngreme e estreito, diferente do circuito que os *snowboarders* olímpicos haviam feito; em parte, a organização tinha escolhido nos colocar nessa parte da montanha porque o final do trajeto era perto de um estádio onde centenas de espectadores poderiam assistir sentados os atletas cruzando a linha de chegada. Como nosso esporte era novidade, haveria muita mídia querendo cobri-lo.

Por um lado, era o máximo ter tanta atenção da imprensa para o *snowboard* adaptado; isso era parte do que Daniel e eu buscamos durante tanto tempo. Tínhamos virado donos desse esporte, junto com um punhado de outros colegas de time; todos queríamos que tudo parecesse muito bom para aqueles ali reunidos, e para quem assistia de longe também. Mas do ponto de vista da corrida, essa inclinação a faria ser extremamente difícil. Você não quer um circuito íngreme demais, porque há saltos e montes (muros de neve em meio a curvas) sobre os quais passar no trajeto, e a inclinação excessiva te faz descer com velocidade demais.

— Isso não se parece em *nada* com o que imaginamos que seria — eu e meus colegas de equipe dizíamos uns aos outros. Quando você pensa nas Olimpíadas, você sonha que vai competir nos melhores e mais bem construídos circuitos do mundo. Mas este não era um deles.

Considerando as condições, fui muito bem nos meus treinos. A cada dia, inclusive, chegava cada vez mais perto do tempo de Bibian. Sempre tento dar o meu melhor em cada corrida — e aquilo nunca foi mais verdadeiro do que em Sóchi. Mas quando vi o circuito pelo qual todos nós passaríamos, sabia que o importante seria cometer menos erros que meus oponentes, focar nas coisas que *poderia* controlar e fazer o que pudesse para cruzar a linha de chegada na frente dos outros.

De manhã eu treinava e de tarde dançava. Quando Derek chegou em Sóchi, eu tinha passado de "Qual é mesmo o sobrenome desse cara?" a me sentir plenamente abençoada por estar fazendo par com uma força criativa, pela qual o mundo todo já parecia estar apaixonado. Com seu treinamento, talvez eu pudesse fazer melhor do que simplesmente evitar uma eliminação, e até ficar algumas semanas na competição. Talvez pudesse ficar ao menos três semanas. Teria que ver como minhas pernas reagiriam. Em nosso curto tempo juntos, começamos nosso chá-chá-chá— e no final, rezamos pelo melhor. Então, durante os quatro dias que antecediam minha corrida, deixei a dança de lado e foquei no que viera fazer aqui — tentar subir no pódio.

O dia da corrida chegou: 14 de março de 2014. Meu alarme despertou às 5h15. Sentei-me na cama, esfreguei os olhos e olhei pela janela para o sol nascendo sobre as montanhas de Sóchi. Queria acordar cedo para me exercitar, mesmo que por apenas alguns minutos. A semana toda, meu treinador ficou dizendo: "O dia da corrida é só mais um dia de treino. Há apenas um pouco mais de pressão. Faça exatamente o que você faz quando treina." Mas definitivamente não parecia só mais um dia. Parecia a conclusão de quase uma década de trabalho sério, para não falar que era também a grande estreia do nosso esporte. Eu não acreditava que finalmente tinha chegado a hora.

— Já acordou? — disse Megan, minha colega de quarto e equipe. Ela se espreguiçou e bocejou.

— Sim, vou descer e fazer um pouquinho de *spinning* — falei. Não haveria muito tempo para aquilo nem para o café da manhã. Precisávamos estar no topo da montanha às 7h30 para testar a neve antes da competição. Na verdade, havíamos feito pressão para a corrida ser o mais cedo possível. Achamos que a temperatura mais fria ajudaria a condição da neve. Ou ao menos esperávamos que sim.

Direto da academia, fui comer alguma coisa na cafeteria da vila. Pedi o mesmo café da manhã que comera desde que chegara: ovos, uns crepes incríveis com manteiga de amendoim e xarope de bordo e o altamente gorduroso iogurte russo. Estava tentando manter o peso que ganhara. Uma das minhas colegas de time me viu do outro lado da cafeteria e acenou.

— Está pronta? — gritou, andando na minha direção.

— Estou sempre pronta — respondi. — Só vamos rezar para a neve estar boa hoje.

— Começou a nevar um pouco — disse ela. — Talvez a neve fresca ajude. — Nós assentimos.

Sentei-me e belisquei meu prato, ouvindo "Madness" do Muse nos fones de ouvido, uma das minhas músicas favoritas para manter minha adrenalina e meus nervos sob controle antes de uma corrida. Durante toda a estação, eu experimentara o ritual de ouvir música para concentrar minha energia. Comi alguns pedaços do crepe, mas não consegui terminar tudo do prato; eu já estava com os nervos à flor da pele. Fiquei ali por um tempo e apenas deixei a música tomar conta de mim.

Voltei a meu quarto e me vesti. No caminho até o elevador, Daniel — que pegara um avião só para assistir a corrida, mas que não tinha podido me visitar na vila — ligou-me no celular.

— Como está?

— Estou me sentindo muito bem, para falar a verdade — respondi, olhando para o alto para poder ver com meus próprios olhos os flocos de neve caindo. — Parece que os deuses estão do nosso lado hoje. Todas treinamos. Fizemos nossa parte. Estamos prontas. E agora só precisamos ir lá fazer o nosso melhor.

— E vocês vão — disse Daniel. — Sei que você vai arrasar.

Às 7h15, a maior parte da equipe já estava reunida nos teleféricos, incluindo meu treinador.

— Lembrem-se, meninas — falou —, é só mais um dia de treino. — Subimos no teleférico e, na subida, olhei a montanha abaixo. Através da neblina suave, vi os funcionários do percurso, que já estavam trabalhando desde antes do amanhecer, preparando tudo. Conforme subíamos gradualmente, a montanha parecia tão quieta, a mesma quietude pela qual eu me apaixonara na minha primeira corrida, em Brian Head, com meus amigos há tantos anos atrás. De Brian Head, Utah, para Sóchi, Rússia, por causa dessas duas pernas biônicas. Poucos poderiam ter previsto que minha jornada me traria até aqui.

Àquela altura, já sabíamos todas as regras oficiais. Faríamos uma corrida de prática, e mais três valendo. O pior resultado das três seria eliminado, e das outras duas seria feita uma média para determinar a vitoriosa. Eu queria pontuar e fazer dessa estreia paraolímpica minha melhor performance até então. Mas com uma colina tão íngreme, minha maior missão era manter-me estável, e então, abrir com velocidade máxima ao chegar ao final do trajeto.

Preparei-me para a corrida de teste. No instante em que dei a largada, imediatamente notei que as condições haviam mudado de novo. A neve tinha ficado mole e grudenta. Enquanto fincava em volta de um monte, a neve parecia inconsistente. Eu batia no lodo, o que me atrasava, e em seguida, pisava em gelo duro. A combinação daquelas duas coisas fez dessa uma corrida bem difícil. Rapidamente, percebi que só poderia ter um objetivo para essa corrida: Precisava ficar *na vertical.* Minha estratégia seria procurar áreas onde pudesse controlar minha velocidade para tomar as rédeas. Não tão inspirador quanto querer superar meu melhor tempo, mas às vezes ser competitivo significa ser flexível e adaptar-se a mudanças.

Quando parei na linha de partida para minha primeira corrida para valer, pensei: *Uau, é agora*. Anos de trabalho duro para este único momento. Queria que minha primeira volta fosse segura; era melhor alcançar um tempo sólido sem cair, e então, aumentar a velocidade na segunda tentativa. Inalei profundamente e visualizei-me descendo o trajeto perfeitamente. Visualizações sempre foram grandes ferramentas para mim, tanto em competições quanto na vida. Mapeei o trajeto mentalmente e pensei exatamente no que meu corpo faria a cada curva.

Larguei! Consegui cinco pequenos montes. Em seguida, finquei para desviar de seis muretas e ajustei a velocidade. Sabia que um salto grande que havíamos treinado muito nos treinos estava chegando... *e... lá vem ele... ISSO!* Consegui. Tentando me segurar para não pegar velocidade demais com a inclinação da montanha, passei pela última série de saltos e montes. Quando pude ver o final, abaixei-me, abri-me mais e fui o mais rápido possível. Dei o salto final e atravessei a linha de chegada. Soltei a respiração. Olhei para o relógio. Um minuto e oito segundos.

Tinha tido um começo sólido e feito o trajeto com segurança. Aquilo ainda não era rápido o bastante para derrotar Bibian, que cruzou a linha de chegada exatamente oito segundos mais rápido do que eu. Eu tinha plena consciência de que a poderosa Bibian seria difícil de superar, mas de onde diabos veio a competidora da França, Cécile Hernandez Cervellon? Ela me superou e ficou em segundo lugar. Eu competira com Cécile em algumas copas anteriores e sempre chegara bem à frente dela. Na verdade, em uma das corridas daquela época, ganhei dela por quase dez segundos. Ela tinha ambas as pernas e esclerose múltipla. Parecia estar tendo um ótimo dia.

— A neve está dificultando tanto — disse a meu treinador no final da minha primeira corrida. — Não quero nem forçar porque não quero arriscar cair.

— Apenas se mantenha suave e estável — orientou ele. — Às vezes, ser esperto é melhor do que ser rápido. Seu tempo ainda está entre os melhores.

Minha segunda corrida foi melhor, mas apenas de leve. Atravessei a linha com um minuto e seis segundos. Enquanto isso, Bibian e Cécile pareciam continuar determinadas a ganhar o ouro e a prata, e eu me esforçava para um possível bronze, enquanto minhas colegas de equipe estavam com mais dificuldades ainda. Por causa da inconsistência da neve e da pressão da corrida, estavam lidando com diversos deslizes, quedas, tropeções e *toe edges* difíceis. Pareciam tão chateadas a respeito de suas performances que reuni todas em um círculo.

— Gente, sei que isso não está indo bem como pensávamos — comecei. — Mas nesta última corrida, vamos agradecer por estar onde estamos. Não se esqueçam de que somos as melhores do mundo e treinamos duro para chegar aqui. Vamos viver o momento, divertir-nos e aproveitar cada manobra. Esta é a última vez que haverá uma primeira vez! — Todas nos cumprimentamos.

Terceiro *round* — a luta para manter minha chance do bronze. Equilibrei-me na largada, inspirei o mais profundamente que conseguia, fechei os olhos e mais uma vez visualizei o percurso.

— É isso aí, Amy — sussurrei para mim mesma. — Você consegue. Apenas faça o que tem treinado. — O oficial da largada olhou nos meus olhos e perguntou:

— Pronta?

— Vamos nessa — respondi. Ele, então, começou a contagem regressiva.

— Cinco, quatro, três, dois, um... — E com isso, disparei. Passei pelos primeiros saltos e em vez de diminuir minha velocidade, resolvi permitir que a borda da prancha virasse um pouco para controlar a velocidade. Pulei sobre um monte íngreme... depois em um salto triplo *dragon-back*, e... *Isso*! Pousei lindamente. As palavras que dissera à minhas colegas de time se repetiam na minha cabeça. *Viva o momento. Divirta-se. Aproveite cada manobra*. Atravessei o último trecho de montes, abri minhas curvas, saltei sobre a última elevação e passei voando pela linha de chegada. Joguei o punho no ar enquanto corria. Tenho orgulho em dizer que fui a primeira mulher da história a levar para casa uma medalha de bronze de *snowboard* paraolímpico. Quando cruzei a linha de chegada, a multidão vibrou. Centenas de flashes dispararam por todo o estádio. Bibian, que já estava na linha de chegada aos prantos, abraçou-me com força.

— Conseguimos! — falei a ela, meus olhos também se enchendo d'água.

Naquela noite, durante a cerimônia de entrega das medalhas, uma onda de emoção tomou conta de mim. Quando abaixei a cabeça para receber a medalha de bronze em volta do pescoço, senti-me tomada de gratidão. Estava lá não só representando a mim, ou meu esporte. Também estava lá por qualquer pessoa que já tenha ouvido que não era possível vencer. Por todos aqueles que lutaram para derrubar probabilidades aparentemente impossíveis. Por cada *snowboarder* que correu mais rápido, sonhou mais alto e colocou tudo em risco para perseguir uma paixão. Esta medalha era deles. Eu era apenas a incrivelmente orgulhosa guardiã dela.

Quando a bandeira americana foi erguida ao lado das outras duas, o público gritou. Fiquei parada ali, absorvendo aquilo tudo, com lágrimas nos olhos. Refleti sobre a jornada que me levara até ali. Pensei naquele garoto que um dia passou voando por mim na sua prancha de *snowboard* e me deixou curiosa o suficiente para experimentar o esporte pela primeira vez. Pensei no dia em que um médico disse-me que eu talvez nunca pudesse praticar novamente — e no dia em que quase escorreguei desse mundo para outro. Lembrei das notícias que recebi em 2011 de que o *snowboarding* não faria parte desses jogos. E no entanto, lá estava eu, no pódio. "Vou poder praticar *snowboard* de novo?", eu perguntara com medo a um cirurgião. Minha presença nesses jogos não era apenas uma resposta. Era um ressonante sim. Fechei os olhos, beijei a medalha de bronze, que significava tanto para mim, e acenei para as pessoas lá embaixo.

Logo depois da cerimônia, Daniel e eu nos encontramos. Ele tinha nas mãos um lindo buquê de tulipas brancas.

— São pra você, amor — disse ele, me abraçando. — Parabéns. Você arrasou.

Minha corrida não se parecera em nada com o que eu havia visualizado. Mas ainda assim, eu tinha escolhido me render ao trajeto à minha frente. Adaptar-me a suas condições climáticas sempre em mudança. Controlar o que eu conseguia — e me render ao que não conseguia. Quando penso nisso, percebo que foi assim que cheguei até aqui em minha vida. Nós nem sempre decidimos qual percurso descer ou sabemos quais montanhas vamos enfrentar. Mas mesmo assim, sempre temos a escolha mais importante de todas: resistir ou nos jogar nas mudanças e curvas do terreno. Como acontece no *snowboarding*, acontece na vida.

CAPÍTULO 18

Ritmo universal

Dançar com seus pés é uma coisa, mas
dançar com seu coração é outra.
— AUTOR DESCONHECIDO

NÃO FESTEJEI MUITO EM SÓCHI. Brindei com Daniel e minha equipe, mas horas depois de subir naquele pódio, já estava em um avião para Los Angeles. Nossa grande estreia em *Dancing with the Stars* seria em menos de 72 horas, e ainda tínhamos que aperfeiçoar nosso chá-chá-chá. Saí do avião às 19h, passei no apartamento que o programa havia arranjado para mim e corri até o estúdio para chegar lá às nove. No último dia de Derek na Rússia, perguntara a ele: "Acha que os outros estão no mesmo nível que a gente?" Ele riu. "É... sim, eles estão até na frente", admitiu. "Alguns já estão ensaiando para a *segunda* dança". Caramba.

No grande estúdio espelhado, Derek e eu fomos à luta. Mostrei a ele o que lembrava de Sóchi.

— Nossa, você lembra de bastante coisa! — exclamou ele. Quando começara a treinar *snowboarding* em Sóchi, não tinha tido tempo algum para praticar a dança. Então, as visualizei da mesma maneira que visualizei minhas competições de *snowboard*, calculando cada movimento. Em

Sóchi, eu já fizera a maior parte dos passos ao menos uma vez, em partes, mas a dança completa ainda não havia sido montada e combinada a uma música. Aquele era nosso objetivo da noite.

A noite correu bem. Eu já evoluíra bastante com o treinamento de Derek, mas ainda havia tantas coisas que sentia que faltavam. À meia noite, na volta para casa, pensei: *Estamos mesmo prestes a dançar diante de milhões de pessoas depois de amanhã?* Achei a ideia ao mesmo tempo excitante e aterrorizante.

Por mais que eu soubesse que havia recebido aquele convite em parte *por causa* das minhas pernas, também me surpreendi quando elas se tornaram o centro das atenções. No meu primeiro dia de volta em Los Angeles, logo depois do ensaio, Derek e eu demos algumas coletivas de imprensa.

— Como vai ser dançar com pernas protéticas? Consegue mesmo fazer isso? — perguntou um repórter. Respondi da melhor forma que pude, mas por dentro estava pensando: *Essas pernas não me definem. Não sou minhas pernas! E qual é, gente, acabei de ganhar uma medalha de bronze em snowboarding. Acho que sou bastante capaz, caramba.* Eu sabia daquilo; mas rapidamente ficou claro que eu teria que dar ao resto do mundo a chance de saber também.

Voltei ao apartamento de dois quartos, limpo e espaçoso. Quando abri a porta, havia presentes de *DWTS* esperando-me: biscoitos, geleias, roupas de exercício, garrafas de champanhe. Alguns de meus patrocinadores também tinham enviado presentes: a Element enviara-me uma cesta de comida, velas e caixas de roupas, a Toyota também enviara ainda mais roupas de exercício. Meus pais estavam me esperando lá. Depois de 16 horas de voo, seguidas de mais três horas de dança, eu estava delirando e com *jet-lag*.

Todas as outras equipes tinham definido seu figurino para a estreia, e também tinham tirado uma foto oficial. Derek e eu encaixamos aquilo no meu segundo dia em Los Angeles. Um carro buscou-me no apartamento às 6h30 e, ainda exausta, fui até a CBS. A prova de roupas foi uma das partes mais legais do processo. Um produtor nos levou até um prédio que era como seu próprio ateliê; cinco salas cheias de tudo, de compridos rolos de tecido colorido, grandes carreteis de linha, a coloridos figurinos bordados à mão em manequins. Em uma sala, fileiras de costureiras estavam sentadas customizando figurinos para todos os dançarinos. Sentia como se tivesse entrado num reino especial e brilhante. De certa forma, é assim que é o programa como um todo. Toda semana, aquele time nos ajuda a criar uma fantasia e um novo par de personagens para mergulharmos de cabeça nos figurinos, maquiagem e cenários.

Vocês sabiam que cada um dos figurinos que aparecem em *DWTS* é especialmente criado para cada participante? Achei aquilo fascinante. Nos dias anteriores ao show, os dançarinos sentam-se com os estilistas e desenham suas ideias; nas semanas em que um participante tem dois ou três números, o time tem que criar duas ou três opções diferentes. *DWTS* é uma mega produção, dos cenários cuidadosamente planejados, à maquiagem e ao figurino, à banda ao vivo e à iluminação, e o que se vê na tevê é apenas uma porção bem pequena do que acontece nos bastidores. Funcionários nunca vistos pelo público trabalham dia e noite. Dei uma olhada naquilo tudo e pensei: *Isso não é apenas um reality show de dança. Isso é uma megaprodução*.

Eu já enviara minhas medidas aos produtores. Em Sóchi, Derek perguntara:

— De que cores gosta? Precisamos começar a desenhar seu figurino de chá-chá-chá.

Eu não dera a ele muitos detalhes com que trabalhar, então, ele criou um conceito que combinava bem com minha dança: um figurino dourado com franjas e miçangas, com direito a um top e calças com franjas em cima de mais franjas. — Estou te dizendo — disse Derek —, com todo esse movimento nos quadris, a franja vai ficar incrível. — Experimentei a roupa, e quando fizeram as alterações (diversas costureiras começaram a apertar, alfinetar e costurar o figurino, comigo ainda dentro), mal pude acreditar como vestiu bem. Não eram apenas alfaiates. Eram *mágicas*.

Sabiam exatamente como ajustar minha cintura e valorizar meus seios para que ficassem os mais belos possíveis.

O dia do show chegou. Um carro buscou-me às 6h30 e eu tinha de estar na ABC para fazer cabelo e maquiagem às 7h30. Uma vez lá, ia para meu trailer. Tinha até meu nome na porta, e lá dentro havia um roupão com meu nome bordado. O show também arranjou-me uma assistente, Michelle, para os dias de gravação. A cada hora eu me sentia mais como uma estrela. Não esperava nada disso.

— Qualquer coisa que precisar — disse Michelle — é só me avisar. — Isso incluía barrinhas de cereal, água de coco, comidas saudáveis, e é claro, um conjunto de ferramentas para consertar qualquer questão inesperada com minhas pernas. A certa altura, comecei a brincar chamando Michelle de minha "guardiã de perna".

Primeiro vinha o cabelo. Depois maquiagem. Seguidos por um ensaio no elaborado *set*.

— Vire para cá em vez disso — dizia-me Derek, enquanto praticávamos nossa rotina no palco.

— Espera, o quê? Vamos mudar agora? Mal lembro do que já sei! — falei.

— Estarei sempre aperfeiçoando nossas coreografias, até o minuto em que entrarmos no palco — disse Derek. *Oh, é mesmo? Ótimo.* Havia tanto para absorver: as luzes, as mudanças na rotina, a sensação de dançar na frente dos produtores. A pressão fez-me esquecer alguns de meus passos. Ao menos ensaiamos nossa performance três vezes, e no final, a minha performance já estava melhor. Mais ou menos.

No ensaio, conheci alguns dos outros competidores pela primeira vez: Meryl. Candace. Charlie. Nene. Cada dupla era chamada pelo alto falante, uma de cada vez, para dançar na nossa frente. Algumas de suas rotinas eram tão incríveis que me fizeram duvidar a respeito de ter praticado o suficiente, e Meryl, a campeã do gelo, naturalmente foi impecável e espetacular. *Como posso competir com uma patinadora olímpica — alguém que já era considerada uma das melhores dançarinas do mundo?*

Bem, ela certamente vai me deixar tensa. Lembrei a mim mesma que eu precisava apenas me focar no momento, divertir-me e ver o quão longe aquilo me levaria.

Todos os outros competindo eram gentis, mas como nossos primeiros treinos foram em Sóchi, eu não tivera tempo de conhecê-los. Quando você participa do programa, sua vida resume-se a um triângulo: Casa. Estúdio de dança. Prédio da CBS. Há pouquíssssima interação com o mundo exterior (a não ser através das mídias sociais) e não tanta interação entre os participantes quanto se pensa. Todo mundo também está no seu próprio triângulo — e apesar de todos dividirmos os mesmos estúdios de ensaios no começo da competição, eu não cruzava com muitos deles. Na noite em que cheguei, encontrei James e Peta no estúdio e nos cumprimentamos rapidamente. E mais tarde, consegui conhecer os outros participantes bem, incluindo Candace e Danica, e mantive contato com eles e a maioria dos outros. Eu também adorava Nene Leakes de *The Real Housewives of Atlanta*. Ela era tão ousada, tão divertida.

— Ei, garota! — gritava sempre que me via no set. Seu marido e filho geralmente estavam com ela.

Quando se aproximou a hora da estreia, fomos direcionados a um camarote no segundo andar, onde os dançarinos reúnem-se, são entrevistados pela apresentadora Erin Andrews, recebem suas notas e assistem as performances dos outros participantes. Quando as câmeras não estavam em nós, a equipe de cabelo e maquiagem retocava nossos rostos; outras vezes, praticávamos uma última vez nossas danças.

— Está nervosa? — perguntou Derek.

— Não, e isso me preocupa um pouco — confessei rindo. Olhando agora, acho que eu estava tão nervosa que ficara dormente.

Ótimo — disse ele. — Vai ficar tudo bem.

A ideia de que minha família estava lá para apoiar-me acalmava meus nervos; eles tinham vindo para a estreia.

Finalmente, enquanto ficávamos esperando em lados opostos do *set*, ouvimos nossos nomes sendo anunciados:

— Dançando o chá-chá-chá... Amy Purdy e seu parceiro Derek Hough! — respirei fundo e pensei: *É agora. Não tem como voltar atrás.* Naquele segundo fiquei nervosa. Então disse a mim mesma a mesma coisa que dissera em Sóchi. *Amy, você vai conseguir. Faça o que tem feito nos treinos.* A música "Counting Stars", do One Republic começou a tocar. Então, juntos, Derek e eu andamos na direção um do outro, comigo contando os passos na cabeça o tempo todo, "Cinco, seis, sete, oito", só para manter o ritmo até nos encontrarmos no meio. Demos as mãos, fizemos alguns giros, e o público enlouqueceu! Enquanto fazíamos o chá-chá-chá pelo salão, as franjas douradas de meu figurino rodopiando com cada giro de meus quadris, o público cantava e batia palmas junto com a letra: *"Lately, I've been — I've been losing sleep, dreaming about the things that could be!"*[1]. E então, em um piscar de olhos, quase tão rápido quanto começou, minha primeira dança tinha acabado. Suada, olhei e vi todos de pé aplaudindo e gritando. *Fizemos mesmo isso?* Foi surreal. E eu não acreditava que tinha me lembrado da coreografia.

Em seguida, fomos até os juízes, que nos deram seu feedback. Eu estava tentando recuperar o fôlego! Dançar assim é um exercício intenso, mesmo quando já se está em boa forma olímpica.

— Vamos deixar uma coisa clara desde o começo, Amy — disse Len Goodman. — Não podemos julgá-la diferentemente das outras estrelas do show; e acho que você gostaria que fosse assim também. — Assenti e concordei. — Você ganhou medalha de bronze nas olimpíadas — continuou ele —, e ganhou uma medalha de ouro no chá-chá-chá!

Em seguida falou Bruno Tonioli:

— Inacreditável — falou ele. — Estamos com a Mulher Maravilha no salão. *Timing*, postura, nível da performance... como é que fez isso? Estou embasbacado!

E por último, a linda Carrie Ann Inaba:

---

[1] N. do T.: "Ultimamente tenho perdido o sono, pensando em tudo que poderia ser", em tradução livre.

— Estou chocada — declarou. — Nunca vi algo assim. Você é mais que uma dançarina ou competidora neste show. Você é um raio de luz. — Além de sem fôlego, subitamente, eu também estava sem palavras.

Lá em cima, no camarote, recebemos as notas dos juízes: três 8 seguidos, totalizando 24 pontos de possíveis trinta. Nada mal para uma garota de pernas de metal, com pouco tempo para ensaiar e um caso sério de *jet-lag*. Eu sabia que o resultado final ficaria a critério dos fãs ligando para votar, e se o pessoal em casa tivesse sentido ao menos um pouquinho da energia naquele prédio, eu poderia ter uma chance. Subitamente, entendi por que muitos dos participantes choram depois de apresentarem-se: é uma experiência emotiva e física. Menos de um mês antes, eu pensava em uma aparição no *DWTS* como algo que seria "divertido". Definitivamente é, mas quando você passa a se dedicar cem por cento a alguma coisa, aquele nível de paixão eleva toda a experiência de simplesmente agradável a incrivelmente emocionante e realizadora.

Quando voltei para casa, meus pais e minha irmã, que estavam hospedados comigo, estavam revendo o show.

— Você foi incrível, Amy, não consigo acreditar! — disse Crystal. — Realmente sabe dançar! — Quando assisti a gravação com eles, nem eu podia acreditar que era eu na tela.

Os fãs notaram minha primeira dança. Se minha conta @AmyPurdyGurl no Twitter estava em polvorosa antes, parecia ter sofrido uma erupção vulcânica agora. Toda segunda-feira depois do show, depois de eu ter passado pela longa fila de imprensa para entrevistas e dos outros participantes terminarem, voltava a meu trailer e montava um chat de duas horas no Twitter. Queria conversar e agradecer meus fãs. Aquelas sessões serviam como um indicador imediato da performance, se ela havia agradado ou não. "Chorei tanto quando vi você e Derek dançando o chá-chá-chá", escreveu uma espectadora. Pessoas de todas as idades se comunicaram comigo, mas pré-adolescentes, adolescentes e jovens adultos pareciam ser a maior parte do público. "Amy", escreveu uma adorável menina de nove anos de idade, "Quando a vi dançando, pensei que se você pode fazer isso, eu posso tirar A no meu teste de matemática. Você é inspiradora!". Uma outra escreveu: "Estou tentando perder vinte quilos e quando vi o que você fez, entrei na academia."

A primeira dança deu o tom. Eu não sabia na época, mas durante mais nove semanas, Derek e eu dançaríamos *swing*, valsa, tango, salsa e *quickstep, levando-os* para as vidas e salas de estar de milhões, e ficaríamos entre os líderes. Não apenas eu aprendera meu chá-chá-chá; Derek e eu, de alguma forma, tínhamos conseguido tocar em um nervo. Mesmo já naquela primeira semana, reconheci que isso era muito mais do que apenas dançar. Isso era transformar o modo como as pessoas viam seus sonhos e possibilidades.

Aquela mudança, aparentemente, seguiu pelo decorrer da temporada. Toda semana, eu dava ingressos extras para uma criança com deficiência e sua família. Uma noite depois do programa, Derek e eu vimos uma das crianças que havíamos convidado dançando com suas pernas protéticas. Derek olhou para mim e disse:

— É isso que importa.

— Sim — respondi. — É.

Eu não tinha alguém na minha situação quando perdi minhas pernas. Que privilégio poder ocupar este lugar.

Reset — Foi isso que Derek me ensinou a fazer depois de cada dança.

— Saí do ritmo uma hora e acho que meus ombros estavam altos demais — relatei a ele depois da nossa primeira performance.

— Acabou — disse ele. — Não importa mais agora. Coloque essa dança em uma caixa, tranque com um cadeado e jogue a chave fora. Começamos uma nova amanhã. — *Seguir em frente.*

De semana em semana, nosso fluxo de ensaios tinha seu próprio ritmo. Nas terças, Derek presenteava-me com a música que os produtores tinham escolhido, geralmente levando em conta sua opinião.

— Tudo bem, está pronta para ouvir o que vamos dançar esta semana? — perguntava sempre. Como poderia *não* estar? Acabara de ter uma performance energizante na noite anterior e ainda tinha cinco dias até a próxima. Depois de Derek tocar a música, ele começava o trabalho e a experimentar passos. Nas terças à tarde, ficávamos ocupados: durante o almoço encontrávamos os figurinistas e dávamos a eles ideias sobre a cenografia e fantasias para que começassem os croquis. Nas quartas, aprendíamos diversas novas sequências de dança, e na quinta, Derek começava a juntar esses segmentos até formarem uma coreografia completa. Sexta era um dia importante: era quando tínhamos que gravar um ensaio de nossa dança junto com a música, para que os produtores, cenógrafos e equipe tivessem uma ideia clara de como nos enquadrar no dia do show. Aos sábados, aperfeiçoávamos tudo minuciosamente, e aos domingos, fazíamos a dança inteira no *set*. Então, chegava a segunda: cabelo, maquiagem, ensaios com roupa e a gravação ao vivo.

Durante dez semanas seguidas, aquela foi minha vida. E as primeiras foram as mais intensas de todas. Depois dos ensaios tinha de fazer entrevistas em programas de tevê como o *Extra*. Em dado momento, eu trabalhava tanto que não conseguia lavar minhas próprias roupas, e comecei a ficar sem roupas limpas para usar nessas entrevistas.

— Mãe — falei no telefone um dia —, por favor, pode vir me ajudar? — Minha incrível mãe mudou-se temporariamente de Boise para Los Angeles, apenas para me ajudar nessa experiência com roupas limpas e refeições diárias. Daniel e meu pai, assim como outros parentes, estavam sempre visitando.

As pessoas frequentemente perguntavam-me:

— Qual foi a parte mais difícil da competição para você?

Apesar das minhas pernas virem com seus desafios — como parafusos se soltando segundos antes de uma dança — surpreendentemente, aquela não era a parte mais difícil. Era aprender os fundamentos da dança me equilibrando nestes pés. Tive que recordar-me de como baixar os ombros, usar a coluna e mover meus braços graciosamente. Às vezes, eu passava quase uma hora no espelho praticando movimentos com os braços. Uma vez, Derek olhou para mim e riu.

— É tão fofo ver você praticando sozinha — disse.

Desde o começo, Derek disse-me:

— Sou sua muralha, sua estabilidade. — E ele se tornou exatamente aquilo, emocional e fisicamente. Apoiando-me nele, percebi como eu fora forte ao longo dos anos. Sua liderança na pista de dança permitiu que eu me entregasse e me conectasse com minha feminilidade de uma maneira que eu nunca fizera. Olhando para aquela época agora, percebi que quando eu perdera as pernas, também sentira que perdera parte do que me tornava mulher. E através da dança, encontrei aquilo de novo. Para sempre serei grata a Derek por me ajudar a reencontrar aquilo.

Aquela feminilidade estava totalmente à mostra durante a semana Disney, que foi uma das mais difíceis para mim. Nós nos movimentávamos tão lentamente durante a dança que me senti instável com minhas pernas — parecia estar andando de bicicleta em câmera lenta. Sofri nos ensaios a semana toda, o tempo todo me perguntando se seria aquela a dança que finalmente nos tiraria da competição. Era frustrante e emocionante. Possuindo tornozelos por quase vinte anos, sabia como eles deviam se mover, mas não era capaz de fazê-lo. Pela primeira vez na competição toda minha forte atitude de "posso fazer qualquer coisa" desmoronou e eu realmente me permiti entrar em colapso. Quando sequei as lágrimas, percebi que, como já fizera tantas vezes antes, teria que dar mais duro e encontrar uma maneira de superar aquilo. E ao final da semana, eu encontrara: saí do meu uniforme de *snowboard* e entrei em um vestido de baile valsando como Cinderela. Enquanto Derek, meu príncipe encantado, guiava-me pela pista de dança, eu realmente me sentia uma linda princesa! Naquela semana, e em tantas outras, consegui viver um novo personagem e uma nova fantasia. Parecia um sonho.

Eu amei todas as danças, mas a minha favorita foi a contemporânea. Os produtores nos deram o tema antes do tempo: "o ano mais marcante da sua vida."

— Então, o que acha do tema? — perguntou Derek. Estávamos sentados no estúdio. — Bem, obviamente perder as pernas e receber o rim de meu pai foi memorável, mas esse ano também está sendo bem marcante por ter ganhado uma medalha nas Paraolimpíadas — respondi.

Para ser sincera, eu não queria muito falar no passado. Sim, eu me abrira em palestras, mas em um programa de dança? Não tinha planejado ir tão a fundo assim. E, além disso, sentia-me tão longe daquele período de minha vida.

— Sei que você vai estar vulnerável — disse Derek —, mas acho que deve ir lá. A história do que passou e como chegou longe é o que vai inspirar as pessoas. Mas a escolha é sua. — Depois de muita troca de ideias com Derek, escolhi desabafar. Homenagearia meu pai pelo presente incrível que foi me dar um de seus rins. Através da música, Derek e eu contaríamos a história da minha queda, e de meu pai sempre estar ali para me pegar. Disse a meus pais que queria que eles estivessem na próxima gravação. Só não revelei exatamente por quê.

Derek escolheu a música. Uma tarde, enquanto ele corria na esteira em seu hotel em Sóchi, começou a tocar a canção "Human" de Christina Perri no rádio.

— Achei uma canção tão bonita, tão poderosa — disse-me ele aquela terça. A música, explicou ele, é sobre o quão vulnerável cada um de nós é. — *"I bleed when I fall down... I crash and I break down."*[2] Imediatamente, pensei na sua história quando a ouvi — explicou. — Você conhece? — Eu não conhecia. — Deixe-me tocá-la para você. — Ele pôs a música para tocar, e quando chegou a última estrofe, nós dois estávamos com lenços de papel nas mãos. — O que achou? Gosta? — Eu assenti e tentei segurar mais uma onda de incontroláveis lágrimas.

Para esta dança em particular, eu queria estar bonita e feminina, com linhas bonitas nas pernas... como se estivesse na ponta dos pés.

[2] N. do T.: "Eu sangro ao cair, eu desabo e quebro", em tradução livre.

— Tenho uma ideia! — exclamei. — Um dos fabricantes de pernas que me patrocina, a Freedom Innovations, tem pés de natação que são apontados. Não sei se consigo e equilibrar neles, mas podíamos tentar? — Derek gostou da ideia, mas mesmo tendo sugerido, eu não tinha certeza de que daria certo; eles são feitos para encaixarem-se em uma nadadeira para prática de mergulho, não para dança. Liguei para o fabricante em busca de mais detalhes.

— Acha que são fortes o bastante para aguentar o peso do corpo? Poderia andar na ponta dos pés com eles?

A resposta deles foi que os pés foram *feitos* para suportar noventa quilos, mas que não tinham certeza que aguentariam, dado que as pontas dos dedos não foram feitas para alguém ficar de pé nelas. A única maneira de saber ao certo seria testando — então, o fabricante enviou-me os pés no dia seguinte.

— Puxa, isso é incrível — disse Derek na primeira vez em que me viu neles. Eu conseguia sim ficar em pé neles; apenas era muito difícil equilibrar-se, porque se lembrem, eu estava totalmente na ponta dos pés. Dei alguns passos e cambaleei. — As pernas ficam *maravilhosas* — elogiou Derek. Quando me sentei com elas, fizeram-me sentir muito feminina. Eu podia cruzar as pernas, baixar o pé e apontar os dedos para baixo, fazendo minhas pernas parecerem longas e finas. Isso pode parecer pouco, mas é exatamente o tipo de gesto feminino do qual você sente falta quando perde as pernas. No final, resolvemos usá-los.

A semana anterior ao programa foi exaustiva tanto fisicamente quanto emocionalmente. Junto com o gênio artístico de Derek, vem sua tendência de mudar o tempo todo: em um instante ele está emotivo (choramos juntos diversas vezes naquela semana criando a dança). No instante seguinte, ele está cantando uma canção a plenos pulmões. Ou morrendo de rir, contando piadas e fazendo nosso produtor e eu rirmos tanto quanto ele. E parte do tempo, ele ficava simplesmente exausto. Fiquei fascinada e inspirada por sua expressividade. E além de trabalhar comigo, Derek estava se preparando para fazer uma grande turnê de dança por todo o país, então, ele estava sob enorme pressão.

Na terceira semana, o estúdio transbordava de intensidade, por causa das emoções da dança que estávamos preparando.

— Preciso que vire para *cá* — dizia Derek, me mostrando. E se eu não acertava depois de algumas tentativas, ele ficava compreensivelmente frustrado. Mas aqui está o lado de Derek que adoro: Ele está sempre tentando melhorar a si mesmo. Se ele parecia irritadiço em um momento, era completamente capaz de voltar atrás e dizer: "Puxa, sei por que está tendo dificuldades com esta parte da dança. É porque eu não trouxe a energia certa para esta sala quando a ensinei a você." Eu realmente apreciava quando ele dizia aquilo. Uma de minhas frases favoritas era "Líderes são aprendizes". Derek encarnava aquela ideia. Era um líder tão brilhante por estar sempre disposto a aprender e a crescer. E desde o começo, ficou claro para mim que Derek era uma pessoa especial, que estava conectado a alguma coisa muito maior do que ele mesmo. Suas ideias fluíam livremente. Era tão expressivo; seus canais até Deus ou à energia universal estavam totalmente abertos. Ele era e é um poço interminável de energia, talento e ideias.

Na terça-feira antes da semana tributo, tínhamos acertado a maior parte da performance.

— Se eu fosse seu pai — dissera-me Derek nos ensaios —, é assim que eu seguraria você. — Ele, então, deixava eu me apoiar nele durante a parte mais emotiva da música. À essa altura, tínhamos entendido como os pés de natação funcionavam, e eu estava forte o bastante para andar e me equilibrar neles. Ainda assim, cambaleava um pouco, e a parte mais difícil da dança seria quando tivesse de largar a mão do Derek e ficar em pé na pontinha dos pés.

Na sexta, quando fizemos a filmagem para ensaio, Derek diminuiu as luzes do estúdio. Então, fizemos a dança do começo até o final, e a emoção no salão era palpável.

— Se conseguirmos causar isso na segunda — disse a Derek —, vai ser espetacular. — Derek não gostava quando eu me pressionava demais, então, lembrou-me:

— Vai ser espetacular de qualquer jeito.

Chegou a segunda-feira. Nos bastidores, Derek, fã do palestrante motivacional Tony Robbins, sempre usava um pouco do que havia aprendido nas conferências de Tony para me ajudar no dia da apresentação. Naquela noite, encostamos nossas testas e respiramos profundamente por um minuto — uma maneira de entrar no momento.

— Vai escutar o vídeo contando sua história. Vai ver seu pai na plateia e a música vai começar... E isso tudo vai ser incrivelmente emocionante. Precisa usar essa emoção como força. — Assenti e lembrei-me de todas as vezes em que eu havia feito exatamente aquilo nas minhas atuações, palestras e corridas de *snowboard*.

Antes desse programa e de outros, Derek e eu também fazíamos o que ele chamava de "*stacking*". Ele colocava sua mão sobre meu coração e dizia:

— Está bem, pense em algo pelo qual se sinta grata.

— Bem — dizia eu —, sou grata por ter a chance de agradecer a meu pai. — Ele, então, pegou minha mão e a colocou sobre a sua e disse:

— Estou grato por estar dançando com você, Amy. — Ficamos repetindo esse ritual, e no final, havíamos nos cercado com a poderosa energia da gratidão para entrarmos bem no palco. No camarote, cerca de um minuto antes dos produtores nos chamarem para o palco, Derek inclinou-se e sussurrou para mim: — Você não devia estar nem andando e agora está *dançando*. Então, lembre: Você já ganhou, não importa o que aconteça, cada passo que dá é perfeito. — Ele sempre sabia como me deixar relaxada e confiante antes de uma apresentação.

Assumimos nossas posições no palco. Comecei sentada no chão, descansando o rosto nos joelhos. Derek veio de uma das laterais, abaixou-se e gentilmente me levantou do chão. As primeiras notas da música começaram a tocar, e Derek guiou-me enquanto eu me equilibrava na ponta dos pés. *"I can hold my breath"*[3], dizia a música. Derek me levantou no ar, enquanto eu passava as pernas acima de sua cabeça. *"I can bite my tongue"*[4]. Dei três passos para a frente em meus pés perfeitamente apontados, e Derek e eu dançamos juntos, de mãos dadas e de frente um para o outro. Então, no movimento mais difícil para mim, o clímax da música, ele largou minhas mãos, e me impulsionei contra ele, me erguendo. As luzes do palco pareciam leques sobre meu corpo enquanto eu ficava equilibrada perfeitamente nos dedos dos pés, usando cada reserva de energia em meu corpo para me manter estável. Um momento depois, fui até os braços de Derek, ele me pegou e me girou no ar, com as luzes do palco se abrindo como uma flor. A energia foi tão intensa para nós dois, e é difícil descrever o nível de gratidão que senti naquele momento. Então, finalmente, o último refrão: *"I'm only human"*[5]. Quando a plateia levantou-se e aplaudiu com lágrimas nos olhos, vi meu pai. Ele estava secando suas lágrimas. Deixei o palco e corri para abraçá-lo, e quando ele me segurou, sussurrei no seu ouvido:

— Obrigada, pai... obrigada.

Quando chegou a hora dos juízes comentarem a apresentação, uma mistura de rímel e lágrimas manchava meu rosto, enquanto eu tentava manter a compostura tempo suficiente até voltar aos bastidores.

— Espero que saiba o que está fazendo pelas pessoas quando elas a veem dançar toda semana — disse Robin Roberts, âncora do programa *Good Morning America*, que foi jurada convidada aquela semana. — Para qualquer pessoa enfrentando um desafio, você está deixando-os saber que eles; nós; também podemos começar de novo. — E foi ali que perdi o controle. Porque as palavras de Robin naquela noite foram uma confirmação de exatamente o que Derek e eu quisemos fazer: ajudar os outros a reconhecer a própria força ao me verem dominar a minha.

---

[3] N. do T.: "Posso prender o fôlego", em tradução livre.
[4] N. do T.: "Posso morder a língua", em tradução livre.
[5] N. do. T.: "Sou apenas humana", em tradução livre.

— Quem é seu ícone, Amy? — perguntou meu produtor, Alex, uma manhã no estúdio, por volta da oitava semana. Ele já estava preparando a nona semana, a semana Ícone Americano; e ele e os outros produtores claramente estavam tentando arranjar convidados em potencial.

— Meu ícone? — repeti, franzindo a testa.

— Sim, seu ícone — afirmou. — Quem escolheria?

— Puxa, não sei bem. Isto é, a única pessoa famosa que realmente sempre admirei foi a Oprah. — Havia artistas, atletas e músicos que eu amava, mas Oprah era a única pessoa em quem consegui pensar que realmente me inspirava profundamente.

— Oprah Winfrey? — perguntou ele. Ele quase deixou cair o bloco no qual estava escrevendo.

— É, Oprah — afirmei. — Eu escolheria Oprah. Ela superou enormes obstáculos em sua vida. E já mudou a vida de muitas pessoas em retribuição.

Ele inspirou lentamente.

— Bem, está legal — disse finalmente. — É impossível conseguirmos que Oprah venha ao programa. Tem mais alguém que seja um pouco menos "Oprah"?

— Não — respondi. — É isso. Apenas Oprah.

O produtor foi embora. Pensei: Ele tem razão. *Nunca vão conseguir fazê-la vir ao programa*. Francamente, depois que o produtor me perguntou aquilo, esqueci a conversa e foquei na tarefa da vez: aprender meu *quickstep*.

Derek e eu estávamos surpresos por eu ainda estar no programa na oitava semana. Eu provara que sabia dançar e que merecia estar lá. Mas no começo da competição, quem imaginaria que iríamos tão longe? Se tivessem ideia do que tínhamos de *fazer* para nos mantermos ali (os trechos editados antes do programa são só uma parte muito pequena do que acontece no estúdio diariamente! Dançávamos até seis horas por dia, sete dias por semana, sem folga), seria o bastante para você sentir vontade de tirar uma longa soneca. Até eu sinto vontade de tirar um cochilo só de lembrar. Mas, para ser sincera, amava cada minuto.

Primeiro de tudo, usei quatro diferentes pares de pés durante toda a temporada — nenhum deles com movimentos como os de pés normais, e nenhum deles feitos para dançar. Não tínhamos nenhuma referência para decidir qual par usar para cada dança. Foi experimentando com esses pés e movimentos corporais, semana a semana, que trilhamos nosso próprio caminho. No final, nós resolvemos por quatro pares: Havia meus pés de salto alto usuais do dia a dia (funcionavam melhor para *swing* e valsa), meus pés Sach (feitos de madeira e espuma e com zero movimentação no tornozelo ou movimento dinâmico; basicamente pés de manequim, mas com um arco bem feito; e neles eu conseguia me equilibrar nos calcanhares, permitindo-me balançar os quadris para danças latinas como salsa e rumba). Eu também tinha os pés de nadador (os quais usei na dança contemporânea e no tango argentino); e então, é claro, os pés da semana nove — as ferozes lâminas de corrida que usava para me impulsionar para frente e para o e lado durante o *quickstep*. Quem imaginaria que se pode fazer o *quickstep* em próteses finas de carbono? Agora sabemos! Depois de nosso *quickstep* ir ao ar, muitos pais enviaram para a internet vídeos de seus filhos dançando em suas próteses de carbono, enquanto assistiam Derek e eu dançarmos na tevê. Era verdadeiramente incrível de ver e tão emocionante.

— O que é mais difícil, *Dancing with the Stars* ou competir nas Paraolimpíadas? — perguntam-me com frequência. Sempre respondo *DWTS*. Com *snowboarding*, uma vez que descobri que conseguia fazer, pude aumentar minhas habilidades e refinar minhas pernas; aquilo me permitiu ficar melhor, mais rápida e mais forte a cada semana. Mas com o programa, cada semana era diferente da outra, e no meu caso, os pés que eu usava e a movimentação de tornozelo que precisava dominar era diferente. Com cada dança, tínhamos de voltar ao zero e cruzar os dedos para que déssemos um jeito. Sempre conseguimos. Tem uma lição que levei comigo da experiência no programa: Sempre há uma maneira, se estivermos dispostos a tentar o suficiente para encontrá-la.

Um dia no estúdio, enquanto nos preparávamos para começar nossa coreografia de *quickstep*, meu produtor trouxe-me um telefone.

— Vai precisar disso hoje — disse. — Uma pessoa vai te ligar nele. — Sorri, mas, então, pensei: *Não é possível que seja Oprah.*

Eu estava errada. Uma hora mais tarde, o celular tocou. Era Oprah. Eu não podia acreditar. A coloquei no alto falante para que Derek escutasse, e esta foi apenas parte da nossa conversa:

— Alô, é Amy? — Conhecia aquela voz, *mas isso estava mesmo acontecendo?*

— Oi, é sim — respondi, minha voz tremendo um pouco. — É Amy.

— Oi Amy. Aqui é a Oprah.

— Está falando sério? — Coloquei uma das mãos sobre meu coração. — Ah meu Deus!

Derek falou:

— Oi Oprah, como está?

— É o Derek?

— Sim!

— Ah meu Deus, são vocês dois — disse Oprah.

— Puxa, estamos surpresos de receber uma ligação sua — disse Derek, enquanto minha cabeça ainda estava à mil, tentando apenas pensar em algo para dizer. — É incrível.

— Vocês dois são tão inspiradores — continuou Oprah.. — Se vocês procurarem a palavra *inspirador* no dicionário suas fotos estarão lá. E Amy, preciso te dizer: inacreditável. Não sei como você está fazendo o que está fazendo.

— Nem eu! — exclamei. — Isso é tão incrível, minhas mãos estão tremendo.

— Então, vou dizer a vocês, quando vencerem, vou levar vocês dois para jantar. Prometo. Estarei assistindo! — disse Oprah. No episódio, a conversa durou menos de um minuto, mas na vida real, durou cerca de dez. Eu já estava boba por estar no programa, imagina por estar no telefone com Oprah! Assim que desligamos, dei um grito alto.

Naquela semana, arrasamos. Uma coreografia de *quickstep* muito rápida nas lâminas de carbono — e, graças à Oprah, uma garota com o coração realizado.

Chegamos à final. Nas horas antes da noite da grande apresentação do globo espelhado, tivemos nossa última grande sessão de trabalho. A final é um evento de duas horas, e na primeira dessas duas noites, devíamos apresentar duas danças: a salsa e o *freestyle*. Se passássemos pelas eliminações, iríamos para o desafio de 24 horas, isto é, depois de dançar aquele dia, voltaríamos ao estúdio de ensaios naquela mesma noite e faríamos a coreografia da dança final para ser apresentada na segunda noite. No nosso caso, seria uma fusão de estilos: o tango argentino com o chá-chá-chá.

— Esta competição pode dar em qualquer coisa — disse Derek. — Você já provou que é uma dançarina incrível e esforçou-se mais que todo mundo. Mas Meryl e Max são espetaculares, e vendo as gravações, acho que alguns espectadores querem votar mais neles. É só um pressentimento.

Esta provavelmente era a maneira que Derek encontrou de amenizar o impacto para mim se não vencêssemos. Mas de certa maneira, pensar daquele jeito nos deixava mais livres para fazer exatamente o que vínhamos fazendo durante nove semanas — escrevendo nosso roteiro. Fazendo nossas regras. E nos apresentando do nosso jeito. Na nossa cabeça, já tínhamos ganhado mais que um troféu. Havíamos experimentado mais e ido mais longe juntos do que jamais poderíamos ter imaginado. Vencendo ou perdendo, nossa intenção era deixar os espectadores com a mensagem de que qualquer coisa é possível através da dança. Escolhemos o *freestyle* para aquela dança.

— Tem alguma ideia para a música desse *freestyle*? — perguntou ele. Os produtores estavam nos perguntando aquilo há semanas, e não tínhamos ideia. Queríamos ficar presentes em cada momento e não pensar tão à frente. Mas conforme a final se aproximava e confirmávamos a ideia de usar nossa dança em prol de um propósito maior, um que pudesse transcender o programa, começamos a pensar naquilo. — Quero algo que mostre que o céu é o limite — disse Derek. Adorei a ideia.

Apesar de ainda não termos uma música, eu não estava preocupada — assim como acontecia toda semana, sabia que encontraríamos a certa. Confiei na capacidade de Derek de ter mais um de seus momentos *a-há*, e um dia depois, ele teve mesmo. Quando entrou em seu carro, ligou o rádio e ouviu a música "Dare You", do Hardwell. A letra parecia ter sido escrita para mim. *"I dare you to love, I dare you to cry, I dare you to run"*[6]. Era isso.

— Nenhum conjunto de palavras define tão bem nossa experiência no programa nessas dez semanas — contou-me ele, enquanto a tocava para mim.

Concordei. Tínhamos nossa música. Agora só precisávamos da dança para acompanhá-la.

— Quero que veja uma coisa — dizia uma mensagem de texto de Derek uma noite. Ele colou um link para um vídeo do YouTube. Quando cliquei, vi um vídeo de um trapezista, pendurado em uma corda, rodando a quatro metros e meio do chão. Quando encontrei Derek mais tarde, falei:

— Aquilo é tão legal. — E eu já tinha uma boa noção para onde isso estava indo. A essa altura, já conhecia Derek bem.

— Quero que faça aquilo — disse ele. — É assim que devemos terminar nossa dança. — Parecia difícil, e nauseante, mas não discuti. Essa é a coisa quando se chega à décima semana: Por nove semanas seguidas,

[6] N. do T.: "Desafio você a amar, desafio a chorar, desafio a correr", em tradução livre.

você provou a si mesmo que o que poderia parecer impossível em uma terça-feira, tornava-se realidade seis dias depois.

— Está bem — falei. — Vamos tentar.

Derek e eu fomos a um estúdio em Los Angeles para ver um amigo dele, Angel.

— Amy, Derek mostrou-lhe o vídeo do que ele quer fazer? — perguntou Angel, sorrindo.

— Sim — respondi, olhando para Derek. Ele também estava sorrindo. *O que ele não está me contando?*

— Bem, geralmente leva ao menos duas semanas para ganhar força no torso suficiente para fazer aquilo — explicou ele. Derek interrompeu:

— Bem, amigo, nós não temos semanas, temos cerca de uma hora para descobrir se ela consegue fazer isso antes de voltarmos aos ensaios. — Derek olhou para mim e viu a expressão de preocupação em meu rosto. — Amy, sei que consegue fazer isso.

Angel me levou a uma parte do estúdio com um trapézio. Aquecemos um pouco, e então, ele disse:

— Vou pedir para que se levante algumas vezes no trapézio. — Pus as mãos na barra, respirei fundo e levantei as pernas na minha frente de modo que meu corpo ficasse em um ângulo de noventa graus. Minha nossa! Que exercício para o abdome! Endireitei-me em uma posição reta. — Consegue repetir cinco vezes? — perguntou ele. Consegui. Então, ele me pediu para largar um braço de cada vez e repetir cinco vezes apenas com um braço. *Aaaaagh.*

— Você consegue Amy — incentivou Derek. — Vai, vai, vai! — Eu consegui, e depois, caí no chão suando.

— Oh meu Deus — falei sem fôlego —, era pra ser *tão* difícil assim mesmo? — Todo meu torso estava tremendo. Angel deu uma olhada para Derek.

— Isso foi simplesmente incrível — disse. — Você não vai ter nenhum problema para fazer isso. — Pelo visto meus treinos para as Paraolimpíadas ainda estavam dando frutos.

No meio de tudo isso, Derek e eu também estávamos ensaiando nossa salsa — para a final, tínhamos de aprender diversas danças ao mesmo tempo. E apesar do *freestyle* ser nossa última apresentação, Derek, ainda assim, estava determinado a fazer todas as nossas três derradeiras danças espetaculares — ele enchia as coreografias com pulos e movimentos mais difíceis e incríveis que quaisquer outros que havíamos feito antes. Era tudo muito divertido, até a manhã em que, ensaiando nossa salsa, eu — *crack!* — ouvi um estalo nas costelas. Meu torso entrou em espasmo.

— Ah meu Deus — falei, caindo de joelhos. Exatamente a mesma coisa já acontecera ensaiando rumba; e uma ambulância teve de levar-me correndo para o hospital. Chamamos um quiroprático imediatamente. Ele colocou minha costela de volta no lugar e mandou-me aplicar gelo sobre ela imediatamente para diminuir o inchaço e relaxar os espasmos.

— Vai ficar extremamente dolorido — disse —, mas não tem nada quebrado. Cabe a você ver se consegue suportar a dor.

A essa altura, estávamos a apenas três dias da final, e a única parte de nosso *freestyle* que tínhamos feito era o giro pendurado de uma corda. Nenhuma outra parte da coreografia fora montada. Enquanto isso, Derek andava de um lado para o outro nervosamente. Partiria para sua turnê de dança dias depois da final — e lá estava eu, a 72 horas de nossa última dança, cheia de gelo e ibuprofeno. Foi quando ele olhou para mim e disse:

— O que acha? Conseguimos fazer isso?

Dei de ombros.

— Não sei — admiti.

— Bem, olha — disse ele, finalmente —, você está com muita dor. Precisamos terminar o *freestyle* e não podemos pegar leve. Precisamos praticar todas as subidas e sabemos que conseguimos. Além disso, nem terminamos nossas outras danças. Devemos desistir? — Sabendo que ele estava apenas se sentindo sobrecarregado, devolvi:

— Desistir? De jeito nenhum! Chegamos longe demais para isso!!

— Está bem — disse ele —, mas não há tempo para lesões. Precisamos terminar essas danças esta noite.

— Preciso de algumas horas — pedi. — Vou para casa, ficar com gelo, e te darei minha resposta mais tarde. Só preciso de um tempo para me recompor. — E, dada a pressão que estava sofrendo, ele fez o mesmo. Quando não estava praticando comigo, estava treinando para sua turnê.

Indo para casa naquela tarde, a dor estava tão forte que pensei: *Não faço ideia de como vou conseguir fazer isso*. Depois de tanto trabalho para chegarmos tão longe, estava devastada por uma lesão que poderia ser o motivo de eu não conseguir terminar a competição. Mas é incrível a força que você consegue reunir quando sofre pressão. Cheguei em casa, tomei mais ibuprofeno e deitei no chão com compressas de gelo durante três horas. Simplesmente fiz uma escolha: Não importava quanta dor estivesse sentindo, ia mergulhar de cabeça e terminar o que havia começado. Mandei uma mensagem para Derek: "Vamos nessa. Vejo você em trinta minutos.".

Naquela noite, no mais tardio e mais doloroso ensaio que eu jamais fizera, criamos nossa dança *freestyle*. Cada. Um. Dos. Passos. Quando terminamos, pouco depois da meia noite, um produtor filmou a coreografia completa para enviar aos diretores de palco. Derek olhou para a câmera e apresentou a dança assim:

— Este é nosso *freestyle* — disse, explicando como seria a dança. — Literalmente, acabamos de criá-lo. Amy está lesionada. Cruzem os dedos para conseguirmos fazer isso. Que Deus esteja com a gente. — E assim, fizemos a dança enquanto filmavam, não incrivelmente bem, mas conseguimos. E eu sabia que se podia juntar a vontade e a força para fazer aquilo naquela noite, podia fazer o mesmo na noite da final.

Na noite do *freestyle*, defini uma meta para mim mesma. Como seria uma de minhas últimas danças, queria aproveitar ao máximo cada momento dela. Começamos a dança de costas um para o outro, e havia algo poderoso na quietude daquele primeiro momento. Estávamos presentes um para o outro. Podia sentir a energia e atenção da plateia. Então, o apresentador finalmente anunciou nossos nomes: "Amy Purdy e seu parceiro Derek Hough". Senti-me mais calma do que jamais me sentira. Respirei fundo algumas vezes e um último pensamento cruzou minha mente antes da música começar: *Não importa o que aconteça, isso vai ser perfeito.*

E foi. Há uma conexão que você compartilha com seu parceiro quando dança, e a essa altura eu já tinha total confiança em Derek. Fui capaz de simplesmente soltar-me, o que me permitiu estar cem por cento presente no momento. Com milhões de pessoas assistindo, Derek e eu nos movimentamos em total sintonia um com o outro. Não apenas dancei. Com cada parte de minha alma, senti como se me movimentasse ao ritmo universal que conecta a todos nós. Podia ouvir a música mais claramente do que jamais ouvira durante toda a temporada do programa. Daquela vez, meu corpo estava se movendo, mas minha mente estava quieta. Não pensei nas batidas ou em contar ou em qual passo viria a seguir. Simplesmente segui a melodia; era como se alguém tivesse apertado o botão do *play* e meu corpo soubesse exatamente o que fazer.

Quando Derek me levantou no alto e segurei a corda com uma das mãos, não apenas desafiei a gravidade. Desafiei cada dúvida que eu jamais tivera a respeito de mim mesma, demonstrando a capacidade que todos temos de fazer mais. De subir mais alto. De ultrapassar limites. Enquanto eu girava, meu coração transbordava de gratidão. Pelos milhões que me apoiavam. Pela amizade de Derek e pelo seu treinamento. Por Daniel e minha família, cujo amor me acompanhou em toda minha jornada. Pela força em meu corpo. E por cada uma das experiências que eu já tivera — sim, até as difíceis — e que me levaram até aquele momento. Pela coragem que eu juntara para me levar de perder as pernas à encontrar minhas asas.

Na noite seguinte, Max e Meryl ganharam a competição — Derek previra aquilo corretamente. Por mais que tenhamos lutado para vencer, estávamos sinceramente felizes pela vitória deles. Pela primeira vez, Max conseguira conduzir sua parceira a vitória — e Meryl, que levou um talento tão incrível ao salão de dança, ganhou o primeiro lugar; que honra e realização ficar em segundo lugar, atrás da melhor patinadora artística de gelo do mundo! No último episódio, a apresentação do troféu globo espelhado foi o momento mais importante do programa. E, no entanto, uma noite antes, em uma experiência que lembrarei pelo resto da vida, eu já tivera o meu.

EPÍLOGO

Reflexões

Só o amor dá valor a todas as coisas.

— SANTA TERESA DE ÁVILA

MINHA JORNADA ME LEVOU AO lugar perfeito. Acredito verdadeiramente que estou exatamente onde deveria estar nesta altura da minha vida. Cada passo de minha jornada, até os mais dilacerantes, eram para ter acontecido. Cada pessoa a quem me liguei entrou na minha vida por um motivo. Não existem coincidências. Não existem erros. Não existem acidentes. Existem apenas experiências de aprendizagem, e cada uma delas pode ser usada como uma lição poderosa para progredir.

Não estou sugerindo que devamos de alguma maneira comemorar nossas crises. A vida, frequentemente, traz enormes tristezas, tragédias e perdas. Como deve ser, devemos chorar e nos sentir sobrecarregados. Erguer nossas vozes e punhos em completa agonia. Baixar nossas cabeças e desejarmos muito que o golpe pudesse ser amenizado. Vivi esse tipo de devastação. Já lidei com o medo de não apenas perder minhas pernas, mas também minha vida.

Contudo, quando a intensidade inicial daquela angústia diminui — quando dias se tornam meses, e meses nos jogam na cara uma nova realidade — sempre temos uma escolha. Nossas vidas não são determinadas pelo que acontece conosco, mas por como *reagimos* ao que acontece conosco. Podemos ver nossas circunstâncias como um conjunto de crueldades aleatórias e permitir que essas dificuldades nos transformem em vítimas amargas; ou podemos reconhecer o fato de que, apesar de talvez nunca compreendermos por que coisas difíceis acontecem, elas acontecem, e quando acontecerem, podemos tentar encontrar um propósito maior além da dor. Depois de sobreviver à perda de minhas pernas e a falência renal, foi isso que resolvi fazer.

Cada um de nós é energia. E quer saibamos ou não, estamos constantemente dando e recebendo energia. A energia que tem o poder de ferir ou curar. "Todas as ações humanas são motivadas em seu nível mais profundo por uma entre duas emoções: medo ou amor", escreveu Neale Donald Walsch em *Conversando com Deus*. "Na verdade, há apenas duas emoções — apenas duas palavras na linguagem da alma. O medo cobre seus corpos de roupas, o amor lhes permite ficar nus. (...) O medo critica, o amor regenera".

Percebi que meu maior propósito — aquele persistente sussurro que me compeliu a "algo mais" pela maior parte de minha vida — é realmente compartilhar meu amor com os outros e me tornar a melhor expressão de mim mesma. Enquanto eu estava passando pela cirurgia de baço, dr. Abby sussurrou uma frase para mim que sempre lembrarei: "Não importa no que acredite, Amy, pense nisso agora." Na época, não pude respondê-lo porque estava sob efeito de forte anestesia. Mas se fosse possível dar uma resposta, eu teria respondido: "Eu acredito no amor."

O palco do qual posso oferecer essa energia positiva se tornou maior conforme meus sonhos evoluíram. Mas não preciso de um grande palco do qual compartilhar minhas paixões, inspirações e talentos. Nenhum de nós precisa. Na menor das interações — uma palavra gentil a um amigo, um sorriso para um transeunte, um gesto de compaixão até para com um estranho — temos muitas oportunidades de cuidar uns dos outros, assim como usar nossas vidas e dons ao máximo.

O amor tem diversas formas. Na verdade, a palavra *amor* tem tantas camadas, que os gregos criaram múltiplas palavras para distinguir seus tipos. Entre elas, há *eros* (um amor passional, romântico e profundamente emotivo), *philos* (o afeto e lealdade que geralmente sentimos por amigos e familiares) e *ágape* (um amor espiritual e altruísta que podemos oferecer à humanidade). Já experimentei todos os três.

Quando se trata do amor romântico, o que Daniel e eu temos é tão mais significativo para mim do que a versão superficial flores-e-chocolate de amor que nossa cultura muitas vezes valoriza. Tivemos enormes altos e baixos. E, no entanto, durante uma década de quedas, recuperações e reconexões, desenvolvemos um amor genuíno, um profundo respeito e total aceitação um do outro. Não importa o que aconteça em nossa relação, sei que essas coisas vão durar.

Literalmente, todos os dias, sussurro uma prece de agradecimento por minha mãe, meu pai, Crystal e cada amigo e familiar que ficou ao meu lado; *philos* é quase uma palavra pequena demais para expressar minha imensa gratidão pelo apoio deles. *Philos* é também o tipo de amor que tive com Derek. Durante nosso tempo juntos no programa, fui inspirada por sua ilimitada expressividade artística, sua incrível ética de trabalho e paixão, e sua habilidade de transformar um aparentemente desconexo conjunto de passos de dança em uma obra de arte brilhante. Só de estar perto dele eu tinha vontade de me expandir. A existência de Derek é prova de que somos capazes de muito mais do que podemos imaginar.

Ágape — é o amor incondicional pelos outros que quero alcançar diariamente. Não é apenas uma maneira de compartilhar: é uma forma de *ser*. Nossas vidas se resumem a oferecer o máximo de amor que pudermos àqueles à nossa volta, quer esse amor venha na forma *ágape*, ou qualquer uma das outras. O amor, e meu desejo de expressá-lo e experimentá-lo, é o motivo pelo qual acredito que recebi uma segunda chance. Foi a razão daqueles seres em silhueta oferecerem-me a chance de voltar. Foi o que aquele estranho quis dizer, afinal, quando falou em trocar uma vida na superfície por uma em uma vibração completamente diferente. Foi o que o homem de cabelos cacheados estava tentando me dizer quando repetiu: "O único jeito é o jeito xamã", o caminho para a cura. A meu ver, o amor é a única coisa que com certeza vai fazer sentido no final. Isso é verdadeiro não apenas para mim — é verdadeiro para cada ser humano nesta Terra. Uma vida realizada não é baseada no que temos ou não temos: é baseada no que doamos de nós mesmos.

Também descobri um quarto tipo de amor — o amor pela vida em si e a paixão que levamos a tudo que fazemos. Você pode chamar este de amor da inspiração e da criatividade. É aquela profunda sensação de conexão que sentimos quando nos dedicamos completamente a um projeto, uma meta, um chamado. Quando mergulhamos dessa maneira, o que produzimos, literalmente, cria o mundo ao nosso redor. Este é o amor que iluminou meu caminho. Que me motivou a continuar me esforçando. Mudando. Doando. Crescendo. E me esforçando para ser melhor de grandes e pequenas maneiras.

Cada ser humano é um conjunto de lições que anda, fala e respira, e minhas lições foram abundantes. Aprendi a importância de criar e sustentar sonhos — de me visualizar no próximo capítulo de minha aventura, mesmo enquanto aproveito o capítulo em que estou. Nasci sonhadora; você também pode ter nascido. Mas conforme as pressões do nosso mundo nos oprimem, esses estresses muitas vezes acobertam nossa visão do que é possível. Vezes e mais vezes, precisei renovar minha visão. Voltar a fixar o olhar no potencial dos milagres. Procurar novas maneiras de transformar o mundano em mágico. Isso requer prática, e eu tive bastante. Uma visão é uma semente. Quando aquela semente recebe água suficiente e esforço consistente, nossas vidas podem começar a aflorar.

Quase tudo é possível. Escutamos muito essa frase, mas na minha vida, essas não são apenas palavras. Elas são uma realidade diária. A vida ensinou-me que se você tem paixão e disposição para trabalhar duro, pode superar algumas das piores situações. E mesmo quando uma circunstância não pode ser mudada, podemos alterar nossa percepção acerca dela.

Na minha jornada aguentei sérios contratempos, e não estou apenas aqui — estou triunfando. Os desafios, os obstáculos, as assim chamadas barreiras — todos se transformaram em degraus que usei para abrir caminho em direção a meus sonhos. Minhas maiores lutas levaram a minhas maiores realizações. Acredito no poder da intenção, e quando relembro minha vida, percebo que minha intenção sempre foi encontrar uma maneira, quer aprendendo a fazer *snowboard* de novo, ou dando um jeito de dançar, ou fazendo uma carreira como palestrante motivacional.

A pergunta que as pessoas mais me fazem é: "O que mais ajudou você durante os momentos mais sombrios?". Minha resposta sempre foi a mesma: gratidão. Focar no que tenho versus focar no que não tenho. Ser grata por tudo, mesmo em momentos onde parece que não temos nada. Não importa o quão difíceis se tornavam as coisas, continuei a ir em frente, e estou cem por cento convencida de que vocês podem fazer o mesmo. Não tenho nenhum tipo de poder especial que me diferencia da humanidade. Todos nascemos com uma capacidade de grandeza que supera de longe nossa mais ampla imaginação.

Desde que *Dancing with the Stars* foi ao ar, as pessoas frequentemente chegam para mim e dizem: "Você é tão inspiradora". Sempre lhes agradeço por sua gentileza, mas a verdade é que não fiz o programa nem nada mais na minha vida com o único propósito de ser inspiradora. Estou apenas vivendo minha paixão. Quando vemos os outros fazendo o que nasceram para fazer, ficamos inspirados a fazer o mesmo. É contagiante. E o fato de reconhecermos e sermos inspirados por essa paixão é um sinal de que também a possuímos.

Minhas pernas não me invalidaram. De certa forma, elas me validaram. Elas plantaram meus pés no caminho espiritual que precisava trilhar. Elas me forçaram a ser criativa. Elas me ensinaram que quando eu cair, posso ficar deitada lá e chorar com o passo em falso, ou posso usar a experiência como combustível para crescer. Posso ter perdido as pernas de carne e osso com as quais nasci, mas essas pernas feitas de fibra de carbono e parafusos levaram-me a lugares incríveis. E apesar de minha jornada ter sido bem diferente da que eu achava que teria, ainda assim, fiz exatamente tudo que sempre quis fazer. Fiz *snowboard*. Viajei. Até dancei chá-chá-chá, *quickstep* e tango. E ao longo do caminho, compartilhei minha vida com pessoas incríveis que nunca achei que conheceria, como Oprah. No final, não apenas recebi aquela ligação dela durante *Dancing with the Stars*, como mais tarde também me juntei a ela em uma turnê por todo o país. Que incrível momento de conclusão, especialmente depois de tantos anos sendo inspirada pelo trabalho dela.

A primeira pergunta que me fiz em 1999 é a que ainda me faço: "Se minha vida fosse um livro, e eu fosse a autora, como gostaria que fosse minha história?" Toda manhã acordo grata por mais uma chance de acrescentar uma página à minha aventura. Se a vida com a qual já fui abençoada é sinal do que ainda está por vir, então, terei muitos outros capítulos fascinantes. Um dia de cada vez — um *sonho* de cada vez — que ainda estou ocupada escrevendo.

AGRADECIMENTOS

Quando penso em todos aqueles que fizeram parte da minha jornada, uma palavra vem em mente: gratidão. Sou profundamente grata pelos muitos, tanto citados quanto não citados, que estiveram ao meu lado com amor, apoio e encorajamento. Aqui estão alguns que eu gostaria de agradecer publicamente:

Mamãe: Obrigada por ser a mulher em quem sempre me inspirei e esperei ser igual.

Papai: Obrigada por me dar a vida duas vezes. Espero estar deixando você orgulhoso.

Crystal: Você é meu anjo e eu te amo.

Daniel: Obrigada por ser meu melhor amigo, meu parceiro de trabalho e meu amor durante alguns dos desafios mais duros e durante as maiores realizações da minha vida. Estou grata por compartilhar essa jornada com você.

Keith Dahl, da Toyota: Obrigada por ajudar a completar um ciclo de minha vida. Eu não estaria fazendo o que estou fazendo hoje se não fosse por sua fé em mim.

Johnny e Kori Schillereff, da Element Skateboards: Obrigada pela amizade e por acreditarem em mim desde o começo.

Nancy Gale: Sou grata por seu trabalho rigoroso na Adaptive Action Sports. Nossa organização não estaria onde está hoje sem seu sangue, suor e lágrimas.

GG e Pops: Obrigada por seu amor e por introduzir em mim o gosto por estar ao ar livre.

Minha tia Cindy e minha tia Debbie, meus primos Jack, Michelle, Shannon e Jessica, e minha sobrinha Bryten e sobrinho Jonas: Vocês são meus melhores amigos e estimo muito vocês.

Meu tio Stan: Obrigada por sempre estar presente para me proteger.

Minhas amigas Jina, Michelle e Charlet: Sempre agradecerei por nossa ligação para toda a vida.

Rob Gurdison, Josh Hetzle, Seamus Little, Mark Idol, Johnny Black, Dan Zavala e Austin Spencer: Obrigada pela amizade durante alguns dos anos mais difíceis de minha vida.

Miah Wheeler: Você me ensinou que correr com esperteza é correr com velocidade. Sou grata a você.

Evan Strong: Todos os dias você me inspira a ter uma vida íntegra e saudável.

Meus colegas da equipe americana: Obrigada pela amizade de vocês, por sua paixão e por sempre me fazerem querer melhorar. Por causa de vocês, tornei-me a atleta que sou hoje.

Derek Hough: Obrigada por ser meu treinador, meu amigo e minha muralha na pista de dança — e por criar um refúgio onde pude crescer. Você confirmou em mim tudo o que quero ser.

Dr. Abby: Obrigada por dar-se uma segunda chance de vida.

Barbara Seymour Giordano: Você foi minha treinadora de palestras, de vida e minha amiga para a vida toda — e sou grata por isso.

Meu agente, Patrick Quinn: Obrigada pelo apoio e pela orientação. Não estaria onde estou sem você.

Minha coautora, Michelle Burford: Obrigada por trazer à vida a história que quis contar durante tantos anos.

Oprah: Obrigada por me inspirar com seu trabalho e por sua fé em mim.

Deus, a mãe Natureza, o Universo, Buda, e quem quer esteja lá em cima no poder: Por me dar a escolha de voltar e de viver.

Shane Bird, de Canyon Ranch: Obrigada pela amizade nos dias mais difíceis.

As enfermeiras da UTI: Obrigada por todo o tedioso e difícil trabalho. Credito a vocês grande parte da minha sobrevivência.

Meu treinador, David Tittle: Obrigada por me ajudar a vencer minhas próprias limitações.

Deena Katz, de DWTS: Obrigada por ver potencial em mim e por correr esse risco. Nenhuma de nós sabia o que esperar quando pisei naquele salão de dança. Seu apoio trouxe-me onde estou hoje.

Meus especialistas em próteses, Kevin Bidwell e Stan Patterson: Obrigada por seu amor, trabalho duro, paciência e crença em mim. Vocês dois me puseram nas pernas que me levaram a tantos lugares! Sei que posso ser bem exigente, especialmente quanto a sapatos, então, obrigada por me aturarem!

E é claro, nada disso teria sido feito sem a competência de minha equipe na HarperCollins. Obrigada a Lisa Sharkey, que me contratou; a Amy Bendell, que dedicou horas ao manuscrito, e a Paige Hazzan, que cuidou dos detalhes. Muito obrigada também ao diretor de arte, ao editor fotográfico, à equipe de marketing e à extraordinária potência de vendas da HarperCollins. Sou muito grata pelo entusiasmo e pelo apoio.

Publisher
Kaíke Nanne

Editora executiva
Carolina Chagas

Editora de aquisição
Renata Sturm

Coordenação de produção
Thalita Aragão Ramalho

Produção editorial
Jaciara Lima

Copidesque
Anna Carolina Caramuru

Revisão
Rafael Gomes Surgek
Zaira Mahmud

Diagramação
Lúcio Nöthlich Pimentel

Capa
Maquinaria Studio

Este livro foi impresso em 2015, pela Edigráfica, para a Agir Editora. A fonte usada no miolo é Adobe Garamond Pro 12/17. O papel do miolo é avena 80 g/m², e o da capa é cartão 250 g/m².